高职高专商务

总主编 官用强 哀洪

CROSS-BORDER E-COMMERCE PRACTICE

跨境电商实务

主 编 罗 艳

副主编 胡艳婷 徐 锐 陈磊磊

编 者 陈雪珍

重庆大学出版社

内容提要

　　《跨境电商实务》系统阐述了跨境电商全流程运营知识,涵盖了基础认知、平台选择、选品操作、物流选择、信息制作与产品发布、数字营销、收款与结汇、客户服务与客户管理、风险及其管理9个项目。本书注重实用性与课程思政相融合,融入了AI工具应用,结构清晰且校企合作凸显了实战特色,适合高职院校国际经济与贸易、跨境电子商务等相关专业的学生使用,也可作为跨境电商从业者的参考用书。

图书在版编目(CIP)数据

　　跨境电商实务 / 罗艳主编. -- 重庆:重庆大学出
版社, 2025.8. -- (高职高专商务英语系列教材).
　　ISBN 978-7-5689-5430-3

　　Ⅰ. F713.365.2

　　中国国家版本馆CIP数据核字第2025BS0351号

跨境电商实务

主　编　罗艳

责任编辑:高小平　　版式设计:高小平
责任校对:关德强　　责任印制:赵　晟

*

重庆大学出版社出版发行
社址:重庆市沙坪坝区大学城西路 21 号
邮编:401331
电话:(023)88617190　88617185(中小学)
传真:(023)88617186　88617166
网址:http://www.cqup.com.cn
邮箱:fxk@cqup.com.cn(营销中心)
全国新华书店经销
重庆正文印务有限公司印刷

*

开本:889mm×1194mm　1/16　印张:17.25　字数:464 千
2025 年 8 月第 1 版　　2025 年 8 月第 1 次印刷
ISBN 978-7-5689-5430-3　定价:55.00 元

前　言

在全球化经济飞速发展与信息技术日新月异的当下，跨境电商作为国际贸易领域的新兴力量，正以前所未有的速度改变着传统的商业格局。它打破了地域限制，让全球的商品和服务得以在更广阔的市场中流通，为企业和创业者带来了无限的商机与发展空间。

《跨境电商实务》这本书，正是为了顺应这一时代发展的潮流，满足广大学习者对跨境电商知识和技能的迫切需求而精心编写的。本书以实际工作流程为导向，全面且系统地介绍了跨境电商运营的各个环节，旨在帮助学习者掌握跨境电商的基本理论、操作技能和实践方法，培养其在跨境电商领域的实际应用能力和创新思维。

全书共分为9个项目，从项目一"跨境电商基础认知"开始，带领学习者初步了解跨境电商的概念、发展历程、行业现状和未来趋势，为后续的学习奠定基础。项目二"跨境电商平台选择"深入剖析了不同类型的跨境电商平台的特点、优势和适用范围，指导学习者如何根据自身业务需求选择合适的平台。项目三"跨境电商选品操作"则聚焦于选品的策略和方法，帮助学习者掌握如何挑选具有市场竞争力的商品。项目四"跨境电商物流选择"详细介绍了跨境物流的模式、特点和运作流程，使学习者能够根据商品特性和客户需求选择最优的物流方案。项目五"跨境电商产品信息制作与产品发布"讲解了如何制作吸引人的产品信息和准确高效地发布产品，以提高产品的曝光率和销售转化率。项目六"跨境电商数字营销"探讨了各种数字营销手段和技巧，助力学习者提升店铺的知名度和影响力。项目七"跨境电商收款与结汇"阐述了跨境收款的方式和结汇的流程，让学习者了解如何安全、便捷地完成资金回笼。项目八"跨境电商客户服务与客户管理"介绍了卖家与客户沟通和管理的方法，以提高客户满意度和忠诚度。项目九"跨境电商风险及其管理"分析了跨境电商运营过程中可能遇到的各种风险，并提供了相应的应对策略，以降低风险损失。

本书具有以下显著特点，全面契合"金教材"的高标准要求：一是注重实用性与课程思政相融合。以丰富的实际案例和详细的操作流程为载体，将理论知识与实践操作紧密结合，使学习者能够学以致用。在案例选取上，不仅聚焦业务实操，更融入课程思政元素。例如，通过讲述企业合规结汇、诚信经营的案例，培养学习者的法治意识、诚信观念和社会责任担当，让学习者在掌握专业技能的同时，树立正确的价值观和职业道德。二是内容新颖且融入AI工具应用。书中详细介绍了如何利用AI进行市场调研等，帮助学习者了解行业前沿技术，提升其在数字化时代的竞争力，更好地适应快速变化的市场环境。三是结构清晰助力系统学习。每个项目都有明确的学习目标和任务，便于学习者系统地学习和掌握跨境电商的知识和技能。同时，为了方便学习者检验学习效果，每个项目后配备了针对性的思政和AI应用案例，并设置了学以致用实践任务，促使学习者将思政理念和技术应用融入实际操作，实现知识、技能与价值观的全面提升。四是校企合作凸显实战特色。本书是校企合作的结晶，有资深企业人士加入编写，凭借丰富的行业实战经验，为教材注入了鲜活的企业视角和实际应用场景。企业人士结合自身在跨境电商一线的操作经验，分享了许多真实的商业决策案例和应对复杂业务问题的解决方案。这使得本书内容更贴近行业实际需求，能够让学习者提前熟悉企业的工作流程和要求，增强他们毕业后在实际工作中的上手能力和适应能力，真正实现学校教育与企业需求的无缝对接。

　　本书既适合作为高等职业院校国际经济与贸易、跨境电子商务、国际商务等相关专业的教材，也可作为跨境电商从业者的培训用书和参考资料。罗艳负责项目一、项目二、项目四、项目七及项目九的编写，胡艳婷负责项目三的编写，徐锐负责项目五和项目八的编写，陈磊磊负责项目六的编写，陈雪珍负责部分企业素材的提供及部分教材内容的核对，全书由罗艳负责统稿。同时，本书还配套了省级在线课程，在"学银在线"平台加入了由罗艳主讲的"跨境电商实务"课程的在线学习。希望学习者通过学习本书，能够深入了解跨境电商的运营规律和方法，在跨境电商的广阔天地中大展身手，实现自己的职业梦想和人生价值。

　　本书由广东省外语艺术职业学院罗艳主编，副主编由广东省外语艺术职业学院胡艳婷、徐锐、陈磊磊担任，广州大洋教育科技股份有限公司陈雪珍参与了教材的编写工作。本书是"数字丝路"背景下职业教育与文化贸易协同赋能研究创新团队的研究成果之一。

　　由于跨境电商行业发展迅速，知识和技术不断更新，书中难免存在不足之处，恳请广大学习者和专家批评指正，以便我们在今后的修订中不断完善。

编　者

2025年6月

目 录

项目一 跨境电商基础认知

学思案例

YesWelder实现从B2B到DTC跨境电商品牌出圈

谈及"跨境品牌"，绝大多数人的脑海中，恐怕难以浮现一个以焊接工具为主的品牌。而正是这天生携带着"B端基因"的工业品类品牌——YesWelder，却被业内视为中国跨境卖家出海的典型代表。

从最早的OEM转型到亚马逊B2C，再到品牌独立站，它经历两次转型，在变化中抓住了新的机遇——如今，它在北美焊接界C端市场已然成为一股不可忽视的新锐力量。

2018年，YesWelder诞生于温州，是一个专注于焊机、焊帽、焊材等焊接器具的细分领域出海品牌。据了解，2021年，其GMV达到3亿元人民币，2022年则突破了5亿元人民币大关，几乎实现翻倍增长。在亚马逊焊机品类，YesWelder也取得了在前十名中独占六席、常年高居品类第一的成绩。

YesWelder如何实现从B2B到DTC的转变？创始人朱程丰希望自己的产品在市场上拥有更多的话语权，有更大的利润去运作自己想做的一些事情，而建立自己的品牌，依靠品牌提升溢价成为这个问题的答案。作为焊接工具"品牌化"出海的先行者，YesWelder走上了一条先前罕有人至的漫漫征途。独特的产品定位，再凭借国内的供应链优势打造出高性价比，这成了大多中国品牌的"出海利器"。据了解，在进入国外市场前，美国当地市场已经有非常成熟的品牌，但大多以TOB市场为主，依靠专利、技术、高质量等方式占领市场，价格高昂。YesWelder在其官网介绍中写道，"我们发现对于非专业人士来

说，昂贵的设备让焊接有很高的准入门槛，巨大的投入让对焊接感兴趣的消费者望而却步。因此，YesWelder想针对这一需求，创造高质量但价格合理的焊接产品。"

基于对市场的洞察，YesWelder团队面向家用市场提出了自己的解决方案——从功能上满足能焊接多种多样的材质的需求，并在质量上力求安全可靠，不因节约成本而降低可靠性。最重要的是，性价比极高，价格仅为传统老焊机品牌的五分之一。

品牌成立之后，YesWelder选择了亚马逊渠道进行售卖——尽管早期在品牌上没有优势，也缺乏相应的营销经验，不过，得益于独特的产品定位和价格优势，YesWelder起步阶段还是获得了不错的销量，并积累了一批早期种子用户。不过好景不长，在销售了三个月后，因为第三方平台规则的问题，YesWelder经历了产品下架、库存积压等现象，也面临了很多同行恶意的评论。"消费者都是认为平台靠谱才会来购物的，并不是信任我们的品牌，所以我们无法积累终端的知名度或口碑。"敏锐的朱程丰意识到，即便没有这类问题，单纯从更长的时间维度来看，只要有利可图，竞争对手迟早也会挤入新渠道。这时，围绕价格的恶性循环又必然会在若干年后在新的渠道卷土重来。在这样的大背景下，在2019年7月的股东会议上，朱程丰提出，YesWelder需要做品牌营销，不仅要拥有一个品牌，还要让YesWelder成为一个被人接受、被人认可的品牌。"惟真实，焊人心"，相较于借力第三方平台，选择自建品牌网站显然是条更具挑战的路。

问题思考：

YesWelder的产品与人们认知中的跨境零售品大相径庭，为什么能在零售平台上获得成功呢？

任务一 跨境电商基础概念理解

一、跨境电商的概念

跨境电子商务，简称跨境电商，是指分属不同关境的交易主体，通过电子商务平台实现交易、支付结算、跨境物流交付，并完成交易的国际商业活动。

狭义的跨境电商相当于跨境零售。跨境零售是指分属不同关境的交易主体，通过计算机网络完成交易，进行支付结算，并利用小包、快件等方式通过跨境物流将商品送达消费者手中的商业活动。

广义的跨境电商基本上指外贸电子商务，即分属不同关境的交易主体，利用网络将传统外贸中的展示、洽谈及成交等各环节电子化，并借助跨境物流运送商品、完成交易的一种国际商业活动。

二、跨境电商的特点

（一）全球性

互联网是一种没有边界的媒体，具有全球化和非集中化的特点；由于经济全球化的发展趋势，企业依赖网络进行跨境销售，使跨境销售也具有全球化和非集中化的特点。

（二）匿名性

跨境电子商务的全球性和非集中性很难识别买家的身份和具体的地理位置。大多数在线交易的买家不会显示他们的具体位置和身份，但不影响交易，网络匿名也允许买家这样做。

（三）无形性

随着网络的发展，数字产品和服务传输越来越流行，数字传输通过全球网络环境中的数据、图像和声音等不同类型的媒体集中传输。这些媒体主要以数据代码的形式存在于网络中，因此，它们是看不见的。

（四）即时性

就网络上传输的信息而言，传输速度与信息的地理位置和距离无关。传统的交易模式主要是信函、传真、电报等。在信息发送和接收之间存在长期的不确定性时差。在电子商务中，其信息交流更加方便，发送信息几乎与接收信息同步，就像面对面交流一样。

（五）数字化

电子商务主要是数字化的，这是电子商务贸易的主要特征。在电子交易过程中，电子计算机会记录一系列交易数据。由于电子信息以字节的形式存在和发送，整个信息的发送和接收过程可以实现无纸化交易。

（六）快速演进

跨境电子商务是一种新的模式。目前，它仍处于发展阶段，其网络设施和相应协议软件的发展存在很大的不确定性，它必然会以前所未有的速度和不可预测的方式不断演变。

三、跨境电商的优势

（一）全球市场覆盖

通过跨境电商平台，企业可以将商品和服务推向全球市场，实现更广泛的市场覆盖和销售机会。

（二）便捷的贸易方式

跨境电商采用线上交易模式，简化了传统贸易中繁琐的手续和流程，提高了贸易效率。

（三）成本降低

跨境电商模式消除了中间环节和仓储费用，降低了贸易成本，使商品能够以更有竞争力的价格销售。

（四）个性化服务

跨境电商平台可以根据消费者的地理位置和偏好提供个性化的商品推荐和服务，增强了购物体验感。

（五）跨境物流和支付

跨境电商平台通常提供跨境物流和多种支付方式，方便消费者购买和接收商品。

（六）文化输出

通过出口跨境电商，企业可以将本国或地区的特色商品和文化输出到其他国家或地区，提升文化交流和认知度。

四、跨境电商的模式分类

（一）按进出口方向划分

按进出口方向划分为进口跨境电商和出口跨境电商。

1. 进口跨境电商

进口跨境电商是指境外的商品通过电子商务平台达成交易，然后通过跨境物流运送至境内以完成交易的国际商业活动。进口跨境电商的传统模式就是海淘，即境内的买家在电子商务网站上购买境外商品，然后通过直邮或转运的方式将商品运送至境内的购物方式。代表电商平台有洋码头、考拉海购、天猫国际等。

2. 出口跨境电商

出口跨境电商是指境内企业借助电子商务平台与境外企业或个人买家达成交易，通过跨境物流将商品送至境外，从而完成交易的商业活动。出口跨境电商代表电商平台有全球速卖通、eBay、Wish、阿里巴巴国际站、敦煌网、环球资源网等。

（二）按照交易主体分类

按照交易主体分类，跨境电商可分为 B2B 跨境电商、B2C 跨境电商、C2C 跨境电商。

1. B2B 跨境电商

B2B 的全称是 Business-to-Business，即企业对企业的电子商务模式。B2B 跨境电商平台面临的终端客户是企业或集团客户，提供企业、产品、服务等相关信息。目前，在中国跨境电商市场的交易规模中，B2B 跨境电商市场的交易规模占总交易规模的 90% 以上。在跨境电子商务市场中，企业市场始终处于主导地位。代表企业有敦煌网、中国制造网、阿里巴巴国际站、环球资源网等。

2. B2C 跨境电商

B2C 的全称是 Business-to-Consumer，B2C 跨境电商企业面临的终端客户是个人消费者。对于终端客户，他们通过在线零售向个人消费者销售产品。C 类跨境电商平台在不同垂直类别的销售上也有所不同。例如，Focalprice 主要从事 3C 数码电子产品的销售，而兰亭集势在婚纱销售方面拥有绝对优势。C 类跨境电商市场正在逐步发展，其在中国整体跨境电商市场交易规模中所占的比例不断增加。未来，C 类跨境电商市场将迎来大规模增长。代表企业有速卖通、DX、兰亭集势、米兰网、大龙网等。

3. C2C 跨境电商

C2C 的全称是 Consumer-to-Consumer，即消费者对消费者的电子商务模式。C2C 跨境电商企业面对的最终客户为个人消费者，商家也是个人卖家。个人卖家发布售卖的商品和服务的信息、价格等内容，由个人消费者进行筛选，最终通过电子商务平台达成交易，进行支付结算，并通过跨境物流送达商品，完成交易。代表企业有 eBay、Etsy 等。

（三）按服务类型分类

1. 信息服务平台

信息服务平台主要为国内外会员商户提供在线营销平台，传递供应商或采购商等商户的商品或服务信息，促进双方完成交易。代表企业有阿里巴巴国际站、环球资源网、中国制造网等。

2. 网上交易平台

在线交易平台不仅提供企业、产品、服务等信息展示，还可以通过平台在线完成搜索、咨询、比较、下单、支付、物流、评估等整个购物链环节。在线交易平台模式正逐渐成为跨境电子商务的主流模式。代表企业有敦煌网、速卖通、DX、炽昂科技（FocalPrice）、米兰网、大龙网等。

（四）按平台运营方分类

1. 第三方开放平台

平台电商在线搭建商城，整合物流、支付、运营等服务资源，吸引商户入驻，为商户提供跨境电商交易服务。同时，平台以收费商户佣金和增值服务佣金为主要盈利模式。代表企业有速卖通、敦煌网、环球资源、阿里巴巴国际站等。

2. 自营型平台

自营型电商通过线上搭建平台。平台整合供应商资源，以较低的采购价格采购商品，然后以较高的价格销售商品。自营平台主要以商品差价为盈利模式。代表企业有兰亭集势、米兰网、大龙网、FocalPrice等。

任务二　出口跨境电商发展现状分析

出口跨境电商是指企业或个人利用互联网和电子商务平台，通过跨越国家或地区的边界，向其他国家或地区的消费者销售商品或提供服务。这种电商模式消除了传统贸易中的地域限制和中间环节，使商品和服务可以直接从卖方国家或地区送达买方国家或地区，从而促进了全球贸易和国际合作。

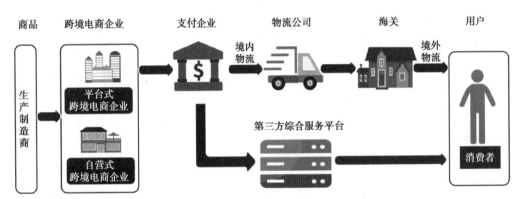

图 1.1　B2C出口跨境电商的基本业务流程

一、出口跨境电商现状概述

在经济社会持续向好发展，人们生活水平不断提高及国际物流运输便捷性提升等多重利好因素的影响下，我国跨境电商的市场规模持续扩大。根据海关总署数据，2018—2020年，我国跨境电商的市场规模增速持续加快。2021年，我国跨境电商市场规模增长至14.2万亿元，较上一年度同期增长了13.6%。2022年年底，我国跨境电商市场规模达15.7万亿元。2023年，我国跨境电商进出口总额达到2.38万亿元人民币，同比增长15.6%，增速高于全国外贸整体增速。其中，出口额为1.83万亿元，同比增长19.6%，成为外贸增长的重要引擎。2024年，实际跨境电商进出口额为2.63万亿元，同比增长10.8%。未来我国跨境电商的市场规模还将迎来较大幅度的增长。

二、出口跨境电商发展阶段

自我国互联网建设开始，我国的对外贸易依托网络开始了跨境电商的发展，主要分为1.0平台信息化阶段、2.0交易线上服务阶段、3.0全产业链服务在线化阶段、4.0全产业链生态融合阶段。

表1.1 中国跨境电子商务发展阶段及变化特征

阶段	时间	典型特点	变化特征
第一阶段 （1.0平台信息化阶段）	1999—2003年	网上展示、线下交易的外贸信息服务模式，不涉及交易支付环节。	以信息服务为主。
第二阶段 （2.0交易线上服务阶段）	2004—2012年	流程电子化，逐步实现在线交易。	逐渐体现电子商务本质，从信息服务到交易服务。
第三阶段 （3.0全产业链服务在线化阶段）	2014—2018年	大型工厂上线、B类买家成规模、大型服务商加入、移动用户量爆发。	阶段服务全面升级，全产业服务在线化，平台承载能力更强。
第四阶段 （4.0全产业链生态融合阶段）	2019年至今	内容营销，直播经济兴起，平台、卖家和服务商紧密合作。	配套服务专业化，构建全产业链生态圈。

三、出口跨境电商市场情况

（一）我国出口跨境电商的主要市场

我国出口跨境电商以欧美地区为主要目标市场，市场体量庞大、生态良好。2021年，北美、欧洲市场为我国跨境电商企业市场分布占比最高的地区，分别为62.5%和57.7%，出口体量庞大。目前，欧美已形成了良好的电子商务生态，人均消费水平、电商用户渗透率等均居于全球领先水平。

（二）我国出口跨境电商的商品结构

消费电子、服装、家居装饰等品类为热门赛道，市场机会大。我国跨境出口电商品类结构中3C电子、家居装饰、服饰占比较高，针对优势细分领域主推欧美市场的跨境出海品牌选出，成熟市场大蛋糕仍待新进入者共同切分。

（三）我国出口跨境电商的优势

一是制造业发达，世界各经济体对中国出口依赖度逐年提升。我国制造业体系完善，实力位于世界前列，2023年，中国制造业增加值占全球比重达32%，超过美国、日本、德国、韩国四国总和，印证了中国的主导地位，展现了我国供应链的高质量发展，推动了跨境出口电商更高速地发展。

二是强大的制造业基础孵化出众多成熟高效的产业链，丰富了优质商品供给，打造了中国商品高性价比的优势，提升了国货产品在全球范围内的竞争力。珠三角、长三角等地大规模分布着多个行业的优质产业链集群。同时，这些地区也集中了大量的跨境电商企业，成熟高效的产业链体系为我国跨境出口带来了优质供给。强大的生产制造能力、高效的供应链、完备的物流体系推动了集约型增长，降低了采购及运输成本，成就了国产商品高性价比的优势，凸显了其在海外市场的竞争力。

三是集约型增长趋势推动了国产商品向高品质、品牌化的方向发展，中国品牌海外认可度不断提升，逐渐成为多国在线跨境购物的首选。制造业高端化转型开启了中国制造由粗放型增长向集约型增长的发展，进而推动国产出海商品更多地向追求品牌化、高品质的方向迈进。据《2024 中国品牌全球信任指数 GTI®》报告（2024 年 12 月发布），中国品牌的海外综合信任度在过去三年（2021—2024）累计增长 14 个百分点，增速显著高于 2019—2021 年（3%）。2024 年全球信任净值达 20%，特别是标杆中国品牌（如头部出海企业）的平均净信任度高达 61.6%，接近传统品牌强国水平。随着国货品牌在海外的知名度和信任度不断提高，中国商品逐渐成为英美等国在线跨境购物的首选。

四、出口跨境电商发展趋势

（一）跨境电商平台的不断涌现

亚马逊、eBay、速卖通、Wish 等跨境电商平台已成为跨境电商的主要渠道。同时，国内的跨境电商平台如拼多多、京东也进军了跨境电商领域。

（二）跨境电商的品类不断拓展

从最初的服装、鞋帽、箱包等消费品到现在的生鲜食品、保健品、家居用品等，跨境电商的品类越来越多。

（三）跨境电商的物流服务不断完善

随着物流技术的发展，跨境电商的物流服务也在不断完善。同时，一些物流公司也开始专注于跨境电商物流服务。

任务三　进口跨境电商发展现状分析

进口跨境电商给消费者带来了更加多元化的商品选择，也给国内企业带来了更广阔的市场和更大的发展机遇。进口跨境电商是指通过互联网技术，将海外商品销售到国内市场的一种新型贸易模式。与传统的进口贸易相比，进口跨境电商利用互联网平台，将商品直接销售给国内消费者。由于跨境电商在商品采购、物流配送、支付结算等环节上使用了全球化的资源，所以进口跨境电商的商品价格相对传统进口贸易更具有竞争力，也可以提高商品的购买便利度并保障品质。

一、进口跨境电商的发展历程

进口跨境电商起源于 2010 年前后，当时美国和欧洲的跨境电商开始进入中国市场。随着国内消费水平的提高和购物需求的增加，进口跨境电商在国内市场开始快速发展。国家发展改革委办公厅于 2012 年发布了《关于组织开展国家电子商务示范城市电子商务试点专项的通知》，为我国跨境电商的发展奠定了基础，推动了相关政策的落地和实施。2015 年，国务院办公厅颁布了《关于促进跨境电子商务健康快速发展的指导意见》，全面推进跨境电商的发展。随着政策的推动和市场的需求，进口跨境电商在近些年得到了快速的发展。

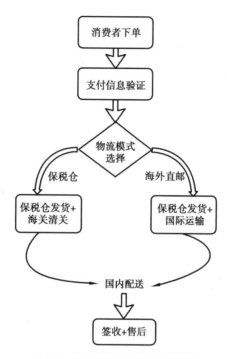

图1.2 进口跨境电商的业务流程

二、进口跨境电商的市场机遇

（一）政策支持

近年来，中国政府一直在大力推动进口跨境电商的发展。2018年，中国政府发布了《关于支持海南全面深化改革开放的指导意见》，明确提出要发展海南自由贸易试验区和中国特色自由贸易港，推动进口跨境电商的发展。政策的支持将为进口跨境电商带来更为广阔的市场和更多的发展机遇。

（二）消费升级

随着中国经济的发展，消费者的消费水平也在不断提高。消费者对于商品的品质、品牌和服务的要求也越来越高。进口跨境电商正是基于这一市场需求而生的。由于进口跨境电商可以提供更加多元化、更加具有品质保障的商品，因此受到了越来越多的消费者的青睐。

（三）品牌认知提升

进口跨境电商不仅可以为消费者提供更具品质保障的商品，还可以为国内企业提供更广阔的市场。通过进口跨境电商平台，国内企业可以将自己的商品推向全球市场。进口跨境电商平台还可以为国内企业提供品牌宣传和营销渠道，提高品牌的认知度和美誉度。

三、进口跨境电子商务清关的方式

（一）B2C直邮

当买家下单之后，卖家会根据买家的订单需求将商品打包，先通过国际物流运送到国内的保税仓库，然后各电商平台为相关商品办理海关通关手续，再经过海关查验以后就可以放行。最后就是委托国内的快递送到买家的手中。

这种模式比较适合小型企业，简单方便。有人需要，卖家再去购买，无需压货。这种方式更加像代购，别人给钱，卖家再购买。

（二）保税仓备货

这个就需要提前将大量的海外商品从国外运输到海关监管之下的保税仓库，当有买家下单之后，再由各电商根据买家订单为其商品办理相关海关通关手续。在保税仓库打包后贴上相关面单。最后就是海关查验结束放行之后，再由国内的快递派送到买家的手中。

这种模式更加适合那些大型跨境电商，想要降低国际运费的前提就是大量地囤货，而且还需要垫压很大的一笔资金，好处也是非常明显的，买家购买时会有现货秒发，速度比较快。

（三）个人物品快件

卖家在海外把买家需要的商品购买好以后进行打包并贴上面单，然后发空运到指定的清关口岸，当货物落地之后剩下的部分就交给清关公司负责清关。当包裹顺利清关之后由国内的快递送到买家的手中。

任务四　跨境电商核心岗位与能力要求认知

一、跨境电商岗位分类

跨境电商岗位是指在跨境电商领域从事专业工作的职位。随着全球化和数字化的发展，跨境电商行业逐渐崛起，涉及多个职能领域，需要各种专业人才来支持和推动其发展。

（一）跨境电商运营专员

跨境电商运营专员负责跨境电商平台的日常运营工作，包括商品上架、价格调整、订单处理、物流跟踪等，保证平台的正常运营和用户满意度。

（二）跨境电商市场推广专员

跨境电商市场推广专员负责制定和实施跨境电商平台的市场推广策略，包括线上广告、社交媒体营销、跨境营销活动等，吸引更多国际消费者。

（三）跨境电商客户服务专员

跨境电商客户服务专员负责处理国际客户的咨询、投诉和售后服务，解决客户问题，提供优质的客户体验。

（四）跨境电商采购专员

跨境电商采购专员负责与国际供应商进行沟通和谈判，采购优质商品，确保供应链的稳定性。

（五）跨境电商选品专员

跨境电商选品专员是负责在跨境电商平台上策划和执行产品选品的专业人员。他们的主要职责是根据市场需求、竞争情况和目标受众等因素，从供应商或生产商提供的产品中选择最适合在国际市场上销售的产品。

（六）跨境电商关务专员

跨境电商关务专员负责处理跨境电商进出口商品的海关清关手续和文件，确保货物顺利通关。

表 1.2　跨境电子商务岗位面向

项目	名称
对应行业	《国民经济行业分类》标准（GB/T 4754—2017）：批发和零售业
主要职业类别	《中华人民共和国职业分类大典》（2022）：电子商务服务人员
主要岗位类别（技术领域）	1. 跨境电商营销推广 2. 跨境电商选品 3. 跨境电商运营 4. 跨境电商客服 5. 跨境电商采购 6. 跨境电商关务

二、跨境电商职业能力分析

（一）外贸企业对跨境电商岗位知识、能力和素质的要求

外贸企业对跨境电商相关岗位的人才需求主要体现在对专业知识、专业能力和综合素质等方面的要求。通过调研发现外贸企业对跨境电商岗位的人才需求具体体现如下。

第一，在专业知识方面，企业更注重员工是否掌握跨境电商平台规则、跨境电商平台操作基础及跨境电商平台运营推广等方面的知识和技巧。

第二，在专业基础能力方面，企业较为强调员工对办公软件操作、英语口语、商品拍摄和修图等能力的掌握。

第三，在专业核心能力方面，企业特别重视员工是否具备店铺运营、数据分析、产品上架、海外市场调研、客户及产品开发、站外营销推广等能力。

第四，在综合素质方面，企业更看重员工在自主学习、沟通协调、团队合作等方面的素质。

表1.3　企业在专业知识、专业能力和综合素质方面的最新需求

专业知识	A. 跨境电商平台规则	B. 跨境电商平台操作基础知识	C. 跨境电商平台运营推广技巧	D. 国际物流知识	E. 外语知识	F. 知识产权法规
	★90%	★90%	★76%	67%	57%	52%
	G. 外贸风险防范	H. 国际贸易实务	I. 跨境支付	J. 国际贸易单证		
	38%	33%	33%	19%		
专业基础能力	A. 办公软件操作能力	B. 英语口语能力	C. 懂得商品拍摄技巧	D. 懂得各类修图软件的使用	E. 谈判沟通能力	F. 函电书写能力
	★86%	★67%	★57%	52%	52%	48%
	G. 懂得视频制作工具的使用	H. 懂得直播工具和软件的使用				
	38%	29%				
专业核心能力	A. 店铺运营能力	B. 数据分析能力	C. 产品上架能力	D. 海外市场调研能力	E. 客户及产品开发能力	F. 站外营销推广能力
	★76%	★76%	★67%	62%	62%	52%
	G. 商品摄影及图片处理能力	H. 英语口语能力	I. 跨境电商平台直播能力	J. 函电书写能力	K. 短视频制作能力	L. 外贸单证制作能力
	48%	43%	33%	33%	29%	14%
综合素质	A. 自主学习能力	B. 沟通协调能力	C. 团队合作精神	D. 心理承受能力	E. 专业素质	F. 语言表达能力
	★90%	★86%	★81%	71%	67%	67%
	G. 吃苦耐劳的精神	H. 职业道德	I. 应变能力	J. 创新能力	K. 身体素质	
	62%	62%	43%	38%	24%	

（二）跨境电商人才具备的综合素质要求

跨境电商人才需要具备一系列综合素质，以适应行业的不断发展和变化。

1. 国际化视野

跨境电商涉及不同国家和地区的市场，人才需要有开阔的国际视野，了解不同国家的文化、法律、习惯和消费者需求，以便更好地进行市场分析和业务拓展。

2. 跨文化交流能力

跨境电商人才需要具备良好的跨文化交流能力，能够与不同文化背景的人进行有效的沟通和合

作，从而降低因文化差异带来的交流障碍。

3.语言能力

跨境电商人才需要具备良好的英语和其他国际主要语言能力，能够流利地进行商务沟通和交流。

4.市场营销能力

跨境电商人才需要具备市场营销的知识和技能，包括市场调研、品牌推广、广告投放等，以吸引更多海外客户和扩大市场份额。

5.跨境物流和关税知识

了解跨境物流和关税政策，能够有效安排跨境运输和处理海外订单的相关事宜。

6.数据分析能力

熟悉数据分析工具和方法，能够从海量数据中提取有用信息，为业务决策提供数据支持。

7.互联网技术和应用能力

了解电商平台、支付系统、跨境支付方式等技术和互联网应用，能够熟练运用相关工具和系统。

8.创新意识

跨境电商行业竞争激烈，人才需要具备创新意识，不断寻求新的商业模式和解决方案，以保持竞争优势。

9.解决问题的能力

面对跨境电商中的各种挑战和问题，人才需要具备解决问题的能力，能够灵活应对各种复杂情况。

10.团队合作精神

跨境电商往往需要与多个部门的团队合作，人才需要具备团队合作精神，能够协调各方合作，共同完成任务。

以上综合素质对于跨境电商人才来说都是非常重要的，同时随着行业的发展，可能还会出现新的要求和挑战，人才需要不断学习和提升自己的能力。

任务五　跨境电商平台规则适应

一、知识产权规则

（一）知识产权的概念和重要性

跨境电商从业者要对知识产权问题特别敏感，由于涉及不同国家的消费市场，因此要提前了解将要销售的商标、产品、设计等是否在其他国家有侵权行为，如侵犯知识产权，就会给卖家造成巨大损失。

知识产权是指权利人对其所创作的智力劳动成果所享有的专有权利。未经知识产权所有人的许可，使用其依法享有的知识产权，即为知识产权侵权。知识产权侵权行为包括但不限于以下三类。

表1.4　知识产权侵权行为

侵权行为	定义
商标侵权	未经商标权人许可，在商标权核定的同一种或类似的商品上使用与核准注册的商标相同或相近的商标的行为，以及其他损害商标权的假冒注册商标的行为。
专利侵权	未经专利权人许可，以生产经营为目的，实施了依法受保护的有效专利的违法行为。
著作权侵权	未经著作权人同意，又无法律上的根据，使用他人作品或行使著作权人专有权的行为，以及其他法律规定的损害著作权人合法权益的行为。

（二）知识产权注册

无论哪一类知识产权的注册，都需要在销售市场的所在国进行注册。例如，在中国拥有的商标，要在美国市场销售，就必须在美国进行商标注册。海外商标注册可以直接在目标国家的商标局进行注册，也可以通过某些组织进行注册。

1. 马德里体系

这是一个由世界知识产权组织管理的国际商标注册系统。企业或个人只需在自己的国家提交一份申请，就可以在马德里体系的成员国中选择多个国家进行注册，大大简化了多国注册过程。

2. 欧盟商标

这是一个允许在整个欧盟范围内获得商标保护的系统。一旦获得批准，EUTM将在所有欧盟成员国中都受到保护。

3. 非洲知识产权组织

这是一个地区性组织，允许在其成员国中进行统一的商标注册。一旦获得批准，商标将在所有成员国中受到保护。

4. 安第斯国家共同体

这是一个在南美地区的组织，其成员国包括玻利维亚、哥伦比亚、厄瓜多尔和秘鲁。

（三）知识产权违规处罚

各大跨境电商平台都严禁卖家未经授权发布、销售涉嫌侵犯第三方知识产权的商品。若发布、销售涉嫌侵犯第三方知识产权的商品，则有可能被知识产权所有人或买家投诉。平台也会随机对商品（包含下架商品）信息进行抽查，若商品涉嫌侵权，则信息会被退回或删除。投诉成立或商品信息侵权属实，平台会对卖家进行处罚。速卖通平台对知识产权违规行为的处罚如表1.5所示。

表1.5　速卖通平台对知识产权违规行为的处罚

侵权行为	定义	处罚规则
商标侵权	严重违规：未经商标权人许可，在同一种商品上使用与其注册商标相同或相似的商标。	三次违规关闭账号。

续表

侵权行为	定义	处罚规则
	一般违规：其他未经商标权人许可，使用他人商标的情况。	首次违规扣0分； 其后每次重复违规扣6分； 累计违规达48分关闭账号。
专利权侵权	严重违规：未经专利权人许可，复制其作品并进行发布或销售，包括图书、电子书、音像制品和软件等。	三次违规关闭账号。
	一般违规：其他未经专利权人许可，使用他人专利权的情况。	首次违规扣0分； 其后每次重复违规扣6分； 累计违规达48分关闭账号。
著作权侵权	外观专利、实用新型专利、发明专利的侵权情况（一般违规或严重违规的判定视个案而定）。	首次违规扣0分； 其后每次重复违规扣6分； 严重违规时，三次违规关闭账号。

（四）回应侵权投诉

发生知识产权侵权行为，权利人可能会向电商平台投诉，要求侵权人下架商品，甚至通过法院要求冻结侵权人的资金，也可能会向侵权人发出律师函，提出赔偿要求。卖家收到侵权投诉后，如果认为自己的行为确有侵权，应立刻停止侵权，与权利人协商和解；如果不认为自己的行为造成侵权，应积极提供非侵权证明。

二、平台禁限售规则

禁售商品指涉嫌违法、违背社会道德或违反销售国规定的商品。限售商品在销售之前需取得商品销售的前置审批、凭证经营或授权经营等许可证明，否则不允许发布。

（一）速卖通禁限售规则

速卖通禁限售商品共有18个大类，具体的禁售、限售商品列表参见《全球速卖通禁限售商品目录》。表1.6为禁限售积分处罚和店铺处罚。

表1.6　禁限售积分处罚和店铺处罚

处罚依据	行为类型	积分处罚	店铺处罚
《全球速卖通禁限售商品目录》	发布禁售商品	严重违规：48分/次（关闭账号）。 一般违规：6~12分/次（1天内累计不超过12分）。	退回/删除违规信息。 若查看到订单中涉及禁售商品，速卖通会关闭订单。如果买家已付款，则无论物流状况如何，均全额退款给买家，卖家承担全部责任。

速卖通根据违规积分的等级制定了公平的处罚标准,分数按行为年累计计算。例如,卖家在2022年5月30日被扣12分,账户会被冻结7天,同时这个处罚记录到2023年5月30日才会被清零。禁限售违规和知识产权一般侵权将累计积分,积分累积到一定分值,将执行账号处罚。

(二)亚马逊禁限售规则

亚马逊针对不同的国家站点有不同的禁限售规则,下面以美国站点为例进行讲解。

(1)商品不是针对该站点的。例如,针对美国之外的国家生产的商品不能在亚马逊美国站点销售,只能在其他国家站点销售,包括进口的教科书等。

(2)非法商品和潜在的非法商品。

(3)攻击性的材料。

(4)裸体和色情商品。

(5)侵犯个人隐私的商品。

(6)广告。

(7)商品可用于数字下载,包括编码、可以用来访问其他网站或平台的内容。

违反亚马逊禁限售规则的行为,可能会有以下处罚:取消商品列表、限制上架特权、暂停上架特权、免除销售特权。

三、平台全托管模式

全托管模式主要是指由电商平台负责店铺运营、仓储、配送、退换货、售后服务等环节,商家只负责提供商品、备货入仓的一种业务模式。这是2022年之后出现的跨境电商模式,Temu、SHEIN、TikTok、速卖通、Shopee、Lazada等平台都开启了全托管模式。Temu全托管模式的销售全流程如下:

上传商品 → 选品审核 → 寄样 → 审样核价 → 申请备货 → 发货 → 质检入库→上架销售→平台配送→消费者签收 → 售后服务

对于平台来说,全托管模式让平台拥有了商品定价权,平台可以集中利用自身优势资源最大化地实现流量变现,提升跨境电商平台在海外市场的竞争力。

对于卖家来说,全托管模式要求卖家提供最低的商品报价,由平台进行选品,选中的商品运输至平台指定仓库,由平台官方质检之后上架销售,定价、物流、售后等都由平台负责,买家付款之后平台才会和卖家进行结算。如果商品滞销,则一定时间后货物会退回卖家。这种业务模式对于有生产研发能力的工贸一体供应商来说是一种机遇,供应商可以专注于优化商品成本,减少运营和销售方面的投入。对于单纯的贸易商来说是一种挑战,因为贸易商的供货成本比生产商更高,在竞价方面没有优势,并且平台亲自参与到销售端,势必会挤占原本分配给贸易商的流量资源。

对于物流商来说,在全托管模式中,跨境电商平台会选择自建物流体系,或者和头部物流商合作,随着全托管业务模式比例的增加,中小物流商会失去竞争力。

四、速卖通平台搜索排序规则

（一）搜索作弊行为处罚

速卖通的搜索排序以帮助买家找到最符合需求的商品为目标。排序是对商品的信息描述质量、商品与买家搜索需求的相关性、商品的交易转化能力、卖家的服务能力、搜索作弊的情况等因素的综合考量。商品的信息描述质量通常包括类目、标题、属性、详细描述、图片、价格等信息的描述质量。商品与买家搜索需求的相关性包括类目与搜索词的关系、标题与搜索词的关系、属性与搜索词的关系。卖家的服务能力包括好评率、仲裁、服务响应速度、订单执行情况等。

在平台规则反作弊方面，如果商品有信用及销量炒作、类目错放、成交不卖、标题堆砌、重复铺货、超低价或超高价、"黑5类"商品错放（一般指订单链接、运费补差价链接、赠品、定金、新品预告5类特殊商品没有按规定放置到指定的特殊发布类目中）等严重违规行为，则卖家将受到违规商品排名靠后，甚至全店降权或关闭账户的处罚。

（二）信息展示作弊

1. 类目错放

类目错放是指商品实际类目与发布商品所选择的类目不一致，如将"布料"放到"婚纱"类目；赠品、补运费、补差价、VIP、直接代发货（Drop Shipping）等特殊交易未放置到其他特殊类目。

2. 标题描述违规

标题描述违规是指标题关键词滥用，如标题无明确商品名称、标题关键词堆砌、标题商品名与实际不符、标题与类目不符、标题品牌词与实际不符、标题件数与实际可购买件数不一致等。

3. 属性错选

属性错选是指发布的商品虽然类目选择正确，但选择的属性与商品的实际属性不一致。

4. 重复铺货

重复铺货是指发布的商品信息与在同个店铺内或在同个卖家平台，同个公司主体开通的其他店铺内已发布的产品信息完全相同或主要产品信息（如图片、标题、价格、属性等）雷同。

5. 其他信息描述不合规

其他信息描述不合规是指商品信息展示不规范，但不构成上述类目错放、标题描述违规、属性错选、重复铺货的行为，包括商品主图内容不规范，如图片容易引起不适等；商品计量单位明显与常规销售方式不一致，如鞋子按只卖等。

（三）价格作弊

1. 商品超低价

商品超低价是指卖家以较大偏离正常销售价格的低价发布商品。

2. 商品超高价

商品超高价是指卖家以较大偏离正常销售价格的高价发布商品。

3. 运费倒挂

运费倒挂是指商品本身价格较低，但是运费被设置为偏离正常运费的高价。

4. SKU 作弊

SKU（Stock Keeping Unit）作弊是指卖家滥用 SKU 的设置功能（如以非常规方式设置规格、数量、单位、邮费等信息，或者通过 SKU 的设置变更关键商品要素）发布偏离正常价格的高价或低价的 SKU，或者不支持出售（包括不支持按常规方式出售）的 SKU。

（四）交易行为作弊

1. 信用及销量炒作

信用及销量炒作是指通过非正常交易手段提高商品销量及信用的行为。

2. 更换商品

更换商品是指通过编辑已发布商品的类目、品牌、型号、配置、材质、功能等关键属性使其成为另一款商品。

头脑风暴

除上述提及的跨境电商从业人员核心综合素质要求外，伴随全球经济一体化进程的深化与数字技术的迭代发展，特别是随着人工智能工具对跨境电商行业的深度影响，跨境电商领域对从业者的能力要求呈现多元化延伸趋势，总体特征是在"变"化之中。请同学们结合行业发展动态，尝试分析并阐述其他相关的综合素质要求。表 1.7 列出了一些可供参考的综合素质。

表 1.7 跨境电商人才需具备的综合素质

能力	具体要求
职业通用能力	在跨境电商各种交易环境下熟练地使用外语与买家进行沟通的能力； 熟悉国际贸易知识和流程；具备跨文化意识和交际能力； 熟练地使用基本办公软件（Word，Excel，PowerPoint，Photoshop 等）的能力； 熟悉国际贸易地理、国际船务航线和国际快递知识，并熟练地应用。
职业专门能力	熟悉各种跨境电商平台及其定位与经营模式； 具备网店选品和定价能力； 具备商品图片处理能力； 具备商品上传和优化能力； 熟悉物流公司和各类跨境物流模式，具备跨境物流定价能力； 熟悉国际知识产权、商标、专利等方面的知识，具备知识产权、商标、专利风险识别和侵权处理能力； 熟练地应用各类站内外推广工具的能力。

续表

能力	具体要求
职业综合能力	利用各种工具和平台有效地进行客户开发、维护和管理的能力； 根据具体跨境电商平台和店铺有效地进行站内、站外和全网营销和推广的能力； 具备店铺询盘、订单、物流综合管理能力； 具备跨境电商创业意识和创业项目可行性分析能力。
职业拓展能力	具备国际船务和货代处理能力； 具备国际会展策划、组织、接待、协调能力； 具备跨境电商网页设计能力； 具备移动跨境电商运营能力。

AI跨境

AI工具赋能跨境电商

在跨境电商领域，运用合适的AI工具不仅能提升运营效率，还能为业务的稳定发展提供有力支持。以下是各类实用的AI工具及其特点，有些AI工具需要付费才能使用。同时，需要注意AI工具的发展非常迅速，要及时提升AI工具的使用能力。

一、选品神器

选品是跨境电商的关键第一步，选对产品，成功便有了一半的保障。以下几款工具能助力卖家更精准地选出有潜力的产品。

（一）Sell The Trend

结合AI数据分析与社交媒体趋势，可帮助卖家找到最具潜力的热销产品。同时，还能让卖家了解竞争对手的广告投放情况，以便提前布局。

（二）Jungle Scout

Jungle Scout主要针对亚马逊卖家，通过AI分析市场趋势、竞争对手销量，甚至能够预测产品的未来表现，让卖家在选品时更有底气。

（三）Shulex

该工具能够洞察消费者习惯，收集并分析全渠道的客户反馈。卖家可以借此深入了解消费者的期望与需求，洞察竞品的优劣势，从而助力产品开发，打造差异化优势。

二、AI客服

客服响应速度和质量对转化率有着直接影响，AI客服可帮助卖家解放大量人力。

（一）Chatfuel

Chatfuel是基于AI的Facebook Messenger聊天机器人，能自动回复常见问题，引导客户下单，提高用户黏性。该工具提供免费版供用户使用。

（二）Gorgias

Gorgias支持邮件、社交媒体、网站聊天等渠道，AI能自动分类客户问题，提高响应效率，甚至能根据用户情绪调整回复语气。

三、AI营销

广告和内容营销是跨境电商的重要组成部分，AI能帮助卖家高效完成相关工作。

（一）Smartly. io

Smartly. io支持自动生成和测试不同版本的广告素材，使广告创意更丰富、更贴合目标受众。

（二）AdEspresso

AdEspresso允许卖家在多个渠道上轻松创建、管理和监控广告投放，提供详尽的广告数据分析和实时报告，让卖家随时了解每个广告的表现。

四、文案助手

为文案创作而烦恼的跨境电商人，可以借助以下AI工具提高工作效率。

（一）AdCreative. ai

AdCreative. ai可自动生成高转化率的广告素材，节省美工和策划时间。

（二）Jasper

作为AI写作神器，Jasper可以自动生成产品描述、社媒文案、广告标题，还能优化SEO，省去大量文案工作。

（三）DeepSeek

这款AI工具大家较为熟悉，跨境电商人可以用于撰写Prompt、标题、文案等。

五、图片、视频处理

（一）Canva

Canva用于创建各种视觉内容，如社交媒体帖子、广告横幅、产品展示图等，具有直观的界面和丰富的模板库，即使没有设计经验的用户也能轻松上手。该工具提供免费版本。

（二）Lumen5

Lumen5可以将现有的博客文章或产品信息转化为动态视频，自动匹配相关的视觉元素和音乐，适用于在各大社交媒体平台上推广产品。

（三）Pictory

Pictory能够将文字内容（如博客文章、产品描述）自动转换为引人入胜的视频，提供自动字幕、丰富的媒体库和易于使用的编辑工具。

六、AI翻译与本地化

语言问题是跨境电商的一大难题，AI翻译和本地化工具能有效解决这一问题。

（一）DeepL

DeepL比Google翻译更精准，特别适合商品描述、邮件回复等场景，其翻译语感更自然。该工具提供免费版。

（二）Lokalise

Lokalise适合有多语言站点的卖家，AI能自动翻译并优化语法，确保本地用户能轻松理解。相比于请人工翻译，使用这些工具能节省大量成本。

七、AI数据分析

数据驱动决策，AI分析工具能让卖家精准了解用户行为。

（一）Google Analytics（GA4）

Google Analytics能预测用户行为、提供营销建议，适用于所有独立站，且该工具免费使用。

（二）Hotjar

Hotjar作为AI热图分析工具，能直观展示用户在网站上的点击、滚动、停留时间，帮助卖家优化页面布局，提高转化率。

八、AI物流与供应链优化

供应链管理不当易造成库存积压或缺货问题，AI能帮助卖家精准预测。

（一）ShipBob

ShipBob作为智能仓储+物流管理平台，AI能自动优化配送路线，提高运输效率，降低物流成本。其费用取决于订单量。

（二）Inventory Planner

Inventory Planner可预测未来销售趋势，建议补货时间，避免断货或库存积压。

九、不同阶段卖家工具推荐

（一）新手卖家

推荐组合为Chatfuel（AI客服）+DeepL（AI翻译）+Jungle Scout（AI选品），性价比高，实用性强。

（二）成熟卖家

推荐组合为AdCreative.ai（AI广告）+Google Analytics（AI数据分析）+ShipBob（AI物流），可优化整个业务链路，提高竞争力。

职业道德

外贸职业道德：热爱祖国，顾全大局；履行合同，恪守诚信；遵纪守法，文明经商；平等合作，互惠共赢；博采众长，勇于创新；担负责任，回报社会。

外贸职业道德是外贸从业人员应该遵循的行业道德准则，包括以下几个方面：

热爱祖国，顾全大局：外贸从业人员应该具有强烈的爱国之情，把国家利益放在首位，在开展外贸业务时要考虑国家整体利益，做到顾全大局。

履行合同，恪守诚信：外贸合作涉及合同约定，外贸从业人员应该诚信守约，严格履行合同义务，确保交易的信誉和可靠性。

遵纪守法，文明经商：外贸从业人员要遵守国家法律法规，遵循市场规则，文明经商，不做违法乱纪的行为，维护良好的商业环境。

平等合作，互惠共赢：外贸合作应该建立在平等互惠的基础上，避免压榨合作伙伴，追求共赢的合作关系，促进合作双方共同发展。

博采众长，勇于创新：外贸从业人员应该广泛学习借鉴国内外的先进经验，勇于创新，在市场竞争中保持竞争力。

担负责任，回报社会：外贸从业人员要对自己的工作负责，对产品质量和服务质量负责，同时也要回报社会，积极参与公益事业。

这些道德准则对于外贸从业人员来说是非常重要的，它们不仅体现了职业道德和职业操守，更是外贸行业持续健康发展的基础和保障。遵循这些职业道德，可以帮助外贸从业人员树立良好的职业形象，建立信任关系，促进业务合作的稳定和可持续发展。

学以致用

实践任务1

在我国从事出口跨境电商相关岗位需要使用的App有哪些？有哪些微信公众号可供我们持续学习与获取跨境电商前沿资讯？

实践任务2

请整理全球速卖通的最新平台规则（卖家规则），并提炼你认为最重要的十条规则。

实践任务3

查询全球速卖通禁限售规则（含违禁信息列表），列出至少十大类禁限售的商品。

实践任务4

AI对跨境电商岗位会有哪些冲击？AI的迅速发展对跨境电商行业有哪些影响？

在AI技术中，AI主播技术逐步成熟，AI主播是指使用人工智能技术来模拟人类主播的声音、形象和表现方式，从而实现自动化和智能化的播音工作。这种技术通常包括语音合成、虚拟形象生成和自然语言处理等领域的AI技术。AI主播对跨境电商主播产生了哪些影响呢？

知识巩固

一、单选题

1.跨境电商是指企业或个人利用互联网和电子商务平台，通过跨越国家或地区的边界，向其他国家或地区的消费者销售商品或提供服务，从而促进了（   ）。

　　A.本地贸易和国内合作　　　　　　　　B.地域限制和中间环节

　　C.全球贸易和国际合作　　　　　　　　D.传统贸易和线下交易

2.跨境电商的市场规模增速放缓的主要原因是（   ）。

　　A.人们生活水平提高　　　　　　　　　B.经济社会持续向好发展

　　C.运营成本下降　　　　　　　　　　　D.国际物流运输便捷性提升

3.进口跨境电商是指通过互联网技术，将海外商品销售到国内市场的一种新型贸易模式。相比传统的进口贸易，进口跨境电商的商品价格相对传统进口贸易更具有竞争力，同时也可以提高商品的购买便利度和品质保障。这是因为进口跨境电商在以下哪个环节上使用了全球化的资源？（   ）

　　A.商品采购　　　　　B.物流配送　　　　　C.支付结算　　　　　D.市场推广

4.跨境电商的全球性特点主要指（   ）。

A.电商平台在全球范围内都可以使用   B.跨境电商企业主要面向全球市场

C.跨境电商消除了中间环节和地域限制   D.互联网是一种没有边界的媒体

5.出口跨境电商的优势不包括以下哪项（   ）。

  A.全球市场覆盖   B.降低成本

  C.个性化服务   D.提高文化交流和认知度

6.以下关于跨境电商的定义，正确的是（   ）。

  A.仅指通过互联网进行的国内商品交易

  B.分属不同关境的交易主体,通过电商平台达成交易、进行支付结算,并通过跨境物流送达商品、完成交易的一种国际商业活动

  C.只涉及线下的国际贸易活动

  D.仅针对企业与企业之间的商品交易

7.以下不属于出口跨境电商主要平台的是（   ）。

  A.阿里巴巴国际站   B.天猫国际

  C.亚马逊   D.eBay

8.进口跨境电商的主要模式不包括（   ）。

  A.直邮进口模式   B.保税进口模式

  C.一般贸易进口模式   D.国内批发模式

9.跨境电商运营岗位中，负责店铺日常维护和推广的是（   ）。

  A.跨境电商客户服务专员   B.跨境电商运营专员

  C.跨境电商物流专员   D.跨境电商美工

10.目前，出口跨境电商发展呈现的趋势不包括（   ）。

  A.产品品类单一化   B.品牌化

  C.移动端购物增长   D.多元化运营

二、多选题

1.跨境电商岗位分类包括（   ）。

  A.跨境电商运营专员   B.跨境电商市场推广专员

  C.跨境电商客户服务专员   D.跨境电商选品专员

  E.跨境电商人力资源管理专员

2.跨境电商市场推广专员的职责包括（   ）。

  A.制定市场推广策略   B.进行商品上架

  C.实施线上广告   D.处理客户投诉

  E.跟踪订单处理

3.跨境电商运营专员的要求包括（   ）。

  A.熟悉跨境贸易流程   B.具备谈判和采购技巧

  C.具备良好的英语沟通能力   D.熟练运用市场推广工具

  E.具备严谨细致的工作态度

4.跨境电商采购专员的职责包括（　　　）。

  A.处理海关清关手续   B.与国际供应商沟通和谈判

  C.制定市场推广策略   D.选择最适合销售的产品

  E.处理国际客户咨询和售后服务

5.以下关于跨境电商实务相关概念及特点的表述，正确的有（　　　）。

  A.跨境电商打破了传统国际贸易的时空限制,使得全球贸易更加便捷

  B.与传统贸易相比,跨境电商交易环节更加复杂,中间成本更高

  C.跨境电商平台为买卖双方提供了直接沟通和交易的渠道

  D.跨境电商在税收政策、海关监管等方面与传统贸易完全相同

  E.随着跨境电商的发展,小批量、多批次的订单越来越常见

三、判断题

1.跨境电商与传统国际贸易的交易流程完全相同。   （　　　）

2.出口跨境电商只适合大型企业，中小企业无法参与。   （　　　）

3.进口跨境电商的发展主要得益于国内消费者对国外高品质商品的需求增加。 （　　　）

4.跨境电商岗位都不需要具备外语能力。   （　　　）

5.未来跨境电商的发展不会受到各国政策法规的影响。   （　　　）

项目二 跨境电商平台选择

知识目标：

了解不同类型跨境电商平台的发展历程、现状和未来趋势；

熟悉常见跨境电商平台的概况；

掌握跨境电商平台选择的影响因素。

能力目标：

能根据企业自身情况和产品特点，分析并筛选出合适的跨境电商平台；

能对不同跨境电商平台进行对比和评估，制订合理的平台选择方案；

能独立完成跨境电商平台的入驻申请操作，并解决入驻过程中遇到的常见问题；

能在各类信息源中，快速准确地获取与跨境电商平台选择相关的有效信息。

素养目标：

具备全局视野和战略思维，能够从宏观层面考虑跨境电商平台选择对企业发展的影响；

树立诚信经营和合法合规的意识，严格遵守跨境电商平台的相关规定和国际贸易法规。

学思案例

Z世代国潮品牌"花西子"的平台突围战

2023年，国潮美妆品牌花西子计划拓展欧美市场，面临平台选择的战略决策。其产品定位高端国风彩妆，目标客群为18~35岁女性，注重品牌调性与文化输出。

花西子在拓展欧美市场初期，面临了诸多挑战。团队最初计划入驻亚马逊，但很快就发现该平台的调性偏向"实用主义"，用户对高溢价的国风产品接受度较低，同时流量成本也十分高昂。于是，花西子果断转向TikTok Shop，利用短视频和直播的形式生动地展示产品的文化故事，如"东方妆道"系列，凭借这种创新的营销方式，单场直播的GMV成功突破了50万美元。与此同时，花西子还同步搭建了Shopify独立站，并通过与美妆博主等知名KOL合作，打造品牌社区，有效提升了品牌的影响力和用户的黏性，使得复购率达到了32%。然而，在欧盟市场，花西子又遭遇了化妆品成分注册的难题，但凭借本地化团队的专业能力和高效协作，迅速调整了配方并完成了备案，成功化解了这一合规挑战。

结果与启示：

业绩增长：TikTok Shop渠道贡献海外营收40%，独立站复购率超行业均值2倍。

品牌沉淀：通过平台内容营销实现文化输出，被*Vogue*等媒体报道为"东方美学代表"。

风险规避：多平台矩阵（TikTok Shop引流+独立站沉淀）降低对单一平台的依赖。

问题思考：

1. 平台调性匹配：若花西子选择All-in亚马逊，可能面临哪些风险？其TikTok Shop策略成功的关键是什么？

2. 合规成本：欧盟化妆品法规对企业运营的影响如何？如何通过本地化团队降低合规风险？

3. 长期战略：独立站与第三方平台如何协同？品牌出海应如何平衡短期GMV与长期品牌建设？

4. Z世代洞察：如何通过平台数据工具（如TikTok创意中心）捕捉目标客群偏好？

任务一　跨境电商平台概述

一、跨境电商平台的定义与分类

（一）跨境电商平台的定义与内涵延伸

跨境电商平台是指为不同国家或地区的买卖双方提供商品或服务交易的在线平台。跨境电商平台依托互联网技术构建的全球化数字贸易载体，通过整合信息流、资金流、物流等核心要素，为分属不同关境的交易主体提供商品展示、交易撮合、支付结算及跨境物流等全链条服务。其本质在于打破传统国际贸易的地理壁垒，实现"买全球、卖全球"的高效协同。例如，一家中国的服装制造商可以通过跨境电商平台将产品直接销售给美国的消费者，而无需通过传统的进出口贸易商等中间环节。

出口跨境电商从参与者的角度可以划分为平台和卖家两大要素。

对于平台，可按照经营模式划分为第三方平台型和自营型两种。其中，第三方平台型与国内淘宝的运营模式相似，为跨境B2C电商卖家及海外消费者提供跨境购物交易场所，以亚马逊、速卖通等为代表，是当前主流的业态模式；自营型平台则以买断商品的方式进行销售，需参与选品、采购、运营、物流供应等商品生命周期全过程，赚取购销差价，代表性平台包括SHEIN、环球易购、兰亭集势等。B2C第三方平台助推了国货出海，提振了产业价值，扩大了国内平台份额。B2C出口跨境电商第三方平台助力国牌出海，提升"中国制造走出去"的产业附加价值。我国早期外贸以贴牌代工为主，生产附加值低于微笑曲线两端的研发及品牌营销环节。B2C跨境电商平台的兴起打通了中国商家与海外消费者间的沟通渠道，推动了国牌出海，帮助国内商家获取覆盖商品全生命周期的利润价值。第三方平台的盈利模式以收取佣金及增值服务费为主，核心在于流量和服务运营。以亚马逊为首的第三方平台聚集了大规模商户和流量，凭借流量基础和集物流/支付/运营等于一体的服务资源吸引卖家入驻。

对于卖家，可按照选品策略分为精品型卖家和泛品大卖家两类。首先对于通过第三方电商平台进行销售的卖家，精品型卖家本质为品牌商，通常专注于某一个或几个品类，深度介入产品研发设计和供应链环节，致力于打造品牌价值，代表企业包括安克创新等；泛品大卖家本质为经销商，多品类布局，追求规模收益，代表企业包括有棵树、通拓科技等。此外，前文所提到的自营型平台本质上也属于卖家的一种。

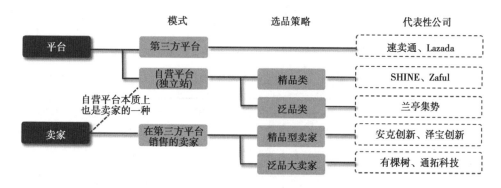

图2.1　出口跨境电商的主要参与者

（二）按平台运营模式分类

按照交易主体跨境电商可分为B2B、B2C和C2C跨境电商，此处从平台运营模式的视角同样划分为B2B、B2C和C2C平台。

1. B2B平台

B2B平台主要面向企业与企业之间的交易，企业间通过平台进行大宗商品采购与供应链协同，这类平台为企业提供了一个展示产品、寻找合作伙伴和进行大宗交易的场所。例如，阿里巴巴国际站就是典型的B2B跨境电商平台，它汇聚了全球众多的供应商和采购商，企业可以在平台上发布产品信息、进行询价、洽谈合作等，如东莞某五金厂商通过阿里巴巴国际站承接欧美批发订单。

核心特点：①交易规模大：单笔订单金额高，涉及工业原材料、机械设备等；②长周期合作：注重供应链稳定性与长期合作关系，需匹配深度定制服务（如OEM代工）；③政策依赖性：需符合海关"9710"监管代码，支持一般贸易出口退税；④技术工具：提供ERP系统对接、在线招投标、供应链金融等服务。

2. B2C平台

B2C平台是企业直接面向消费者的交易平台。在B2C平台上，企业将产品直接销售给终端消费者。像亚马逊、速卖通等都属于B2C平台，消费者可以在平台上浏览商品、下单购买，企业负责发货和售后服务，如深圳3C电子企业通过亚马逊北美站销售智能穿戴设备，利用FBA仓提升配送效率。

核心特点：①流量导向：依赖平台算法推荐（如亚马逊A9算法）与广告竞价排名；②物流敏捷：采用跨境小包直邮或海外仓（FBA）实现"72小时达"；③品牌化运营：需构建独立站或旗舰店，强化消费者体验与复购率；④合规门槛：需遵守目标国税务政策（如欧盟VAT）与产品认证（如FDA）。

3. C2C平台

C2C平台允许个人与个人之间进行交易。这类平台为个人提供了一个二手物品交易、闲置物品出售等的新渠道。例如，eBay有一部分业务就属于C2C模式，个人可以在平台上发布自己想要出售的物品信息，其他个人可以进行购买，如杭州独立设计师通过Etsy平台向欧美消费者销售手工饰品，采用DHL国际小包发货。

核心特点：①商品多样性：涵盖二手商品、手工艺品等长尾品类，满足个性化需求；②社交属性强：依托用户评价体系与社区互动（如eBay的"Best Offer"议价功能）建立信任；③低准入门槛：个人卖家无需企业资质，适合"一件代发"或闲置资源变现；④风险管控难：需平台介入纠纷仲裁与假货筛查。

表2.1 三种模式的多维度对比分析

维度	B2B	B2C	C2C
交易主体	企业↔企业	企业↔消费者	个人↔消费者
典型平台	阿里巴巴国际站、中国制造网	亚马逊、速卖通	eBay、Etsy
商品类型	大宗标准化商品（机械、原材料）	品牌化零售商品（3C、快消品）	非标品（二手、手工艺品）
物流模式	整柜海运、保税仓备货	跨境直邮、海外仓	邮政小包、第三方物流
监管模式	9710（B2B直接出口）	9610（零售出口）	无明确监管代码

续表

维度	B2B	B2C	C2C
支付周期	信用证/电汇（30~90天账期）	即时支付（信用卡、电子钱包）	平台担保交易（PayPal、支付宝）
核心竞争力	供应链整合能力、行业资源深度	品牌运营能力、本地化服务能力	社区活跃度、个性化商品供给能力
合规要求	需符合原产地规则、国际贸易术语（INCOTERMS）	需通过目标国产品认证（CE、FCC）	需遵守平台禁售规则与知识产权保护

（三）按平台服务对象分类

1. 综合性平台

综合性平台涵盖了多种类型的商品和服务，服务对象广泛。它的商品种类丰富，几乎可以满足消费者的各种需求。例如，亚马逊就是一个综合性的跨境电商平台，它不仅销售电子产品、服装、家居用品等各类商品，还提供云计算服务、数字内容服务等。

2. 垂直性平台

垂直性平台专注于某一特定领域或行业的商品销售。这类平台在特定领域具有更专业的服务和更深入的产品资源。比如，一些专门销售母婴产品的跨境电商平台，它们在母婴产品的选品、质量把控、售后服务等方面具有更强的专业性。

二、跨境电商平台在国际贸易中的作用

（一）降低贸易成本

跨境电商平台减少了传统贸易中的中间环节，如代理商、批发商等。企业可以直接将产品销售给国外的客户，降低了渠道成本。同时，平台提供的在线交易和展示功能，减少了企业参加线下展会、进行实地推销等的费用。例如，一家小型企业通过跨境电商平台开展业务，无需在国外设立实体销售网点，大大降低了运营成本。

（二）拓展市场渠道

通过跨境电商平台，企业可以突破地域限制，将产品销售到全球各个国家和地区。平台拥有庞大的用户群体和广泛的市场覆盖范围，企业可以借助平台的流量和推广资源，快速进入国际市场。例如，许多中国的特色手工艺品通过跨境电商平台被销售到欧美、亚洲等地区，让更多的国外消费者了解和喜爱中国文化。

（三）促进贸易便利化

跨境电商平台提供了便捷的交易流程和支付方式，简化了国际贸易的手续。企业和消费者可以在平台上轻松完成订单下达、支付、物流查询等操作。同时，平台还提供了多语言支持、国际物流配送等服务，解决了跨国交易中的语言障碍和物流难题。例如，速卖通支持多种语言界面，方便不

同国家的用户使用，并且与多家国际物流企业合作，保障商品的及时送达。

任务二　主流跨境电商平台分析

一、主要的进口跨境电商平台

（一）进口跨境电商平台概述

进口跨境电商平台是指通过互联网技术连接境外供应商与境内消费者，提供跨境商品交易、支付结算、物流通关及售后服务等全链条服务的数字化贸易载体。其核心价值在于通过合规化、标准化流程，降低跨境贸易壁垒，满足消费者对海外商品品质化、多元化的需求。

进口跨境电商平台分为综合性平台和自营性平台。综合分析我国进口电商市场交易份额，平台交易额排在前列的是天猫国际、京东国际、考拉海购、唯品国际、亚马逊海外购、小红书、苏宁国际、友品海购等。

1. 综合性平台的特点

综合性平台的特点是国外的品牌商、渠道商、职业买家等入驻平台，平台所售卖的商品都是来自国外的优质品牌，经过严格的品质检验和认证，可以保证消费者购买到的商品都是高品质、高性价比的商品。平台优势体现在货源广泛、商品品类多、支付便捷。劣势主要是由于在物流通关环节缺乏自由稳定的渠道，对供应商的把控比较弱，容易出现多方面的问题。

2. 自营性平台的特点

自营性平台的特点是电商卖家自行备货和采购，打通整条供应链。优势体现在有正品的保证，信誉好；供货稳定，购物体验好；支付便捷。劣势体现在运营成本高，资源需求多，运营风险高。

（二）主要的进口跨境电商平台

1. 天猫国际

天猫国际进口跨境电商平台是阿里巴巴集团旗下的进口零售平台，致力于为中国消费者提供全球的进口好物及直达海外的生活方式。其平台特点体现在提供丰富多样的进口商品选择，具有综合型自营跨境B2C平台的特点。天猫国际主要采用保税备货模式，消费者在平台下单之后，货物直接从保税仓发出，从而节省了国际运输线上的时间，能够较快取到货物，对消费者而言能够有较好的消费体验。平台享受政策优惠，包括进口环节税的税收优惠政策，以及集中采购能够大幅降低商品的采购成本和物流成本等，这些因素能够为进口产品带来更高的利润和更具竞争力的价格。

2. 京东国际

京东国际进口跨境电商平台是京东集团旗下的进口跨境电商平台，提供来自全球的数百万种商品，包括食品、母婴用品、美妆护肤、服装鞋帽、家居用品、电器等领域。京东国际的特点体现在以下方面：拥有庞大的商品库存，在多个国家和地区建立了采购中心，提供数百万种商品，能满足消费者的不同需求；商品在进口通关、检验检疫方面全程接受严格监控，各流程信息阳光透明，能够更好地保证商品本身的质量以及消费者的利益；秉承"正品保障"的原则，对所售卖的商品进行质量检测和审核，确保产品的品质和安全性；京东国际物流迅速，下单后当日或隔日即可到达；同时，提供专业包装和售后服务。

3. 考拉海购

考拉海购是阿里巴巴旗下以跨境业务为主的会员电商，主打官方自营，全球直采的模式。销售品类涵盖母婴、美容彩妆、家居生活、营养保健、环球美食、服饰箱包、数码家电等。自从2019年考拉海购被阿里巴巴收购后，依托阿里集团在物流、资金等方面的优势，直采自营进行销售经营，建立了众多属于自己的保税仓以及直营商店，在美国、德国、意大利、日本、韩国等国设有分公司或办事处，深入产品原产地直采适合中国市场的商品，直接从原产地运抵国内，储存在保税区仓库。

4. 唯品国际

唯品国际是唯品会旗下的跨境电商平台，它提供全球各大品牌的限时特卖，商品种类丰富，品质有保障。唯品国际的商品主要分为自营和国际两个部分。自营商品指的是唯品会买断的商品，通常会提前入仓再售卖，唯品会拥有货权。国际商品则是指直接从原产地发货或者是从保税仓发货的商品。

5. 苏宁国际

苏宁国际作为苏宁集团旗下国内领先的跨境电商平台，拥有稳定而强势的海外本地化供应链，专业买手团队遍布欧洲、美洲、澳洲、东亚等近百个国家和地区，和考拉海购一样，以自营直采模式为主。

6. 友品海购

友品海购是阿里巴巴集团旗下的B2C零售事业群跨境电商私域运营服务平台，依托天猫跨境供应链体系，友品海购与全球2 000多个品牌和供应商达成战略合作，在全球33个国家和地区设立了专业的采购机构，主打保真海外进口商品和精细化的私域运营服务。但是友品海购的劣势也比较明显，一是知名度不高，相比其他进口跨境电商平台，友品海购需要加强品牌宣传和推广；二是市场份额较小，需要进一步扩大市场份额和提升竞争力；三是受物流配送限制，还需要加强与物流服务商的合作和优化物流配送方案。

随着跨境电商行业的发展和市场行情的变化，原来在跨境电商市场占有一席之地的蜜芽、聚美极速免税店等进口跨境电商平台已关停，这也体现了跨境电商行业快速发展变化的特点。在当前国际贸易摩擦加剧、物流成本上升、消费者对产品质量和可持续性要求不断提升的背景下，对于想要在跨境电商行业取得成功的企业来说，就需要不断优化产品和服务，提高用户体验，加强与供应商和消费者的沟通与合作，持续发展创新，终身学习，以适应不断变化的市场环境。

二、主要的出口跨境电商平台

（一）Amazon

1. 平台发展历程与现状

Amazon成立于1994年，最初是一家在线书店，经过多年的发展，逐渐成为全球最大的综合性跨境电商平台之一。如今，亚马逊在全球多个国家和地区设有站点，拥有数亿名活跃用户，销售的商品种类涵盖了电子产品、家居用品、服装、食品等几乎所有领域。其业务不仅包括电商零售，还涉及云计算、数字媒体等多个领域。

2. 平台特点与优势

（1）强大的品牌影响力：亚马逊在全球消费者中具有极高的知名度和美誉度，消费者对平台的信任度较高。这使得卖家在平台上更容易获得订单，提高销售业绩。

（2）完善的物流体系：亚马逊拥有自己的物流服务FBA，卖家可以将商品存储在亚马逊的仓库中，由亚马逊负责发货和售后服务。FBA提供快速的配送服务，能够提高消费者的购物体验，同时也有助于卖家提高商品的曝光率和排名。

（3）丰富的营销工具：亚马逊为卖家提供了多种营销工具，如广告投放、促销活动等。卖家可以通过这些工具提高商品的曝光度，吸引更多的潜在客户。

3. 目标市场与用户群体

亚马逊的目标市场主要包括北美、欧洲、日本等发达国家和地区。其用户群体广泛，涵盖了不同年龄、性别、职业的消费者。这些消费者具有较高的消费能力和网购习惯，对商品的品质和服务有较高的要求。

4. 平台入驻要求与流程

（1）入驻要求：卖家需要有合法的企业营业执照或个人身份证，具备一定的产品供应能力和资金实力。同时，需要提供有效的银行账户和税务信息。

（2）入驻流程：首先，卖家需要在亚马逊全球开店网站上注册账号，填写企业或个人信息。然后，提交相关的证明文件进行审核，审核通过后，设置店铺信息、上传商品信息等，完成店铺的开通。

（二）eBay

1. 平台发展历程与现状

eBay成立于1995年，是全球最早的跨境电商平台之一。它以拍卖和一口价交易模式为主，在全球多个国家和地区拥有大量的用户。虽然近年来面临着来自其他平台的竞争，但eBay仍在二手物品交易、特色商品销售等领域具有一定的优势。

2. 平台特点与优势

（1）灵活的交易模式：eBay既支持拍卖模式，让买家通过竞价的方式购买商品，也支持一口价模式，方便买家直接购买。这种灵活的交易模式满足了不同消费者的需求。

（2）适合中小卖家：eBay的入驻门槛相对较低，对于一些中小卖家和个人卖家来说，是一个比较容易进入的平台。同时，平台的竞争相对较为分散，中小卖家有机会在特定的细分市场中获得成功。

（3）全球市场覆盖：eBay在全球多个国家和地区设有站点，卖家可以通过一个账户将商品销售到世界各地。

3. 目标市场与用户群体

eBay的目标市场主要包括北美、欧洲、澳大利亚等地区。其用户群体除普通消费者外，还包括一些收藏爱好者、二手物品交易爱好者等。这些用户对商品的多样性和个性化有较高的需求。

4. 平台入驻要求与流程

（1）入驻要求：卖家需要提供有效的联系方式、银行账户信息等。对于企业卖家，还需要提供营业执照等相关证明文件。

（2）入驻流程：卖家在eBay网站上注册账号，填写个人或企业信息，设置付款方式和运输方式等。然后，上传商品信息，即可开始销售商品。

（三）速卖通

1. 平台发展历程与现状

速卖通是阿里巴巴旗下的面向全球市场的跨境电商平台，于2010年正式上线。经过多年的发展，速卖通已成为全球知名的跨境电商平台之一，尤其在俄罗斯、巴西、西班牙等新兴市场具有较高的市场份额。平台上的商品主要来自中国，以高性价比的商品吸引了大量的国外消费者。

2. 平台特点与优势

（1）中国商品资源丰富：依托阿里巴巴强大的供应链体系，速卖通拥有丰富的中国商品资源。卖家可以在平台上找到各种类型的商品，满足不同国家和地区消费者的需求。

（2）新兴市场潜力大：速卖通在新兴市场的发展迅速，为卖家提供了广阔的市场空间。例如，在俄罗斯市场，速卖通已经成为当地消费者最受欢迎的跨境电商平台之一。

（3）平台服务支持完善：速卖通为卖家提供了一系列的服务支持，如物流解决方案、营销推广工具、客服培训等，可以帮助卖家更好地开展业务。

3. 目标市场与用户群体

速卖通的目标市场主要集中在新兴市场和发展中国家，如俄罗斯、巴西、西班牙、中东等地区。其用户群体主要是年轻的网购消费者，他们对价格较为敏感，追求时尚和个性化的商品。

4. 平台入驻要求与流程

（1）入驻要求：卖家需要有企业营业执照，并且需要缴纳一定的入驻保证金。同时，需要提供商品的相关资质证明和品牌授权文件。

（2）入驻流程：卖家在速卖通网站上注册企业账号，提交相关的证明文件进行审核。审核通过后，缴纳保证金，设置店铺信息和商品信息，即可开始运营店铺。

（四）Wish

1. 平台发展历程与现状

Wish成立于2010年，是一家基于移动端的跨境电商平台。它以个性化推荐为特色，通过算法为用户推荐符合其兴趣的商品。Wish在全球多个国家和地区拥有大量的用户，尤其在欧美市场受到年轻消费者的喜爱。

2. 平台特点与优势

（1）个性化推荐算法：Wish的个性化推荐算法能够根据用户的浏览历史、购买行为等数据，为用户精准推荐商品。这既提高了用户发现感兴趣商品的概率，也增加了卖家的销售机会。

（2）移动端购物体验好：Wish主要通过移动端应用程序为用户提供服务，其界面简洁、操作方便，适合现代消费者的购物习惯。

（3）适合新兴品牌和特色商品：Wish为新兴品牌和特色商品提供了展示和销售的平台。一些具有创意和特色的商品在Wish上能够获得较高的关注度和销量。

3. 目标市场与用户群体

Wish的目标市场主要是欧美地区，用户群体以年轻消费者为主，年龄大多在18~35岁。这些消费者注重个性化和时尚，对价格也有一定的敏感度。

4. 平台入驻要求与流程

（1）入驻要求：卖家需要有合法的企业或个人身份，提供有效的联系方式和银行账户信息。同时，需要保证商品的质量和供应能力。

（2）入驻流程：卖家在Wish网站上注册账号，填写相关信息，上传商品信息和图片。平台会对商品进行审核，审核通过后，商品即可在平台上展示销售。

任务三　自营跨境电商平台运营模式分析

一、自营跨境电商平台的定义

自营跨境电商平台即独立站。自营跨境电商平台是指平台运营主体自己负责商品的采购、仓储、销售，以及售后等整个交易流程的跨境电子商务模式。在这种模式下，平台就像一个大型的零售商，从全球各地的供应商处采购商品，然后通过自身的电商平台直接销售给消费者。例如，网易考拉（现更名为网易严选）早期就是典型的自营跨境电商平台，它通过大规模的采购团队在全球范围内挑选优质商品，集中采购后存储在自己的仓库中，再面向国内消费者进行销售。

基于与第三方平台不同的购物逻辑，独立站以个性化为标签，以品牌力建设和流量获取为核心要义，同时需具备较强的供应链管理能力。品牌效应强、产品优质、供应链高效的企业在独立站模式下更具长期竞争力。独立站通常不具备流量基础，因此，需要通过个性化的网页设计、独特的品牌调性和差异化的非标产品来吸引品牌导向的消费者，并凭借高性价比、高品质和高效供应实现用户留存。在独立站模式下，企业自建网站，深度参与选品、供应、平台运营、物流运送及销售等供应链各环节，其盈利主要来源于销售产品所产生的利润以及会员费等。国外电商市场集中度较低，为独立站的快速崛起提供了良好的土壤。与入驻第三方平台相比，独立站拥有更强的经营自主性和定价权，但同时也面临着更大的引流和供应链管理压力，风险与收益并存。在自营模式下，独立站对商品质量的把控更为严格，客单价也相对更高。据谷歌与益普索2021年联合发布的报告，独立站商品相比第三方平台平均溢价约20%。然而，独立站的商品丰富度和用户规模相对受限，引流压力较大，整体收益上限更高，但风险也更大。相比之下，第三方平台拥有丰富的品类矩阵和庞大的用户基础，功能属性强，消费者多以产品为导向在平台进行搜索购物。

二、自营跨境电商平台的特点

（一）商品品质可控

由于平台直接参与商品的采购环节，能够对商品的来源、质量进行严格把控。平台可以选择优质的供应商和品牌合作，并且在采购过程中进行严格的质量检测。以母婴产品为例，自营跨境电商平台会对奶粉、婴儿辅食等商品的生产厂家资质、生产标准、质量认证等进行详细审核，确保消费者购买到安全可靠的商品。

（二）物流配送高效

自营平台通常会建立自己的物流体系或者与优质的物流服务商合作，以实现高效的商品配送。平台可以对物流过程进行实时监控和管理，缩短商品的运输时间。比如，京东全球购，它依托京东强大的物流配送网络，能够实现部分商品的快速送达，提升消费者的购物体验。

（三）售后服务完善

自营模式下，平台对售后服务有更强的掌控力。当消费者遇到商品质量问题、退换货需求时，平台可以直接处理，避免了供应商和平台之间的推诿。平台会建立专业的客服团队，及时响应消费者的问题，并提供合理的解决方案，增强消费者的信任度。

（四）品牌形象统一

自营平台可以统一塑造和推广自己的品牌形象。从网站的界面设计、商品的展示风格到营销活动的策划，都能够保持一致的品牌风格。这样有助于提升品牌的辨识度和美誉度，吸引更多的消费者。例如，小红书旗下的自营跨境电商业务，就以其简洁、时尚的品牌形象吸引了大量的年轻消费者。

三、独立站典型代表平台 SHEIN

（一）SHEIN简介

SHEIN（中文名"希音"）是一家成立于2008年的跨境B2C快时尚电商平台，总部位于中国广州。其业务以快时尚服装为主体，涵盖女装、男装、童装、家居用品、配饰、鞋包、美妆等多个品类。

（二）SHEIN的成功要素

1. 品牌建设

SHEIN通过有效的社媒营销和精准的私域流量运营，强化了自身的品牌效应。在社交媒体平台上，SHEIN积极与消费者互动，举办各种活动，提升品牌知名度和美誉度，逐渐在消费者心中树立起独特的品牌形象，吸引了大量品牌导向的消费者。

2. 流量获取

凭借独特的品牌魅力和精准的营销策略，SHEIN构建了自己的平台流量池。通过个性化的网页设计和优质的购物体验，吸引消费者持续关注，为平台带来了稳定的流量。

3. 供应链管理

SHEIN采用"小单快反"模式打造柔性供应链，实现产品快速上新。这种模式使得SHEIN能够快速响应市场需求，及时调整产品款式和数量，避免库存积压。同时，高效的供应链也保证了产品的高品质和低价格，将"多快好省"发挥到极致，在独立站平台中脱颖而出。

（三）SHEIN的业绩表现

1. 规模增长

SHEIN近年来的收入增长迅猛。2022年，其收入达到227亿美元，同比增长45%。2023年，SHEIN的营收进一步增至325亿美元，较上一年增长43%。这一增长趋势使其在全球快时尚市场中占据了重要地位。此外，SHEIN的GMV在2022年达到290亿美元，2023年则约为450亿美元。其用户群体也在不断扩大，尤其是在年轻女性中具有较高的影响力，主要受众为35岁以下的年轻女性，其中25~34岁年龄段的女性占比相当大。

2. 市场表现

SHEIN在全球市场尤其是美国市场表现出色。2022年，SHEIN在美国快时尚市场占据了40%的份额，远超竞争对手H&M（27%）和Zara（17%）。其在2022年美国网站上增加了近31.5万种款式，这一数字远远超过了H&M和Zara。此外，SHEIN的应用程序下载量也极为可观，2023年其应用程序下载量达到2.38亿次，成为下载次数最多的时尚应用程序。SHEIN还通过社交媒体和KOL（Key Opinion Leader）合作等营销策略，成功吸引了大量年轻消费者，进一步巩固了其市场地位。

任务四　新兴跨境电商平台分析

一、东南亚市场平台

（一）东南亚电商市场概况

东南亚地区拥有庞大的人口基数和快速增长的互联网普及率，电商市场潜力巨大。近年来，随着智能手机的普及和移动支付的发展，东南亚的电商市场呈现出高速增长的态势。该地区的消费者对时尚、电子产品、家居用品等商品的需求不断增加。东南亚电商平台的典型代表有Shopee和Lazada。

（二）Shopee平台特点与入驻分析

1. 平台特点

Shopee是东南亚和中国台湾地区领先的电商平台，具有社交化的购物体验。它通过直播、聊天等功能，增强了买家和卖家之间的互动。同时，Shopee提供了丰富的营销活动和促销工具，帮助卖家提高销量。

2. 入驻分析

入驻Shopee相对较为简单，卖家可以通过线上申请的方式提交相关资料。平台对新卖家有一定的扶持政策，如免费的广告推广、培训课程等，适合中小卖家进入东南亚市场。

（三）Lazada平台特点与入驻分析

1. 平台特点

Lazada是东南亚知名的电商平台，拥有完善的物流和售后服务体系。它与当地的物流合作伙伴合作，能够提供快速、可靠的配送服务。同时，Lazada注重品牌建设，吸引了众多国际和本地品牌入驻。

2. 入驻分析

入驻Lazada需要卖家具备一定的品牌实力和运营经验。平台对商品的质量和品牌形象有较高的要求。卖家需要提交详细的品牌和产品资料进行审核。入驻成功后，能够借助平台的品牌影响力和资源，提升销售业绩。

二、拉美市场平台

（一）拉美电商市场概况

拉美地区是全球电商市场增长最快的地区之一。随着经济的发展和互联网的普及，拉美消费者的网购需求不断增加。该地区的电商市场具有巨大的潜力，但也面临着物流配送、支付安全等方面的挑战。

（二）Mercado Libre平台特点与入驻分析

1. 平台特点

Mercado Libre是拉美地区最大的电商和支付平台，具有广泛的市场覆盖和用户基础。它提供了多种支付方式，包括线下支付，适应了拉美地区多样化的支付习惯。同时，平台还提供了物流解决方案和营销工具，以帮助卖家开展业务。

2. 入驻分析

入驻Mercado Libre需要卖家了解当地的市场需求和消费习惯。卖家需要提供合法的企业或个人身份信息，以及商品的相关资料。平台对卖家的服务质量和物流时效有一定的要求。

三、非洲市场平台

（一）非洲电商市场概况

非洲是一个新兴的电商市场，随着移动互联网的普及和经济的发展，非洲消费者的网购意识逐渐提高。非洲市场的电商发展虽面临着基础设施不完善、物流配送困难等问题，但也具有巨大的发展潜力。

（二）Jumia平台特点与入驻分析

1. 平台特点

Jumia是非洲领先的电商平台，覆盖了非洲多个国家和地区。它提供了多样化的商品种类，包括电子产品、时尚服装、家居用品等。平台注重用户体验，提供了安全的支付方式和便捷的物流服务。

2. 入驻分析

入驻Jumia需要卖家有一定的产品供应能力和资金实力。卖家需要提交企业营业执照、产品信息等资料进行审核。平台对商品的质量和价格有一定的要求，同时鼓励卖家提供本地化的服务。

任务五　跨境电商平台选择关键因素分析

一、产品因素

（一）产品类型与平台适配性

不同的跨境电商平台对产品类型有不同的偏好和优势。例如，亚马逊适合销售高品质、高价值的商品，如电子产品、家具等；速卖通则更适合销售性价比高的中国制造商品，如服装、饰品等。卖家需要根据自己的产品类型选择与之适配的平台，以提高销售效果。

（二）产品价格与平台定位

平台的定位不同，其目标用户群体对产品价格的敏感度也不同。一些高端平台，如亚马逊的美国站，消费者对产品价格的敏感度相对较低，更注重产品的品质和品牌；而一些新兴市场平台，如速卖通在俄罗斯市场，消费者更倾向于购买价格实惠的商品。卖家需要根据产品价格和平台定位来选择合适的平台。

（三）产品目标市场与平台覆盖区域

卖家需要明确产品的目标市场，然后选择覆盖该目标市场的跨境电商平台。例如，如果产品的目标市场是欧洲，那么可以选择亚马逊欧洲站、eBay欧洲站等；如果目标市场是东南亚，Shopee和Lazada则是不错的选择。

二、成本因素

（一）平台入驻费用

不同的跨境电商平台入驻费用不同。有些平台需要收取入驻保证金，如速卖通；有些平台则需要缴纳一定的店铺租金，如亚马逊的专业卖家账户。卖家需要考虑入驻费用对成本的影响，选择适合自己资金实力的平台。

（二）交易手续费

平台会根据交易金额收取一定比例的交易手续费。例如，亚马逊的交易手续费一般在8%~15%，eBay的交易手续费为10%左右。卖家需要比较不同平台的交易手续费率，选择成本较低的平台。

（三）营销推广费用

为了提高商品的曝光度和销量，卖家需要在平台上进行营销推广。不同平台的营销推广费用和方式不同。例如，亚马逊的广告投放费用较高，但效果也相对较好；速卖通则提供了多种免费和付费的营销活动。卖家需要根据自己的营销预算选择合适的平台和推广方式。

（四）物流仓储费用

物流仓储费用也是选择平台时需要考虑的重要因素。如果选择使用平台的物流服务，如亚马逊的FBA，需要支付仓储费、配送费等；如果选择自行发货，需要考虑国际物流的运费和时效。卖家需要根据产品的特点和目标市场，选择合适的物流方式和平台。

三、平台政策因素

（一）平台规则与限制

每个跨境电商平台都有自己的规则和限制，卖家需要遵守这些规则才能在平台上正常运营。例如，亚马逊对商品的质量和描述有严格的要求，如果卖家违反规则，可能会面临商品下架、账户冻结等处罚；eBay对卖家的信用评价体系较为严格，卖家需要保持良好的信用记录。

（二）知识产权保护政策

在跨境电商交易中，知识产权保护是一个重要的问题。平台的知识产权保护政策直接影响卖家的经营安全。一些平台，如亚马逊，对知识产权保护非常重视，会对侵权行为进行严厉打击。卖家需要确保自己销售的商品不侵犯他人的知识产权，选择知识产权保护政策完善的平台。

（三）售后服务政策

平台的售后服务政策关系到消费者的购物体验和卖家的声誉。一些平台，如亚马逊，要求卖家提供快速、有效的售后服务，包括退换货处理等。卖家需要了解平台的售后服务政策，做好售后服务的准备，以提高消费者的满意度。

四、竞争因素

（一）平台内竞争对手分析

在选择平台时，卖家需要分析平台内的竞争对手情况。了解竞争对手的产品特点、价格策略、营销方式等，以便制定差异化的竞争策略。例如，如果平台内某类产品的竞争非常激烈，卖家可以选择进入竞争相对较小的细分市场，或者提供更具特色的产品和服务。

（二）不同平台间的竞争态势

不同的跨境电商平台在市场份额、用户群体、发展趋势等方面存在差异。卖家需要关注不同平台间的竞争态势，选择具有发展潜力和竞争优势的平台。例如，随着新兴市场的崛起，一些新兴平台如Shopee、Jumia等的发展速度较快，卖家可以考虑进入这些平台开拓新市场。

任务六 跨境电商平台选择的方法与策略分析

一、市场调研方法

（一）二手资料收集

通过查阅行业报告、统计数据、新闻资讯等二手资料，了解跨境电商市场的整体情况、不同平台的发展现状和趋势。例如，可以参考艾瑞咨询、易观智库等机构发布的跨境电商行业报告，获取相关的数据和分析。

（二）实地考察与访谈

如果条件允许，卖家可以进行实地考察，了解目标市场的消费习惯、市场需求和竞争情况。同时，可以与当地的商家、消费者进行访谈，获取第一手的信息。例如，卖家可以到目标市场的线下市场进行调研，观察当地消费者的购物行为和偏好。

（三）数据分析与预测

利用数据分析工具，对不同平台的流量数据、销售数据、用户评价等进行分析。通过数据分析，了解平台的用户活跃度、市场份额、商品销售趋势等。同时，可以根据数据分析结果进行市场预测，为平台选择提供依据。例如，通过分析亚马逊平台上某类商品的销售数据，预测该商品在未来一段时间内的市场需求。

二、平台评估指标体系

（一）流量指标

流量是衡量平台影响力和用户活跃度的重要指标。卖家可以关注平台的日均访问量、月活跃用户数、页面浏览量等流量指标。流量越大，说明平台的知名度和用户关注度越高，卖家的商品获得曝光的机会也越多。

（二）转化率指标

转化率是指潜在客户转化为实际购买客户的比例。卖家可以通过分析平台的转化率指标，了解平台的用户质量和销售能力。转化率越高，说明平台的用户购买意愿越强，卖家的销售效果越好。

（三）用户满意度指标

用户满意度反映了消费者对平台的评价和忠诚度。卖家可以通过查看平台的用户评价、投诉率等指标，了解用户对平台的满意度。用户满意度高的平台，消费者更愿意在平台上购物，卖家的业务也更容易开展。

（四）平台稳定性指标

平台稳定性对于卖家的经营至关重要。卖家可以关注平台的系统稳定性、支付安全性、物流配送稳定性等指标。平台稳定性好，能够保证交易的顺利进行，减少卖家的经营风险。

三、选择策略制定

（一）单一平台选择策略

对于一些资源有限、经验不足的卖家，可以选择单一平台进行运营。选择单一平台可以集中精力和资源，深入了解平台的规则和运营模式，提高运营效率。例如，卖家可以选择专注于亚马逊平台，将其作为主要的销售渠道，逐步积累经验和客户资源。

（二）多平台组合选择策略

对于一些实力较强、产品种类丰富的卖家，可以选择多平台组合的策略。通过在多个平台上销售商品，可以扩大市场覆盖范围，降低单一平台带来的风险。例如，卖家可以同时在亚马逊、速卖通、eBay等平台上开设店铺，根据不同平台的特点和优势，制定不同的营销策略。

四、跨境电商平台选择典型案例分析

安克创新成立于2011年，前身为湖南海翼电子商务公司；同年，Anker品牌在美国加州注册成立，根基业务为充电类产品，商业模式主要为线上B2C，产品主要销往海外发达国家。基于公司十几年来持续和较大的研发投入，产品逐步拓展至无线音频和智能创新等领域。安克创新的业务模式以线上销售为主，线下销售为辅。其线上销售渠道主要包括亚马逊、速卖通、eBay、Newegg等跨境电商平台，以及公司自建的独立站。线下渠道则包括沃尔玛、百思买等大型零售商。从渠道看，公司以线上电商渠道为主，从区域看，公司以北美市场为主。2023年公司线上渠道收入占比70.3%，2024年一季度进一步增长至71.08%。其中，线上渠道收入来源主要为亚马逊，2023年该平台收入占比为57.1%。从区域看，2023年公司北美地区的销售收入占总收入比重为47.81%，欧洲、日本的销售收入占比分别为21.02%、14.2%，欧洲、日本的销售收入同比增速分别为15.4%、30.07%，呈较快增长态势。

（一）平台流量与用户群体

1.亚马逊的流量优势

亚马逊是全球最大的电商平台之一，拥有庞大的用户基数和广泛的市场覆盖。安克创新选择亚马逊作为主要销售渠道，能够快速接触到大量潜在客户，提升品牌曝光度和产品销量。

2.精准定位目标客户

安克创新的目标客户是对科技产品有较强研究意愿的"理性消费者",这类用户在亚马逊上具有较高的活跃度。通过与亚马逊合作,安克创新能够精准地将产品推向这一目标群体,提高营销效果。

(二)平台规则与政策

1.严格的规则保障

亚马逊对卖家的运营规则和政策较为严格,这有助于维护平台的公平竞争环境和消费者权益。安克创新凭借其对平台规则的深刻理解和尊重,避免了短期流量收割行为。安克创新通过长期的产品力和品牌力建设,与平台形成了互利合作。

2.品牌建设与保护

亚马逊提供了良好的品牌保护机制,支持卖家进行品牌注册和知识产权保护。这对于像安克创新这样的品牌型企业来说至关重要,有助于其在全球市场中树立和维护品牌形象。

(三)平台提供的技术支持与服务

1.广告投放与数据分析

亚马逊提供了强大的广告投放工具和数据分析服务,帮助卖家优化广告效果,提升产品曝光度和转化率。安克创新通过与亚马逊云科技合作,利用其机器学习服务 Amazon SageMaker,实现了自动广告调价和竞价机制,广告投放效率提升了约30%。

2.云服务支持

亚马逊云科技(AWS)为安克创新提供了计算、存储、智能湖仓、数据分析,以及人工智能与机器学习等技术,助力其实现业务上云,构建数智化驾驶舱,加速产品升级与迭代。

(四)平台的市场覆盖与全球化布局

1.全球市场拓展

亚马逊在全球范围内拥有广泛的业务覆盖,这与安克创新的全球化战略高度契合。通过在亚马逊平台上销售产品,安克创新能够快速进入多个国家和地区市场,实现全球布局。

2.本地化运营支持

亚马逊在不同国家和地区提供了本地化的运营支持和服务,包括语言支持、物流配送、支付方式等。这使得安克创新能够更好地满足不同地区消费者的需求,提升用户体验。

(五)平台的竞争环境与市场潜力

1.竞争与机遇并存

尽管亚马逊平台竞争激烈,但安克创新凭借其强大的技术研发能力、优质的产品和服务,以及创新的营销策略,在竞争中脱颖而出。例如,通过与科技媒体合作进行站外推广,安克创新成功提升了产品在亚马逊上的自然搜索排名。

2. 新兴市场潜力巨大

亚马逊在新兴市场如东南亚、拉美等地区的业务也在不断拓展，这为安克创新提供了新的市场增长机会。

（六）平台的物流与供应链支持

1. 高效的物流体系

亚马逊的物流体系（FBA）为卖家提供了高效、可靠的物流服务，能够快速响应客户需求，提升客户满意度。安克创新利用亚马逊FBA的物流优势，确保产品能够及时送达消费者手中。

2. 供应链整合

亚马逊平台还提供了供应链管理工具和服务，帮助卖家优化库存管理、降低成本。这对于像安克创新这样的跨境卖家来说，有助于提高运营效率和竞争力。

（七）平台的支付与金融服务

1. 多样化的支付方式

亚马逊支持多种支付方式，并提供了安全的支付保障措施。这使得消费者能够更便捷地购买安克创新的产品，提高了支付成功率。

2. 金融服务支持

亚马逊还为卖家提供了一些金融服务，如贷款、融资等，以帮助卖家解决资金周转问题。这为安克创新在业务扩张过程中提供了有力的资金支持。

（八）平台的创新与合作机会

1. 联合创新实验室

安克创新与亚马逊云科技成立了联合创新实验室，共同投入资源，推进创新研究。通过这种合作模式，安克创新能够借助亚马逊的技术优势，探索新的业务模式和创新应用，如智能客服、短视频获客等。

2. 行业影响力提升

通过与亚马逊的合作，安克创新不仅提升了自身的业务创新能力，还增强了在行业内的影响力。这种合作模式为其他跨境电商卖家提供了借鉴，推动了整个行业的发展。

任务七　速卖通平台店铺注册

开店前，卖家需在所选跨境电商平台进行注册。注册流程一般包括填写个人或企业信息、绑定银行账户、上传身份证明与营业执照等文件。各个平台对注册的要求和审核标准不尽相同，需仔细阅读相关规定。这里以速卖通为例，介绍开店流程，通常包括：注册账号、企业认证、速卖通店铺激活及品牌类目申请四个步骤。

一、注册账号

需要准备一个从未注册过速卖通的账号（包括买卖家账号），同时了解以下注意事项。

（一）注册链接

在速卖通的官方网站点击注册链接，注册页面如图2.2所示。

图2.2　速卖通注册页面

（二）填写注册页面的信息

（1）公司注册地所在国家/地区，账号注册后国家/地区不可更改，请谨慎选择。

（2）填写邮箱账号和完成邮箱验证，后续邮箱可以作为登录名，邮箱中不能出现Aliexpress，Taobao或Alibaba等这样的字母，若出现则不会注册成功，如Aliexpress01@ABC.com。

（3）设置账号密码（密码需为6~20位数字、字母、特殊符号等至少2种不同格式的字符组合）。

（4）绑定手机号和完成手机验证（请确保您的手机号可以接收到验证码）。

（5）请阅读并同意相关法务协议（完成勾选，代表同意签署）。

在此过程中，只需要按照速卖通平台的提示操作，即可成功注册。

二、企业认证

速卖通企业类型仅支持中国大陆主体企业入驻。暂不支持个体工商户。一个企业主体最多支持开通6个 AliExpress 速卖通账号、1个 Lazada 账号和1个 Draza 账号。

（一）企业信息认证需要准备的材料

一是营业执照信息和企业法定代表人信息。企业注册时间需要大于15天且在营业执照有效期内，如企业注册时间小于15天，会出现法定代表人姓名、营业执照有效期等错误的提醒。二是企业支付宝账号或企业法人个人支付宝账号。

（二）认证信息填写

根据页面提示核对并补充完整信息，包含以下内容。

（1）企业信息：包含企业名称、统一社会信用代码、成立日期、企业类型、企业注册地址、企业经营地址、营业执照有效期、登记机关、手持营业执照等。

（2）法定代表人信息：法定代表人身份证照片（正反面）、法定代表人姓名、法定代表人身份证号、法人手持身份证照等。

（3）店铺联系人信息：店铺联系人姓名、手机号码、邮箱等。

（三）认证结果查看

商家填写企业信息并提交后，将进入企业信息审核页面，可在5分钟左右后刷新页面。

（1）通过审核：继续填写材料即可。

（2）审核中：即机审未通过，进入人工审核，一般需3~5个工作日。

（3）审核驳回：请优先确保企业注册时间已超过14天，再检查基础信息是否填写准确，如法人身份证号的格式等。

三、速卖通店铺激活

（一）开通资金账户

填写资金最终受益所有人（Ultimate Beneficial Owner，UBO）信息，请根据页面提示填写法人及企业受益人信息。

资金账户开通并不意味着已通过国际支付宝企业合规认证，需在店铺开通后尽快登入国际支付宝账户（后台—资金中心—国际支付宝）页面进行确认并完成认证。

（二）选择店铺主营类目

在速卖通经营前，需要选择一个经营类目并缴纳保证金，普通类目无需审核，管控类目资料提交后一般审核时效为5个工作日。

（三）缴纳保证金

速卖通保证金是平台规范卖家行为、保障消费者权益的重要措施，卖家需根据经营类目提前确认缴纳标准，合理规划资金，并遵守平台规则以确保保证金可正常退还。具体操作可参考速卖通卖家《保证金管理规范》或联系平台客服咨询。

四、品牌类目申请

速卖通对品牌商品实行"品牌准入制"，卖家在注册开店后，发布品牌商品前，需完成品牌类目申请(即"品牌资质备案")，确保商品符合平台品牌管理规范。未通过品牌类目申请的商品，将无法发布或被限制曝光。

（一）准备材料

（1）商标注册证（R标）或受理通知书（TM标）扫描件（需清晰显示商标名称、注册号、注册人、有效期等信息）。

（2）品牌所有人身份证明：若为企业注册，需要营业执照扫描件（需与商标注册人一致）；若为个人注册，需要身份证扫描件+商标授权书（若店铺主体与商标注册人不一致，需提供商标授权书，明确授权范围为"速卖通平台经营"）。

（3）类目补充材料：部分特殊类目需额外资质，如3C数码需质检报告、3C认证证书（中国强制认证）；美妆个护需生产许可证、化妆品备案凭证（如中国"妆字号"）。

（二）线上申请步骤

1. 登录卖家后台

进入"店铺管理—品牌管理—品牌申请"页面，点击"新增品牌"。

2. 填写品牌信息

（1）输入商标名称、注册号、商标类别，上传商标注册证扫描件。

（2）选择拟经营的商品类目（可多选，需与商标类别匹配）。

（3）提交资质审核：上传身份证明、类目补充材料，确认信息无误后提交。

3. 审核结果反馈

（1）平台审核周期通常为3~5个工作日，结果将通过卖家后台消息通知。

（2）若审核通过，品牌将绑定至店铺，可直接发布对应类目商品；若驳回，需根据提示修改材料后重新提交。

头脑风暴

在前面我们深入学习了跨境电商平台选择的诸多要点，包括平台特点、运营模式、面临挑战等内容。然而，跨境电商行业如同一片充满变数的海洋，时刻都在发生着新的变化。接下来，让我们一起开启一场头脑风暴，拓展我们的思维边界。

（1）除了本章提到的因素，在选择跨境电商平台时，未来可能会出现哪些新的重要考量因素？

提示：可以从科技发展、社会趋势、政策变化等方面进行思考。例如，随着人工智能和大数据技术的进一步发展，平台的数据安全和隐私保护能力是否会成为选择的关键因素？又或者，社会对企业社会责任的关注度不断提高，平台在环保、公益等方面的表现是否会影响我们的选择？

（2）如果出现一种全新类型的跨境电商平台模式，它可能会具备哪些特点？这种新模式会对现有的自营型和平台型跨境电商平台带来怎样的冲击和机遇？

提示：大胆想象新的技术应用、商业逻辑、服务方式等可能带来的新模式。比如，结合虚拟现实（VR）或增强现实（AR）技术，打造沉浸式购物体验的平台；或者基于区块链技术实现商品全流程溯源和智能合约交易的平台。思考这种新模式在市场份额争夺、用户体验提升、行业规则改变等方面会产生的影响。

（3）在跨境电商平台的选择中，如何平衡短期利益和长期发展？当一个平台在短期内能带来较高的利润，但长期来看可能存在政策风险或市场饱和问题时，应该如何决策？

提示：考虑不同的市场环境、企业战略、行业趋势等因素。可以结合一些实际案例，分析在不同情况下企业是如何进行权衡和决策的。例如，某些新兴市场的平台在初期可能有较低的入驻门槛和较高的流量红利，但随着市场竞争加剧，可能面临诸多挑战；而一些成熟市场的平台虽然竞争激烈，但稳定性和长期发展潜力较大。

（4）随着全球贸易格局的变化和各国政策的调整，跨境电商平台的税收政策和海关监管可能会发生哪些变化？这些变化对平台的选择会产生怎样的影响？

提示：研究国际贸易政策动态、不同国家的税收制度和海关监管要求。例如，一些国家可能会提高进口关税、加强海关查验力度，或者出台新的税收优惠政策鼓励跨境电商发展。这些变化会影响平台的运营成本、物流效率和商品价格竞争力，在选择平台时需要充分考虑这些因素。

AI跨境

Sell The Trend助力跨境电商平台精准选择

Sell The Trend是一款由人工智能驱动的跨境电商工具平台，专为帮助电商创业者和商家快速搭建和优化代销业务而设计。

一、案例背景

艾米是一位怀揣创业梦想的跨境电商新手，她对时尚饰品有着浓厚的兴趣，希望通过跨境电商打开国际市场。然而，面对众多的跨境电商平台，如亚马逊、eBay、Shopify独立站等，艾米感到十分迷茫，不知道该选择哪个平台作为切入点。她深知选择一个合适的平台对于业务的成功至关重要，于是开始寻找能够帮助她做出决策的工具。

二、工具引入

在朋友的推荐下，艾米了解到了Sell The Trend。这是一款结合了AI数据分析和社交媒体趋势的工具，能够帮助用户找到各平台上最具潜力的热销产品，还能展示竞争对手在不同平台的广告投放情况。艾米决定借助这款工具来辅助自己进行跨境电商平台的选择。

三、应用过程

（一）热门产品分析

艾米登录 Sell The Trend 后，首先设定了自己的产品定位为时尚、独特的手工饰品。平台工具迅速利用 AI 技术对各大跨境电商平台的数据进行分析，并结合社交媒体上的热门趋势，为艾米呈现了不同平台上热门饰品的分布情况。

在亚马逊平台上，Sell The Trend 显示简约风格的银质项链和耳环是热门产品，这类产品价格适中，销量稳定，但竞争也相对激烈，许多大型卖家已经占据了一定的市场份额。

eBay 平台上，复古风格的珍珠饰品比较受欢迎，消费者更注重产品的个性化和稀有性，价格区间相对较宽。

而在 Shopify 独立站的相关数据中，创意十足的手工编织饰品呈现出快速增长的趋势，年轻消费者对这类产品的关注度不断提高，市场潜力较大。

（二）竞争对手广告分析

除了热门产品分析，艾米还利用 Sell The Trend 查看了竞争对手在各个平台的广告投放情况。她发现，在亚马逊上，竞争对手的广告主要集中在搜索结果页和产品详情页，广告内容强调产品的品质和性价比；eBay 上的广告则更多地通过社交媒体推广和邮件营销来吸引客户，突出产品的独特性和收藏价值；Shopify 独立站的卖家则善于利用 Instagram、TikTok 等社交平台进行品牌推广，通过网红带货和用户生成内容（UGC）来提高产品的曝光度。

四、决策制定

通过对 Sell The Trend 提供的数据进行综合分析，艾米发现 Shopify 独立站的热门产品与她的产品定位更为匹配。她的手工编织饰品具有独特的创意和风格，符合 Shopify 独立站年轻消费者追求个性化的需求。而且，相对亚马逊和 eBay，Shopify 独立站的竞争态势相对宽松，有更多的机会让她的品牌脱颖而出。此外，她还可以借鉴竞争对手在社交媒体上的成功经验，通过有效的营销手段吸引目标客户。

于是，艾米决定将 Shopify 独立站作为自己跨境电商业务的首选平台，并制定了相应的营销策略，准备在这个平台上大展拳脚。

五、案例效果

在入驻 Shopify 独立站后，艾米的手工编织饰品很快吸引了一批年轻消费者的关注。凭借独特的产品设计和有效的社交媒体营销，她的店铺销售额稳步增长。在运营过程中，艾米仍定期使用 Sell The Trend 来跟踪市场动态和竞争对手的情况，及时调整产品策略和营销方案，确保自己的业务始终保持竞争力。

通过这个案例可以看出，Sell The Trend 这样的 AI 工具在跨境电商平台的选择过程中发挥了重要作用，它能够帮助卖家深入了解不同平台的市场情况和竞争态势，从而做出更加明智的决策。

价值引领

文化认同下的跨境电商平台选择：以ZAFUL为例

一、案例背景

在跨境电商的浪潮中，平台选择是企业和从业者迈向国际市场的重要决策。不同的跨境电商平台具有不同的特点和用户群体，文化差异在其中扮演着至关重要的角色。在学习跨境电商平台的选择时，需要深刻理解文化差异的影响，学会选择尊重多样文化、注重文化交流的平台，从而培养国际化视野和文化包容力。

二、ZAFUL平台概述

ZAFUL是一家知名的跨境快时尚电商平台，隶属于中国深圳市环球易购电子商务有限公司，主要面向全球年轻消费者，销售时尚服装、饰品等产品。它覆盖了欧美、亚太、中东等多个地区，拥有庞大的用户群体。

三、文化差异带来的挑战

（一）审美差异

不同国家和地区的消费者有着不同的审美观念。例如，在欧美地区，消费者可能更倾向于简约、大气的时尚风格，色彩搭配较为鲜明；而在亚洲部分地区，消费者可能更喜欢含蓄、细腻的设计，色彩相对柔和。ZAFUL在进入不同市场时，就面临着如何满足不同审美需求的挑战。

（二）宗教文化差异

宗教文化对消费者的消费行为有着深远的影响。在中东地区，出于宗教信仰的原因，女性服装需要符合一定的宗教规范，如遮盖身体、避免过于暴露等。ZAFUL如果想要在该地区开展业务，就必须了解并尊重这些宗教文化差异，调整产品的设计和营销策略。

（三）节日文化差异

不同国家和地区有着不同的节日和文化习俗。例如，圣诞节是欧美国家重要的节日，消费者在这个时期会有大量的购物需求，且更倾向于购买与节日相关的商品；而在中国，春节是重要的传统节日，消费者会有自己独特的消费需求。ZAFUL需要根据不同的节日文化，调整产品种类和促销活动。

四、ZAFUL的应对策略——体现文化认同与交流

（一）产品设计多元化

ZAFUL组建了专业的设计团队，深入研究不同地区的文化和审美特点。针对欧美市场，推出了一系列简约时尚、个性张扬的服装款式；针对亚洲市场，设计了一些具有东方韵味的服装。同时，在产品的图案、色彩等方面，也充分考虑了不同文化的元素。例如，在设计服装时，会融入一些具有当地文化特色的图案，如日本的樱花、埃及的金字塔等，既满足了当地消费者的审美需求，又促进了文化的交流。

（二）营销策略本土化

ZAFUL根据不同地区的文化和消费习惯，制定了本土化的营销策略。在中东地区，它与当地的宗教机构和知名博主合作，宣传符合宗教规范的服装产品；在欧美地区，通过社交媒体平台开展各种互动活动，如时尚穿搭比赛等，吸引消费者的参与。此外，在节日期间，ZAFUL会推出相应的节日主题促销活动，如圣诞节的"圣诞大酬宾"、春节的"新春特惠"等，让消费者感受到浓厚的节日氛围。

（三）客户服务人性化

ZAFUL的客户服务团队由来自不同国家和地区的人员组成，他们熟悉当地的文化和语言。在与客户沟通时，能够充分尊重客户的文化背景和消费习惯，提供个性化的服务。例如，对于来自中东地区的客户，客服人员会使用当地的语言进行交流，并耐心解答他们关于宗教文化方面的疑问；对于欧美客户，会更加注重沟通的效率和直接性。

五、案例启示

（一）培养国际化视野

通过ZAFUL的案例，可以深刻认识到跨境电商涉及不同国家和地区的文化差异。在选择跨境电商平台时，要具有国际化视野，了解不同文化背景下消费者的需求和偏好，从而选择能够适应不同文化市场的平台。

（二）增强文化包容力

在跨境电商领域，尊重和包容不同文化是取得成功的关键。在选择平台时，要优先考虑那些尊重多样文化、注重文化交流的平台，这样才能更好地与不同文化背景的消费者进行沟通和合作。

（三）推动文化交流

跨境电商不仅是一种商业活动，也是文化交流的重要途径。在未来的跨境电商实践中，应该积极借助平台的力量，促进不同文化之间的交流与融合，让世界变得更加多元和包容。

学以致用

实践任务1

完成跨境电商平台市场调研报告。深入了解不同跨境电商平台的特点、市场定位、目标群体等信息，学会运用所学知识进行平台分析和选择，为后续开展跨境电商业务奠定基础。

实践任务2

完成平台与独立站的对比分析报告。通过对比分析电商平台和独立站，理解两者的优劣势、适用场景及运营策略，并形成一份结构清晰的分析报告。

实践任务3

完成Wish、敦煌网、亚马逊、ebay等任一跨境电商平台的注册流程的模拟，以文档形式展示。

知识巩固

一、单选题

1.以下哪个跨境电商平台最初是以在线书店形式起步的？（　　）

A. eBay　　　　　　B. 速卖通　　　　　　C. 亚马逊　　　　　　D. Wish

2. 若企业产品以性价比高的中国制造商品为主，且目标市场是俄罗斯，以下哪个平台较为合适？（　　）

A. 亚马逊　　　　　　B. eBay　　　　　　C. 速卖通　　　　　　D. Wish

3. 主要面向企业与企业之间交易的跨境电商平台运营模式是（　　）。

A. B2B　　　　　　B. B2C　　　　　　C. C2C　　　　　　D. O2O

4. 以下哪种不属于选择跨境电商平台时需要考虑的成本因素？（　　）

A. 平台入驻费用　　　B. 商品研发成本　　　C. 交易手续费　　　D. 营销推广费用

5. 以下哪个平台以个性化推荐为特色，通过算法为用户推荐符合其兴趣的商品？（　　）

A. 亚马逊　　　　　　B. eBay　　　　　　C. 速卖通　　　　　　D. Wish

6. 以下不属于常见跨境电商平台的是（　　）。

A. 淘宝　　　　　　B. 亚马逊　　　　　　C. 速卖通　　　　　　D. eBay

7. 跨境电商平台选择的影响因素不包括（　　）。

A. 产品价格　　　　　B. 市场定位　　　　　C. 目标客户群体　　　D. 产品特性

8. 下面哪种类型不属于跨境电商平台分类（　　）。

A. B2B　　　　　　B. C2G　　　　　　C. B2C　　　　　　D. C2C

9. 跨境电商平台入驻申请所需资料一般不包含（　　）。

A. 营业执照　　　　　B. 法人身份证　　　　C. 个人银行流水账单　　D. 商标注册证明

10. 以下关于跨境电商平台发展趋势的说法错误的是（　　）。

A. 移动化趋势减弱　　　　　　　　B. 社交化融合加强

C. 智能化程度提高　　　　　　　　D. 合规化要求更严

二、多选题

1. 跨境电商平台按平台运营模式可分为（　　）。

A. B2B平台　　　　　B. B2C平台　　　　　C. C2C平台　　　　　D. O2O平台

2. 选择跨境电商平台时，需要考虑的产品因素包括（　　）。

A. 产品类型与平台适配性　　　　　B. 产品价格与平台定位

C. 产品目标市场与平台覆盖区域　　D. 产品的生产工艺

3. 以下属于主流跨境电商平台的有（　　）。

A. 亚马逊　　　　　　B. eBay　　　　　　C. 速卖通　　　　　　D. Wish

4. 跨境电商平台在国际贸易中的作用包括（　　）。

A. 降低贸易成本　　　　　　　　　B. 拓展市场渠道

C. 促进贸易便利化　　　　　　　　D. 增加贸易壁垒

5. 选择跨境电商平台时，平台政策因素包含（　　）。

A. 平台规则与限制　　　　　　　　B. 知识产权保护政策

C. 售后服务政策　　　　　　　　　D. 平台的技术更新频率

三、判断题

1. 选择跨境电商平台时，只需要考虑平台的知名度，不用考虑目标客户群体。 （ ）

2. 所有跨境电商平台的入驻条件和流程都是一样的。 （ ）

3. B2C类型的跨境电商平台主要面向企业客户。 （ ）

4. 随着社会经济的发展，跨境电商平台的智能化程度会越来越高。 （ ）

5. 跨境电商平台选择与企业的市场定位没有关系。 （ ）

项目三　跨境电商选品操作

学思案例

Saker：从独立站进军亚马逊，差异化破局出海之路

一、品牌初启：出海"弯路"与转型抉择

Saker（猎隼）象征轻巧强大的工具品牌。2016年出海初期曾陷入低价传统工具市场，面临复购率低、品牌信任缺失的困境。团队洞察市场空白后，果断转向100美元以上的电动工具，重塑高黏性品牌。

二、渠道转变：从独立站到亚马逊的战略调整

出海初期，Saker将海外独立站作为"主阵地"。但很快发现，对于客单价相对较高的新品牌而言，独立站并非理想的销售渠道。公司负责人解释说："海外消费者对独立站存在一定的不信任感，认为独立站可能是刚冒头的小品牌。特别是我们的工具类产品客单价较高，在没有海外线下门店且用户缺乏信任的情况下，独立站很难实现销售转化，而且广告营销费用也较高。而在亚马逊平台，海外消费者对它的信任可以延伸到我们的品牌和产品上，更有利于打开销量。"基于此，2022年前后，Saker在亚马逊上线了第一款电动工具。但作为"初来乍到"的中国电动工具品牌，Saker要在海外市场突围并非易事。

三、差异化竞争：精准定位细分赛道

面对激烈的竞争，Saker给出的答案是"差异化"。要与海外品牌形成差异，关键的是在产品形态上创新。通过调研发现，小型链锯销量持续增长，且很少有友商涉足。于是，Saker舍弃了传统的大型、更适合男性用户的产品，推出了一款轻巧、女性用户也能轻松使用的"迷你"链锯，精准切入电动工具的家用场景。公司负责人强调："新卖家要有自己的产品开发理念，不能只着眼于暂时的痛点，而应着眼长远，创造具备长线需求的市场，这样才能在亚马逊上更好地发展品牌。"

这种独特的产品定位让Saker迅速积累了核心用户群体。在亚马逊美国站，其用户主要是35岁以上的家庭成员，女性用户占比较高。同时，Saker不仅专注于美国站，还完成了英国站、德国站等多个全球站点的布局。如今，Saker在亚马逊上的综合营业额已突破2亿元人民币，旗下明星单品月销售额突破100万美元，登上品类销量榜TOP1。

四、精准选品，挖掘细分商机

Saker在选品上避开热门的"红海"赛道，从细分品类中寻找潜在商机。他们对亚马逊上相似产品的定价、评论进行深入研究，发掘未被满足的需求，找准消费者理想的价格定位，确保选品"出道即爆款"。同时，独立站承担测品功能，只有在独立站表现出色的选品才会进入亚马逊。目前，公司有350个ASIN，每月以5~10个产品的节奏上新。新品不仅拓展了产品线，提高了老客户复购率，还能吸引新客户和流量。在季节性和节日促销周期，新品能更好地把握消费高峰期。公司选品时会结合海外消费主流趋势和供应链优势，关注亚马逊上的用户痛点，从用户评论中寻找产品缺陷，上线前对功能、价格进行详细评估。比如，针对Mini款电动链锯，根据用户对延长杆的反馈进行了调整，满足小众需求，增强了用户对品牌的信任。

Saker从独立站进军亚马逊的成功案例，为跨境电商从业者提供了宝贵的经验。通过差异化选品和创新运营，即使在竞争激烈的海外市场，也能打造出具有竞争力的品牌，实现业务的快速增长。

问题思考：

结合Saker的案例进行分析，产品销售平台会影响选品吗？

任务一　选品基础认知

一、跨境电商选品的定义与内涵

（一）选品在跨境电商业务中的核心地位

1. 交易角度体现核心地位

在跨境电商的商业版图中，选品无疑占据着核心地位。跨境电商与传统电商一样，都是以商品交易为基础，但跨境的特性使得其面临更为复杂的市场环境和消费者需求。选品作为整个业务流程的起点，直接决定了后续的运营方向和发展潜力。从交易的角度来看，消费者在跨境电商平台上的首要关注点就是商品。优质的选品能够吸引消费者的目光，激发他们的购买欲望，从而促成交易。例如，在时尚品类中，准确把握全球流行趋势，选择符合目标市场消费者审美和风格的服装、饰品等商品，能够在众多竞争对手中脱颖而出，提高商品的曝光率和销售量。

2. 运营角度体现核心地位

从运营的角度而言，选品影响着店铺的整体运营策略。不同的商品具有不同的特点和市场定位，这就要求商家制定相应的营销策略、物流方案和客户服务模式。比如，对于高价值、易损坏的电子产品，需要提供更安全可靠的物流运输方式和专业的售后维修服务；而对于低价、快消的日用品，则更注重价格优势和快速补货。

（二）选品与其他业务环节的关联

1. 与市场调研的关联

选品与跨境电商的各个业务环节紧密相连，形成一个有机的整体。它与市场调研相互依存，市场调研为选品提供了准确的市场信息和消费者需求数据，帮助商家了解目标市场的规模、增长趋势、竞争状况等，从而有针对性地选择商品。例如，通过市场调研发现某个国家对环保产品的需求日益增长，商家就可以据此选择相关的环保家居用品、可再生能源设备等商品进行销售。

2. 对营销推广的影响

选品也直接影响着营销推广。不同的商品适合不同的营销渠道和推广方式。对于科技含量高的新产品，可能更适合通过线上科技论坛、专业媒体进行推广；而对于大众消费品，则可以利用社交媒体、网红带货等方式扩大影响力。同时，选品的质量和特色也决定了营销推广的效果，如果商品本身缺乏吸引力，再好的营销手段也难以取得理想的销售业绩。

3. 对物流配送的影响

在物流配送方面，选品的特性决定了物流方式的选择。体积大、重量重的商品可能更适合海运，而对于时效性要求高的商品则需要选择空运或快递。此外，选品的包装要求也会影响物流成本和运输安全性。

4. 与客户服务的联系

客户服务也与选品密切相关。不同的商品可能会遇到不同的售后问题，如电子产品的质量故障、服装的尺码不合适等。商家需要根据选品的特点提供相应的客户服务解决方案，以提高客户满意度和忠诚度。

二、选品的重要性和影响因素

（一）选品对销售业绩的直接影响

1. 对销售量和销售额的影响

选品是影响跨境电商销售业绩的关键因素之一。合适的选品能够满足目标市场消费者的需求，提高商品的销售量和销售额。例如，在某些欧美国家，户外运动非常流行，商家选择适合户外运动的装备，如登山鞋、自行车配件等商品进行销售，往往能够获得较好的销售业绩。相反，如果选品不符合市场需求，即使投入大量的营销成本，也难以实现理想的销售目标。

2. 对销售利润的影响

选品还影响着销售利润。优质的选品可以通过合理的定价策略获得较高的利润空间。一些具有独特设计、高品质的商品，消费者愿意为其支付更高的价格，从而提高了商品的毛利率。同时，选品的库存管理也与销售利润密切相关。如果选品不当，导致商品积压库存，不仅占用了大量的资金，还可能面临降价清仓的损失，降低销售利润。

（二）市场需求、竞争态势对选品的制约

1. 市场需求的制约

市场需求是选品的重要依据。商家需要深入了解目标市场的消费者需求，包括消费者的年龄、性别、消费习惯、消费能力等因素。不同国家和地区的市场需求存在很大差异，例如，在亚洲市场，消费者可能更注重商品的外观和性价比；而在欧美市场，消费者则更看重商品的品质和功能。因此，商家在选品时需要根据不同市场的需求特点进行有针对性的选择。

2. 竞争态势的制约

竞争态势也对选品产生重要影响。在竞争激烈的市场中，商家需要寻找差异化的选品策略，避免与竞争对手的商品同质化。例如，当某个市场上已经有众多品牌的智能手机时，商家可以选择一些具有特殊功能或设计的小众智能手机品牌，或者选择与智能手机相关的配件产品，如手机壳、充电器等，以满足消费者多样化的需求。同时，商家还需要关注竞争对手的价格策略和促销活动，合理调整自己的选品价格和营销策略。

（三）政策法规、文化差异对选品的潜在影响

1. 政策法规的影响

政策法规是跨境电商选品不可忽视的因素。不同国家和地区对商品的进口有不同的政策和法规要求，包括产品质量标准、安全认证、知识产权保护等方面。例如，欧盟对电子产品的环保标准要求较高，商家在选择电子产品进行销售时，需要确保商品符合欧盟的相关认证标准，否则可能会面临产品被退回、罚款等风险。此外，一些国家对某些特定商品的进口有限制或禁止，如武器、毒品、濒危动植物制品等，商家必须严格遵守相关规定。

2. 文化差异的影响

文化差异也是影响选品的重要潜在因素。不同国家和地区有着不同的文化背景、宗教信仰和风俗习惯，这些因素会影响消费者对商品的喜好和接受程度。例如，在一些伊斯兰国家，由于宗教信仰的原因，对食品的清真认证有严格要求，商家在选择食品类商品时需要确保其符合清真标准。在颜色方面，不同文化也有不同的象征意义，如在中国，红色代表吉祥、喜庆；而在某些西方国家，白色可能与婚礼等场合相关。因此，商家在选品时需要充分考虑这些文化差异，避免因文化冲突而导致商品销售不畅。

任务二　选品前准备工作

一、市场调研

在全球化竞争日益激烈的当下，跨境电商行业的竞争焦点已从单纯的"流量获取"转向"精准市场洞察"。跨境电商选品市场调研作为驱动业务发展的核心要素，是企业规避风险、挖掘市场增量、构筑竞争壁垒的关键所在。缺乏系统性市场调研支撑的选品行为，即便具备完善的供应链体系，也难以突破文化差异与消费偏好的双重壁垒。

市场调研对于跨境电商企业而言，不仅是选品决策的重要基石，更是实现从生存到可持续增长的战略支点。通过科学的市场调研，企业能够有效规避合规风险与库存积压问题，精准捕捉新兴消费趋势，进而构建差异化竞争优势。

接下来以新手卖家入驻跨境电商平台的实践场景为切入点，系统阐述市场调研的核心内容，包括但不限于目标平台与目标国家的筛选策略，以及针对目标国家市场的深度调研方法论。

（一）入驻平台与目标国家的选定

1. 基于平台特性的目标国家市场定位策略

在跨境电商全球化战略布局里，目标国家市场的精准定位是选品策略及营销方案制订的核心基础。通过剖析主流跨境电商平台的市场分布特征，能够有效锁定潜力市场，如亚马逊作为全球领先的电商平台，其核心市场集中于北美地区，以美国、加拿大为代表，具备成熟的消费市场与较高的客单价水平；速卖通依托阿里巴巴的全球化资源整合能力，在俄罗斯、法国、巴西等国家形成显著市场优势，尤其在新兴经济体中展现出强劲的增长潜力；Lazada与Shopee则凭借本土化运营策略，深度渗透东南亚市场，覆盖新加坡、马来西亚、泰国等国家，精准匹配区域消费者需求。

卖家在入驻跨境电商平台时，应通过系统性研究平台的核心市场分布、用户画像特征、消费趋势演变及竞争格局差异，科学地选定目标国家。这一策略不仅有助于快速适应目标市场的消费习惯、政策法规与文化环境，更能充分整合平台资源，制订差异化的运营方案，提升市场竞争优势。

2. 基于目标市场的跨境电商平台选择策略

在跨境电商市场拓展过程中，若已明确目标国家，需通过全面分析当地主流电商平台的运营模式、市场份额占比、用户群体画像及区域影响力，精准选定入驻平台。具体来看，欧美市场以亚马逊为核心，其凭借完善的物流配送体系与高消费能力的用户群体，成为跨境卖家布局该区域的首选；在欧洲市场，除亚马逊外，速卖通通过本土化运营策略与丰富的品类覆盖，在年轻消费群体中占据重要地位；东南亚地区则形成 Lazada 与 Shopee 双平台主导格局，二者通过深度本地化服务、适配本土的支付体系及高效的物流网络，构建起显著的竞争壁垒。

基于上述市场特征，跨境卖家可依据目标市场定位制定差异化平台入驻策略：若以美洲市场为目标，亚马逊成熟的生态体系与全球品牌影响力更具优势；针对欧洲市场，需综合考量亚马逊的品牌效应与速卖通的区域渗透能力，结合产品特性选择适配平台；而在东南亚市场，Lazada 与 Shopee 对本土消费习惯的深刻理解，将为卖家实现市场突破提供有力支撑。通过此策略，卖家可最大化整合平台资源，提高运营效率，增强市场竞争力。

（二）目标国家深度调研体系构建

在全球跨境电商竞争格局持续深化的背景下，目标国家市场调研已从辅助性环节跃升为企业战略决策的核心要素，成为规避市场风险、发掘增长潜力、实现本地化运营与差异化竞争的关键支撑。

1. 目标国家调研的必要性分析

（1）规避政策与合规风险

全球贸易政策体系复杂且动态演变，以 2025 年为例，欧盟新增 32 类产品合规认证要求，据行业统计，约 30% 的跨境企业因选品不合规面临店铺封禁或高额罚款。不同国家与地区对商品准入的法规存在显著差异，如欧美市场对智能家居设备的隐私保护标准、日本市场对产品安全性与便捷性的严格要求。通过系统性政策调研，企业可前置合规审查，有效规避因政策盲区导致的运营风险与经济损失。

（2）捕捉消费趋势与需求差异

受地域文化、经济水平等因素影响，全球消费市场呈现显著的需求分化特征。例如，欧美消费者对智能家居产品的情感价值需求日益凸显，调研数据显示，76% 的受访者愿意为提升生活幸福感的科技产品支付溢价；中东地区 Z 世代对充满设计感小家电的搜索量同比增长 58%。若缺乏精准调研，企业易错失新兴市场需求，如拉美地区对安防监控设备的潜在需求、东南亚热带气候催生的防水电子产品消费热潮等。

（3）突破市场竞争壁垒

成熟市场（如欧美地区）已进入高度同质化竞争阶段，而东南亚、中东等新兴市场则蕴含丰富的蓝海机遇。以东南亚市场为例，2024 年电商 GMV 达 2 630 亿美元，同比增长 15%，且品类分布较为分散，为差异化选品提供了广阔空间。通过竞品分析与市场缺口挖掘，企业可精准切入细分赛道，如针对老年人的宠物护理需求开发智能喂食设备，或推出契合日本极简美学理念的家居用品。

2. 目标国家调研核心内容

（1）宏观环境评估

聚焦目标国家政治稳定性与经济基本面分析，包括政策连续性、国际关系、GDP 增速、产业结构等维度，作为市场准入可行性评估的关键依据。

（2）基础设施调研

重点考察电商生态基础设施，涵盖互联网普及率、PC端与移动端购物用户比例、仓储物流网络覆盖范围及配送时效等指标，评估供应链运营效率与履约能力。

（3）消费特征分析

深入研究目标市场文化习俗、节庆传统、消费禁忌等要素，结合本土消费习惯优化选品策略与售后服务体系，增强市场适配性。

（4）用户画像构建

通过多维度数据分析，构建目标客群画像，包括年龄分布、性别比例、收入水平、兴趣偏好及价格敏感度等，为精准选品与营销策略制定提供数据支撑。

二、跨境电商选品核心原则体系构建

（一）需求驱动：精准锚定市场本质

选品的核心要义在于精准识别并满足市场中尚未被充分满足的需求。依托Google Trends、亚马逊商机探测器等专业数据分析工具，可以深度剖析目标国家的搜索关键词演变与消费趋势动态。例如，2024年东南亚市场"防水蓝牙音箱"搜索量同比激增82%，欧美地区"隐形科技"家居产品品类GMV实现120%的高速增长。在数据化选品策略指引下，应优先聚焦于"刚需高频"且"痛点明确"的产品领域，如日本市场对极致便捷小家电的持续青睐，以及中东地区消费者对符合宗教文化属性服饰的刚性需求。

（二）合规为本：坚守跨境经营底线

全球贸易监管体系日趋严格，合规性已成为跨境选品不可逾越的核心准则。2024年，欧盟更新《通用产品安全法规》（GPSR），新增18类产品认证要求，据统计，约30%的跨境卖家因产品材料或能效指标不达标而面临商品下架风险。因此，选品流程需将目标国家准入标准核查前置，严格遵循各国法规要求，如美国消费品安全委员会（CPSC）对儿童用品铅含量的严格限制、日本PSE认证对电器产品的强制性安全规范，从源头上规避因合规漏洞导致的库存积压与法律纠纷。

（三）差异化竞争：突破同质化困局

在Temu、SHEIN等头部平台主导性价比市场的竞争格局下，差异化策略已成为中小卖家的核心生存路径。通过对竞品的逆向工程分析，挖掘产品在功能创新、外观设计或场景化体验等维度的突破点。以宠物智能喂食器市场为例，针对头部品牌对老年人宠物特殊需求的忽视，可开发具备"慢速出粮+用药提醒"功能的细分产品；契合日本极简主义美学趋势，推出"零按钮设计"的小家电产品，实现溢价空间提升40%。差异化选品需遵循"人无我有，人有我优"的战略定位，构建独特的市场竞争优势。

（四）供应链适配：优化效率与成本平衡

选品策略需与企业供应链能力实现深度匹配。采用柔性供应链模式可有效满足快速反应需求，如SHEIN通过实时数据驱动将产品生产周期压缩至7天；针对高重量、易损耗品类，则需优先布局海外仓体系，将物流配送时效从15天缩短至3天。经财务模型测算验证，客单价超过60美元、物流成本占比低于15%、毛利率高于35%的产品品类具备可持续经营价值。以3C配件为例，因其体积小、运输成本低的特性，成为亚马逊头部卖家重点布局的核心品类。

（五）动态迭代：敏捷响应市场变化

在跨境电商市场中，爆款产品生命周期持续缩短，2024年亚马逊平台热门品类平均存活周期已降至5.8个月。选品工作需建立"监测—反馈—迭代"的闭环管理机制：通过社交媒体舆情监测（如TikTok话题热度追踪）、用户评论情感分析等手段，实时捕捉市场需求变化。例如，韩国市场因热播剧集引发"复古胶片相机"搜索量单周暴涨300%，具备敏捷供应链能力的卖家能够迅速响应，抢占市场红利窗口期，实现快速迭代与持续增长。

三、选品数据分析工具

以数据驱动掘金全球商机，在跨境电商的激烈竞争中，选品已从"经验直觉"转向"数据决策"。大量跨境电商卖家被淘汰源于选品与市场需求脱节。这一矛盾凸显了数据分析工具的战略价值——它不仅是市场需求的"探测器"，更是规避风险、定位蓝海、优化供应链的核心引擎。

（一）数据分析工具分类

1. 市场趋势分析工具

如Google Trends、亚马逊"商机探测器"，通过监测搜索热词、品类增长曲线，识别区域消费趋势。

2. 竞品监控工具

如Keyworkdspy、Jungle Scout、Helium 10，提供竞品销量、定价、Review变化等实时数据。通过ASIN反查、关键词排名分析，帮助卖家避开红海市场，如发现宠物智能喂食器中"老年人宠物需求"未被满足的缺口。

3. 供应链协同工具

如EasyYa易芽，整合消费端数据与工厂端产能，实现"需求—生产—交付"闭环。其"超级虚拟工厂"模式每日上新数百款产品，滞销率降低35%。

4. 社交舆情分析工具

如TikTok选品工具FastMoss、Kalodata，抓取热门标签、达人带货数据，快速响应短期爆款。例如，某韩国热播剧带动"复古胶片相机"搜索量单周暴涨。

（二）常用数据分析工具介绍

1. Google搜索工具

该功能主要包括谷歌趋势和谷歌关键词两个部分。

（1）Google Trends的多维分析功能

Google Trends具备图片、新闻、网页及购物四大搜索维度。通过对这些维度的综合运用，可系统性分析特定类目产品在全球范围或单一国家内的搜索热度随时间的动态演变趋势。同时，该工具支持多区域细分数据的深度挖掘，用户能够精准剖析各国家/地区的市场表现数据。基于此，企业可结合不同国家的搜索量、搜索偏好等数据，科学制定包邮政策，优化物流成本与服务策略。

（2）Google关键词规划师的商业分析价值

Google关键词规划师能够精准量化特定关键词在指定国家、语言环境下的搜索热度，同时深度解析关键词的市场竞争强度。通过回溯过去12个月的竞价数据，用户可洞察行业出价趋势，预判市场竞争态势。此外，该工具还具备关键词拓展功能，支持用户通过语义关联、相关搜索等方式挖掘长尾关键词，进而优化产品标题、广告文案及SEO策略，提升目标流量获取效率。

2. keyworkdspy竞争对手与关键词的深度挖掘工具

Keywordspy作为一款专业的海外关键词挖掘与追踪软件，通过整合海量相关及相似术语数据库，深度剖析竞争对手的关键词策略，助力用户构建高价值的关键词体系，为市场竞争提供数据支撑。核心功能包括以下四个方面。

（1）精准定位竞争对手及其关键词矩阵

凭借先进的算法与数据抓取技术，精准识别行业竞品，并全面梳理其关键词布局，挖掘潜在流量入口。

（2）动态监测与智能预警系统

系统以每日为周期自动更新数据，实时追踪市场动态，通过智能预警机制及时反馈竞品关键词策略的调整与变化。

（3）多维度深度域名追踪

支持基于特定关键词、搜索引擎及目标国家等维度，对竞品域名进行精细化追踪，覆盖全球市场的多语言、多区域数据。

（4）全域数据挖掘能力

针对搜索引擎广告与自然搜索场景，提供全面的数据采集与分析服务，涵盖广告投放效果、关键词排名、流量来源等核心指标。

Keywordspy的实时统计报告体系，能够以小时、日、周、月为周期，系统呈现竞争对手在搜索引擎广告领域的动态表现，包括投放策略、预算分配、转化率等关键数据。用户可通过输入目标市场的核心产品关键词，快速定位该领域的头部竞争网站，深度剖析其关键词优化路径与流量运营策略，从而为自身的搜索引擎优化及广告投放方案提供科学、精准的决策依据。

3. Alexa数据分析工具

Alexa作为全球领先的网站数据分析平台，通过整合多维度流量、用户行为及市场竞争数据，为网络营销领域提供系统性的竞争分析与市场洞察服务。其权威发布的全球网站排名体系，已成为衡量网站影响力与商业价值的重要行业基准。在跨境电商选品实践中，可借助Alexa工具对通过Keywordspy识别的竞品网站进行深度剖析，从流量来源、用户地域分布、访问时长、页面互动等维度评估其市场表现，进而判断竞品店铺的产品定位、受众需求及运营策略，为选品决策提供客观、全面的数据支撑。需注意，Alexa数据覆盖范围广泛但存在样本偏差，建议结合其他工具交叉验证分析结果，以提升结论准确性。

4. 卖家精灵：亚马逊全链路智能运营工具

卖家精灵是一款专为亚马逊跨境卖家研发的智能工具软件，依托大数据分析与人工智能算法，构建了集选品策略、市场动态监测、关键词优化、竞品深度调研及产品全周期监控于一体的一站式服务体系。该工具通过对亚马逊平台海量交易数据、搜索趋势及用户评论的挖掘分析，协助卖家精准定位蓝海市场，识别高潜力产品；同时，利用AI关键词推荐系统与竞品流量追踪功能，优化商品 Listing 与广告投放策略，助力卖家提升产品曝光度与转化率，在激烈的亚马逊市场竞争中实现精细化运营与商业增长。

任务三　站内选品

在跨境电商运营体系中，站内选品是指基于既定入驻的电商平台，通过深度剖析平台前台展示数据与后台运营数据，进而筛选目标商品的系统化选品策略。该方法依托平台原生数据生态，精准捕捉市场需求与竞争态势，是跨境电商选品的核心路径之一。

下文以速卖通平台为例展开站内选品实践。速卖通作为全球领先的跨境电商交易平台，其站内选品体系具有典型示范价值。需明确的是，尽管不同跨境电商平台在操作流程、数据呈现形式上存在差异，但站内选品的底层逻辑与核心思路具有共通性。速卖通的站内选品策略主要分为前台选品与后台选品两大维度。

一、前台选品

前台选品（基于用户行为与市场表现的数据挖掘）通过分析平台前台所呈现的买家购物行为轨迹、卖家商品展示特征等可视化数据，挖掘潜在选品机会。该方式聚焦于消费者真实浏览、搜索、购买行为产生的痕迹，结合市场热销商品、流量趋势及用户评价，识别需求缺口与竞争空白。

前台选品按照买家和卖家行为的不同又分为买家痕迹选品和卖家痕迹选品。

（一）基于买家行为痕迹的选品策略

买家行为痕迹数据涵盖产品实际销售数据、用户评价反馈、互动留言及问答记录等多维度信息。通过系统性梳理与深度剖析上述数据，能够精准洞察买家核心需求，并提炼出热销产品的关键属性，为选品决策提供数据支撑。

1. 产品销量分析

产品销量数据直观反映市场接受度与认可度，销量是衡量产品市场适配性的核心指标之一。通过对高销量产品的追踪，可逆向定位至其所属店铺，并进一步拆解该店铺的产品矩阵构成、品类布局特征及商品组合策略。此举有助于深入挖掘热销产品背后的市场逻辑，总结其目标客群定位、产品功能优势及差异化卖点，从而为选品策略提供可借鉴的实践参考。

图3.1 跨境电商平台上的产品销量

2. 基于用户评价与留言的深度分析

用户评价及留言作为买家对产品使用体验的直观表达，构成了市场反馈的核心数据源，也是选品决策中极具价值的参考依据。通过对评价内容的系统性梳理，能够精准识别产品优势与市场契合点，此类受认可的产品特性可作为后续选品的重要参考标准；同时，用户提出的问题与改进建议更

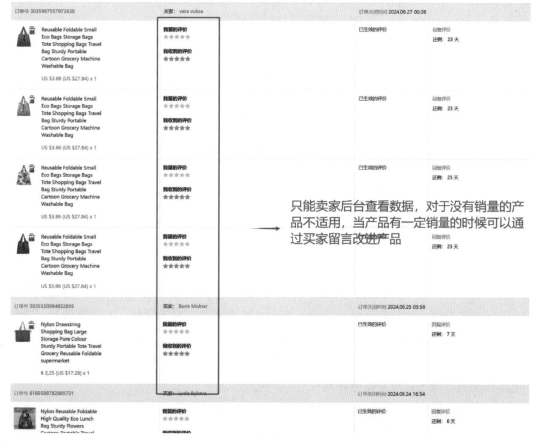

图3.2 跨境电商平台的后台用户评价及留言

蕴含着潜在的市场需求缺口,为产品迭代升级与新品开发指明方向。值得注意的是,当前速卖通平台的买家留言功能存在访问限制,仅支持国外IP在买家端查看;而卖家则可通过后台订单管理模块,便捷获取并分析用户评价及留言内容,以此构建全面的市场洞察体系。

3. 基于问答互动的需求洞察与产品开发导向

商品问答板块所呈现的内容,直观反映了消费者对产品的认知盲区与核心关切点,是挖掘潜在市场需求的重要数据来源。对于选品团队与产品研发人员而言,深度剖析问答中的高频问题、典型疑虑及用户诉求,有助于精准定位产品功能与服务的优化方向。通过系统性地解决消费者关切、填补产品信息缺口,并在此基础上开发契合市场需求的商品,是实现精准选品、提升产品竞争力的核心目标。这一过程不仅要求对用户疑问进行归类与优先级排序,更需结合市场趋势与技术可行性,将用户需求转化为切实可行的产品改进方案或全新选品策略。

图3.3 跨境电商平台的买家问答

(二)卖家痕迹选品

在跨境电商选品体系中,卖家经营痕迹数据主要涵盖两大核心维度:参与平台托管的商品类目,以及店铺近期上架的新品信息。该类数据能够直观反映卖家的市场策略与产品布局倾向,为选品决策提供重要的竞争情报参考。

1. 平台托管商品的市场价值分析

通常而言,选择参与平台托管的商品多为店铺内销量表现优异、市场接受度较高的核心品类。此类商品经过市场验证,在消费者偏好、产品竞争力等方面具备显著优势,其产品定位、功能设计及营销卖点对选品具有直接参考价值。通过对托管商品的深度拆解,可提炼出符合市场需求的产品共性特征,为选品方向提供数据支撑。

2. 竞品店铺新品动态追踪与趋势研判

竞争对手新上架的商品往往承载着市场趋势预判与消费需求迭代的信号。通过系统性分析新品的功能创新点、视觉设计风格、定价策略及营销话术,能够前瞻性地捕捉潜在的市场增长点。这些新品不仅可能成为未来的热销品类，其背后所蕴含的产品创新逻辑与市场策略，更是选品过程中值得借鉴的重要参考依据。建议结合销售数据监测、用户反馈分析等手段，进一步验证新品的市场潜力，从而优化选品决策。

图3.4　参与托管的产品

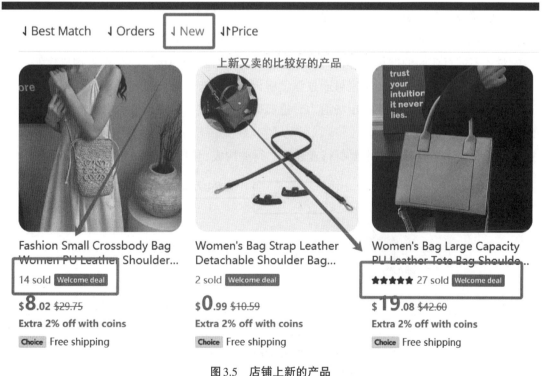

图3.5　店铺上新的产品

上述内容系统阐述了基于平台前台数据的选品策略，涵盖对买家行为痕迹与卖家经营动态的分析。值得注意的是，除前台数据外，速卖通后台也提供多维度的结构化数据资源，如销售趋势、流量来源、用户画像等，为选品决策提供更为精准的量化支撑。需指出的是，不同跨境电商平台在数据开放程度与功能模块设置上存在差异。对于部分未直接提供相关数据的平台，运营者可借助Jungle Scout、Helium 10等第三方数据分析工具，或依托跨境数据服务平台，获取竞品销售数据、关键词搜索量、市场容量等关键信息，通过交叉验证与深度分析，构建全面的选品数据模型，确保选品策略的科学性与有效性。

二、后台数据分析选品

后台选品（依托平台数据中枢的深度分析）借助平台后台提供的销售数据、流量统计、行业报告等结构化数据，运用数据分析模型与商业智能工具，对市场容量、竞争强度、品类趋势等关键指标进行量化评估，从而制定科学的选品决策。

在速卖通平台的运营体系中，后台"生意参谋"模块作为核心数据中枢，通过多维度数据整合与可视化呈现，为卖家的选品决策提供系统性支持。基于该模块的数据资源开展选品工作，已成为优化商品结构、提升市场竞争力的重要路径。

"生意参谋"涵盖多个功能模块，其中与选品工作紧密相关的主要包括四大板块，包括市场分析模块、搜索分析模块、选词专家模块及选品专家模块。这些模块从不同角度对市场动态、用户搜索行为、关键词竞争态势及商品表现进行深度剖析，为卖家构建全面的市场认知与精准的选品策略提供数据支撑。

（一）基于市场分析模块的产品类目定位

市场分析模块作为速卖通"生意参谋"体系中的核心功能组件，通过整合行业数据资源，为卖家提供系统化的行业洞察与类目选择依据。该模块支持多维度数据呈现：可纵向追踪行业发展趋势，横向对比不同行业间的增长态势；同时，能精准展示行业内一级、二级类目构成比例，以及各国家市场在行业中的占比分布。卖家可通过深度解析行业趋势曲线与跨行业对比数据，结合自身资源与市场定位，科学评估各行业的市场潜力，进而确定目标进入行业及其细分类目，为后续选品策略的制定奠定基础。

速卖通后台的市场分析模块主要有行业趋势、行业构成、国家构成三项内容。

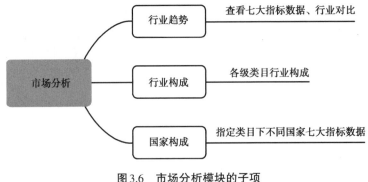

图3.6 市场分析模块的子项

1.行业趋势

（1）洞察市场动态

通过查看行业趋势中的七大指标数据（七大指标分别是访客指数、商品浏览数、商品浏览率、供需指数、客单价、商品加购人数、加收藏人数），卖家能知晓行业当下状况及未来走向，如判断行业处于上升期、平稳期还是衰退期，提前布局或调整经营策略。例如，发现某品类供需指数持续上升，意味着需求增长、竞争相对缓和，可加大投入。分析供需指数等指标，能明确品类是热门还是冷门，知晓市场需求规模与竞争程度。像供需指数大的品类热度高、需求大，反之则热度低、需求小。

（2）助力选品决策

依据行业趋势数据，可发现具有潜力的新兴品类或细分领域。比如，观察到某小众户外用品需求呈上升趋势，及时引入该类产品，能抢占市场先机。清楚行业发展趋势后，卖家可调整现有产品结构，淘汰落后或需求下滑的产品，增加符合趋势的新品，提升产品竞争力与适配度。

（3）进行行业对比

利用行业趋势可对多个行业进行对比分析，了解不同行业在流量、转化、市场规模等方面的差异，判断自身所处行业的竞争地位，借鉴优势行业经验。比如，对比服装行业与3C行业，发现3C行业流量转化率高，可研究其营销与运营模式。通过行业对比，找到自身产品与竞品的差异，挖掘独特卖点与竞争优势，实现差异化竞争。例如，对比发现同行主打低价，可从品质、服务或个性化定制等方面突破。

（4）确定重点市场

借助行业趋势，能了解特定行业在不同国家或地区的市场情况，包括消费现状、潜力等，依据GMV占比、增速、支付金额、上升指数等数据，筛选出重点发展市场。如某产品在欧美市场GMV高但增速慢，在新兴市场增速快，可考虑加大新兴市场投入力度。了解不同市场的行业趋势，能针对性地调整产品与营销策略，适配当地需求。比如，某些国家对环保产品关注度高，进入该市场产品可突出环保特性。

图3.7 速卖通后台市场分析模块的行业趋势

2. 行业构成

（1）助力卖家精准选品

发现高潜力细分领域。通过行业构成数据，卖家能了解到一级类目下各个二级类目甚至更细分领域的市场占比情况。比如，在服装行业中，发现运动服装类目虽占比小但增长快，可判断其为潜力细分领域，提前布局选品。对比不同类目产品的数量、访客数占比、成交订单数占比等，能直观了解各细分行业竞争程度。若某类目产品多但访客和订单占比低，说明竞争激烈；反之则竞争相对小，利于卖家选择竞争环境好的领域进入。

（2）帮助卖家优化产品布局

依据行业构成数据，卖家可将更多人力、物力、财力投入到占比大、发展好的类目产品上，同时适当减少或调整表现不佳类目产品的资源配置。例如，若店铺经营多个类目产品，发现某类目销售占比高且增长快，可增加该类产品库存、优化详情页、加大推广力度。分析行业构成可发现不同类目间的潜在关联。如在母婴行业中，婴儿奶粉和婴儿纸尿裤虽属不同二级类目，但购买人群有重叠，卖家可进行关联销售，提高客单价和店铺整体销售额。

（3）为卖家制定营销策略提供依据

了解行业构成在不同国家和地区的差异，卖家能针对目标市场制定精准营销策略。比如，某产品在欧美市场，某类风格或功能的产品受欢迎，可在这些地区重点推广此类产品，并在营销素材中突出相关特点。行业构成数据能反映市场趋势变化，卖家可据此进行营销创新。若发现某新兴类目崛起，可结合其特点和目标受众，采用新的营销方式，如利用社交媒体网红推广、举办线上主题活动等，吸引更多潜在买家。

排名	行业	搜索指数	交易指数	在线商家占比	供需指数	父类目金额占比	客单价	操作
1	Action & Toy Figures 较前1日	181,117 -1.42%	2,279,784 -1.87%	38.26% +0.03%	758 -1.66%	25.13% -1.61%	22.99 -1.25%	趋势
2	Stuffed Animals & Plush 较前1日	108,143 -0.48%	1,048,410 -0.62%	28.30% +0.04%	510 -0.62%	6.09% +0.66%	16.14 -0.49%	趋势
3	Trendy Blind Box Toys 较前1日	102,470 -0.87%	1,559,531 -1.88%	14.51% +0.28%	737 -1.18%	12.56% -1.57%	31.07 -3.60%	趋势
4	Dolls & Accessories 较前1日	101,877 -0.54%	1,130,788 -2.56%	23.28% 0.00%	540 -0.74%	6.99% -2.78%	20.59 -0.19%	趋势
5	Remote Control Toys 较前1日	101,490 -2.48%	2,040,797 +1.76%	23.74% +0.13%	532 -2.88%	20.52% +5.12%	58.64 +5.18%	趋势
6	Building & Construction Toys 较前1日	101,244 -1.22%	1,348,882 -1.75%	27.19% 0.00%	485 -1.39%	9.64% -1.33%	30.70 -2.66%	趋势
7	Classic Toys 较前1日	84,824 -1.43%	379,566 -0.63%	9.13% -0.11%	791 -1.53%	0.97% +1.04%	5.35 0.00%	趋势
8	Hobby & Collectibles 较前1日	75,417 -1.29%	865,797 -4.15%	19.74% +0.05%	426 -1.57%	4.30% -5.70%	23.65 -3.98%	趋势
9	Outdoor Fun & Sports 较前1日	74,186 -1.98%	637,624 -2.77%	19.35% 0.00%	423 -2.22%	2.47% -3.14%	14.61 -6.88%	趋势
10	Play Vehicles & Models 较前1日	65,914 -1.08%	865,573 +1.68%	15.14% 0.00%	433 -1.24%	4.30% +5.13%	29.60 +3.21%	趋势

图3.8 速卖通后台市场分析模块的行业构成

3. 国家构成

（1）了解市场分布与潜力

卖家可通过国家构成数据，清晰知晓自己产品在不同国家的销售占比情况。比如，能直观看到在欧美市场销售额占比高，还是在新兴市场如东南亚、南美等国家销售额占比高，进而了解业务在全球的分布格局。结合某国家的GMV占比、市场增速等指标，判断其市场潜力。若某国家GMV占比虽低，但增速很快，说明该市场潜力大，值得深入挖掘和投入资源。

（2）精准定位目标市场

根据不同国家的消费习惯、文化特点、气候条件等，分析哪些国家更适合自己的产品。例如，保暖性能好的服饰在寒冷地区的国家需求大，而轻薄透气的服饰在热带地区的国家更受欢迎。通过国家构成数据，卖家可针对性地选择目标市场，优化产品投放策略。找出GMV占比高、复购率高的核心国家市场，集中资源进行深耕。如在一些国家市场已占据一定份额且消费者忠诚度高，就可加大在这些国家的营销投入，优化客户服务，巩固市场地位。

（3）制定差异化营销策略

不同国家有不同的文化背景，了解国家构成数据能帮助卖家针对特定国家文化制订营销方案。比如，在欧美国家，消费者注重个性、时尚，营销文案和图片可突出产品独特设计；在亚洲部分国家，消费者可能更看重性价比，营销时可强调优惠活动和高性价比优势。依据国家构成数据中体现的不同国家消费习惯，调整营销节奏和方式。像欧美国家消费者在节假日购物热情高，可提前策划节日促销活动；而一些国家消费者习惯使用特定社交媒体，卖家可在这些平台加大推广力度。

（4）优化物流与供应链管理

了解产品主要销售国家后，可根据这些国家的物流特点和要求，选择合适的物流渠道和合作伙伴。例如，某些国家对物流时效性要求高，可选择优质快递服务；某些国家清关流程复杂，需找有经验的货代公司协助。根据不同国家的销售数据和需求趋势，合理分配库存。对于需求稳定且量大的国家，可在当地建立海外仓，提高发货速度和客户满意度；对于需求波动大的国家，可灵活调整库存数量，避免库存积压或缺货情况。

国家构成							
排名	国家&地区	访客指数 ⇅	浏览商品数 ⇅	商品浏览率 ⇅	供需指数 ⇅	客单价 ⇅	商品加购人数 ⇅	加收藏人数 ⇅	操作
1	墨西哥 较前1日	61,000 -2.24%	90,783 -2.29%	34.20% -2.23%	126 -2.65%	17.38 +0.12%	24,667 -6.47%	5,212 -3.37%	趋势
2	巴西 较前1日	56,768 -4.06%	82,373 -4.00%	35.21% -4.14%	103 -4.58%	22.70 +8.61%	23,337 -8.65%	5,041 -6.34%	趋势
3	美国 较前1日	54,170 -3.32%	95,677 -4.74%	31.10% -3.60%	105 -3.47%	28.09 -2.09%	16,800 -6.28%	3,036 -5.68%	趋势
4	西班牙 较前1日	51,012 -6.03%	61,625 -7.38%	26.27% -3.17%	96 -5.52%	12.59 -2.48%	14,700 -13.63%	2,181 -12.09%	趋势
5	大韩民国 较前1日	45,899 -4.00%	53,732 -5.21%	27.73% -4.21%	97 -2.42%	12.38 -2.29%	8,871 -8.38%	1,107 -39.01%	趋势
6	俄罗斯 较前1日	43,008 -0.71%	71,768 -1.10%	16.02% -3.20%	85 -0.33%	12.53 -4.42%	15,701 +5.92%	32 -20.00%	趋势
7	法国 较前1日	40,820 -2.57%	53,398 -5.18%	24.44% -1.77%	81 -2.28%	18.08 -5.49%	9,506 -7.91%	1,469 -7.20%	趋势
8	智利 较前1日	38,053 -2.88%	51,554 -3.79%	24.70% -4.63%	75 -3.45%	12.82 -0.77%	9,679 -4.06%	1,429 -4.09%	趋势
9	乌克兰 较前1日	35,696 -7.59%	45,816 -8.55%	24.42% -8.16%	61 -9.52%	7.66 +0.26%	8,517 -20.19%	2,260 -15.77%	趋势
10	以色列 较前1日	34,812 1.06%	44,968 5.78%	27.93% 3.82%	69 3.06%	16.23 1.40%	8,370 4.60%	1,083 0.55%	趋势

图3.9　速卖通后台市场分析模块的国家构成

（二）基于搜索分析模块的关键词挖掘与产品卖点提炼

搜索分析模块依托速卖通平台的大数据分析能力，为卖家提供基于关键词维度的市场洞察与产品卖点定位支持。该模块支持用户自定义时间周期与目标产品类目，通过对相关数据的深度解析，精准呈现热搜词、飙升词及零少词等核心指标。其中，热搜词反映市场当下的主流需求，飙升词揭示潜在的市场增长机会，零少词则指向尚未被充分开发的细分领域。此外，模块还可直观展示目标类目的热销国家分布情况，帮助卖家洞悉不同区域市场的消费偏好。通过系统化分析关键词数据，结合目标市场的需求特征，卖家能够精准提炼产品核心卖点，优化商品定位与营销策略，提升市场竞争力。

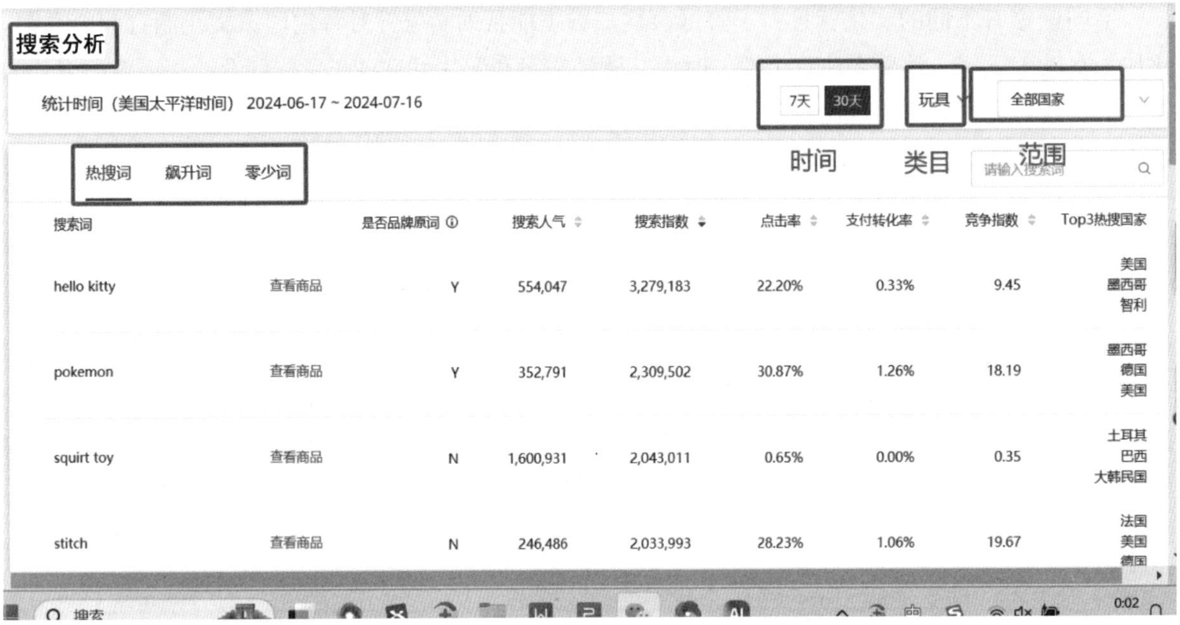

搜索词		是否品牌原词	搜索人气	搜索指数	点击率	支付转化率	竞争指数	Top3热搜国家
hello kitty	查看商品	Y	554,047	3,279,183	22.20%	0.33%	9.45	美国 墨西哥 智利
pokemon	查看商品	Y	352,791	2,309,502	30.87%	1.26%	18.19	墨西哥 德国 美国
squirt toy	查看商品	N	1,600,931	2,043,011	0.65%	0.00%	0.35	土耳其 巴西 大韩民国
stitch	查看商品	N	246,486	2,033,993	28.23%	1.06%	19.67	法国 美国 德国

图 3.10　速卖通后台搜索分析模块

（三）基于选词专家模块的趋势产品研判与选品支撑

选词专家模块作为速卖通后台数据分析体系的重要组成部分，依托平台海量搜索数据，为卖家提供基于多维条件筛选的趋势产品定位服务。用户可通过精准设定目标产品类目、数据筛选范围及时间周期，系统生成相应时间段内的关键词搜索趋势与产品热度分析报告。该模块通过深度挖掘关键词搜索量变化、关联产品流量走势等核心数据，精准识别具有市场潜力的趋势产品。通过对趋势产品的功能特性、设计风格、价格区间等维度进行系统化分析，能够为卖家的选品决策提供数据驱动的科学依据，助力其把握市场动态，优化商品结构，提升选品精准度与市场竞争力。

图 3.11　速卖通后台选词专家功能

（四）选品专家模块的多维数据分析框架

选品专家模块依托速卖通平台的数据资源，构建起涵盖产品类目、国家区域及时间周期的三维数据分析体系。该模块通过多维度数据筛选与交叉分析，为跨境电商选品提供精准的市场洞察。

用户通过自定义目标产品类目、目标国家范围及特定查询时间，系统将基于平台交易数据与用户行为数据，深度挖掘出具有市场潜力的关联产品，并解析其热销属性及属性组合。具体而言，通过对产品类目维度的细分，可精准定位目标市场的品类需求；结合国家范围维度，能够洞悉不同地域消费者的偏好差异；而时间周期维度的设定，则有助于捕捉市场需求的动态演变趋势。由此生成的关联产品分析报告、热销属性矩阵及属性组合图谱，为卖家制定选品策略、优化商品结构提供量化决策依据，从而提升选品的精准度与市场适配性。

图 3.12 展示了以搜索属性为例进行的选品专家搜索：以母婴类+全部国家+30天为例。

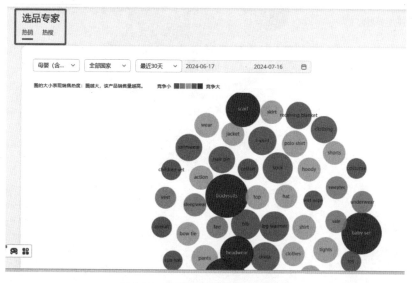

图 3.12　速卖通后台选品专家功能

点击图3.12中的深红色圈圈"baby set",可以查看以下指标。

1. TOP 关联产品

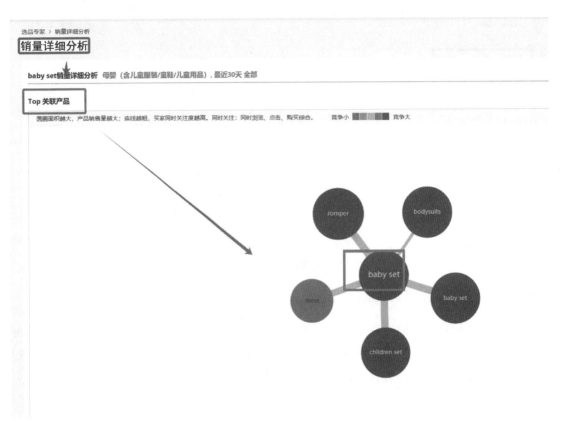

图3.13　和baby set相关联的产品

2. 下载热销属性指标

通过下载分析产品热销属性为选品提供参考依据。

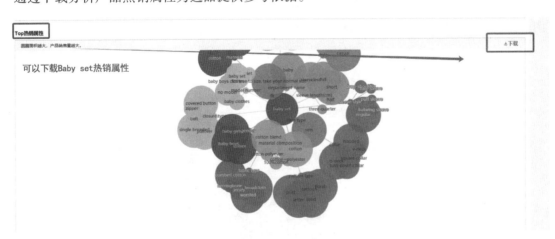

图3.14　热销属性指标的下载功能

3. 查看热销属性组合

通过查看产品热销属性组合来为选品提供依据。

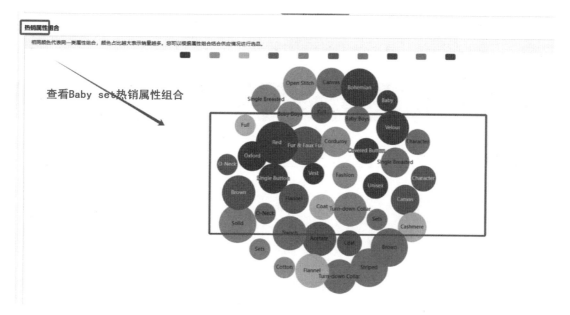

图 3.15 查看热销属性组合

任务四 站外选品

站外选品作为与站内选品相对的选品策略，是指卖家突破自身经营平台的局限，通过探索产品货源集散地、调研其他电商平台等方式，挖掘潜在商品的过程。下面以速卖通平台卖家的运营场景为例，系统阐述站外选品的具体思路与实施路径。

站外选品体系主要包含货源地选品（也称国内市场选品）与竞争平台选品两大维度。后者通过对 Amazon、Wish、eBay、Lazada 等主流跨境电商平台的深度调研挖掘潜力商品；前者则聚焦国内市场资源整合，具体细分为线上与线下两种选品模式。

一、货源地选品

货源地选品依托国内市场资源，根据实施渠道差异，可系统性划分为线上选品与线下选品两类路径。二者虽执行方式不同，但均以充分利用国内市场资源、发掘优质商品为核心目标。

（一）线上选品平台

线上选品平台是指通过国内的一些专门提供跨境货源的线上批发网站进行选品。

1.雨果跨境选品模块

雨果跨境作为综合性跨境电商服务平台，致力于搭建中国跨境出口卖家与全球电商平台、服务商、供应商之间的沟通桥梁，提供涵盖品牌出海全流程的一站式服务。该平台的选品模块整合了全球范围内美妆、食品、家居、电子等多元品类的商品资源。卖家可依据目标电商平台特性、节庆消费热点、语言文化差异，或按照供应商资质、产业集群分布等维度进行选品操作。无论是采用"先定位目标市场，再选定运营平台及商品"的策略，还是遵循"先确定运营平台，再分析目标市场与商品"的路径，雨果跨境选品模块均可满足卖家多样化的选品需求。

图3.16　雨果跨境网站首页

2. 1688批发网的跨境专供模块

图3.17　1688网站首页

1688批发网（阿里巴巴中国站）的"跨境专供"模块是专为中小供应商打造的跨境B2B货源服务平台，于2015年上线。其核心定位是连接国内供应商与跨境电商卖家（如亚马逊、eBay、独立站卖家等），提供符合海外市场需求的选品、定制化生产、物流通关及跨境支付等一站式解决方案，帮助供应商快速对接全球跨境电商生态。

（1）核心功能

①货源聚合与精准匹配。聚焦3C电子、家居园艺、服饰箱包、户外用品等跨境热门品类，筛选具备出口资质的供应商，提供"海外仓现货""一件代发""定制生产"等标签化商品，满足跨境卖家小单快反需求。通过AI算法分析全球电商平台热销趋势（如Google Trends、亚马逊Best Seller数据），为供应商推荐潜力商品，为卖家匹配高转化率货源。

②跨境供应链服务。包括物流解决方案：对接菜鸟国际物流，提供"头程运输+海外仓存储+

尾程派送"全链路服务，覆盖欧美、东南亚等主流市场，支持FBA头程、专线小包等模式。合规与认证支持：协助供应商办理出口所需的CE、FDA、RoHS等国际认证，提供产品质检报告模板，降低跨境合规风险。支付与结汇：集成支付宝国际版，支持美元、欧元等多币种结算，提供"秒级到账""汇率锁定"服务，解决跨境回款周期长问题。

③卖家赋能工具。为跨境卖家提供"数据包下载"功能（含商品详情页、英文描述、高清图片），可直接同步至亚马逊、Shopee等平台，节省上架时间。推出"跨境专供会员体系"，优质供应商可获得流量倾斜、海外展会曝光（如德国CeBIT、美国CES）等权益。

（2）模块特点与竞争优势

①货源深度整合。从"工厂到卖家"的直连模式。依托1688平台1 000万+供应商资源，筛选年出口额500万元以上、有3年以上外贸经验的优质厂商，减少中间贸易商环节，确保商品价格竞争力（比传统外贸渠道低10%~15%）。

②数据驱动选品。降低跨境选品风险。通过整合阿里国际站、天猫国际及第三方电商平台数据，实时更新"跨境热销榜""趋势预测"，如2024年重点推荐"新能源户外电源""智能家居设备"等品类，帮助供应商提前布局蓝海市场。

③中小卖家友好。低门槛与灵活性。支持"小批量起订"（部分商品10件起批）、"混批组合"（多品类商品合并采购），并提供"样品免费拿样"服务，解决跨境中小卖家资金周转压力。

3. 义乌购——中小商品供应平台

义乌购是依托全球最大小商品集散中心——浙江义乌国际商贸城打造的线上线下一体化B2B电商平台，于2012年上线。其核心定位是连接中小微企业与全球采购商的"数字化义乌市场"，旨在通过"线上展示+线下实体"模式，为供应商和采购商提供商品交易、信息查询、物流配送等全链条服务。

（1）义乌购的定位

义乌小商品线上市场，精准找货，放心交易。

①把义乌小商品搬上网，线上线下对应，找货更方便。

②覆盖义乌小商品市场、专业街、产业带等优质供应商，助力中小微企业开拓线上市场。

③义乌购为小商品商家量身打造，操作简单，通过智能流量分发机制，大幅降低电商流量成本。

（2）义乌购的特点

一手货源，品类丰富，交易有保障。

①一手货源，服务产业链上游200万家中小微企业，背靠"全球最大小商品批发市场"，品质商品更低价。

②品类丰富，在线商品达800万，涉及26个大类，只有想不到，没有买不到。

③交易有保障，360度全景店铺，线上线下一一对应，依托实体市场优势及互联网技术应用，让每一笔交易都有诚信保障。

目前，义乌购平台入驻商家5万，日访客数80万，日浏览量2 500万，注册采购商1 500万，其中10%为海外用户。

图3.18　义乌购网站首页

4. 其他线上平台

（1）包牛牛——箱包类产品供应平台

包牛牛是北京聚源百成网络科技有限公司旗下的专业箱包产地货源网站，平台所有产品信息（含图片及视频）来自注册商户的上传和发布，版权归属于对应的注册用户。依托河北白沟以及广州狮岭产地优势为广大网销卖家提供一站式的箱包类商家信息、货源信息等。各类箱包款式实时更新，每天上新数百款箱包让你随时掌握行业动态，卖家通过一键发布应用即可将厂家的商品发布到淘宝、天猫、阿里、速卖通、拼多多、虾皮、抖音小店、快手、微店、蘑菇街和微信等第三方电商平台，摒弃了传统的上门选款、加好友进空间等极为费时耗力的人力模式，为广大卖家朋友探索出了：商家—平台—卖家的形式，使用户实现了"足不出户便知市场最新动态"，让你身处任何地方都能坐享产地的优势货源。找款、选款一站式搞定，极大地提高了工作效率；另外，平台还为用户提供一件代发、摄影设计、电商培训、流行资讯等服务，解决了远离市场的卖家无法现场拿货，传统厂商必须实地找款、选款等行业难题。

（2）鞋库网——鞋类商品供应平台

鞋库网是一个专注于全国鞋靴货源采购批发的B2B2C平台，平台隶属于中国晋江鞋都电商城。于2018年，在市场需求及互联网发展趋势下创建，目前已发展为国内较有知名度和影响力的鞋靴货源采购平台。平台为商家提供商品展示、在线交易、渠道分销，为采购商提供AI找款找货源、一键铺货分销、在线下单、一件代发等，服务于鞋业工厂、品牌商、贸易商、电商等群体。

图3.19　包牛牛网站首页

图3.20　鞋库网网站首页

（二）线下选品

线下选品包括工厂选品和展会选品。

1. 工厂实地选品策略

工厂实地选品是指卖家深入产业集聚地，通过走访生产制造企业进行产品筛选的选品模式。以珠三角地区为例，广州、东莞、深圳等城市汇聚了众多跨境专供工厂，其依托完善的产业链优势，持续推出契合市场需求的新品。卖家通过实地考察工厂，不仅能够直观了解最新的产品形态、工艺技术，还可深度把握行业流行趋势与产品迭代方向，为精准选品提供一手信息支撑。

2. 展会场景选品路径

展会选品是借助行业展会平台发掘潜力商品的重要途径。卖家可通过雨果跨境平台报名参与线下选品大会，或关注各类垂直领域的跨境电商专业展会，以及中国进出口商品交易会（广交会）等综合性展会。展会场景下，卖家能够通过实物观察、样品体验及与供应商的直接交流，获取比线上渠道更为直观、准确的产品信息，进而结合市场需求与竞争态势，制定更具可行性的选品决策。

二、竞争平台选品

（一）竞争平台选品的内涵

竞争平台选品是指跨境电商从业者通过对竞争对手所在平台的产品进行研究、分析，从中获取选品灵感和市场信息，进而挑选出具有潜力和竞争力的产品，以应用于自身业务的一种选品策略。这里的竞争平台涵盖了各种主流跨境电商平台，如亚马逊、eBay、速卖通、Wish等，以及一些区域性或垂直领域的特色平台。

若卖家已明确目标运营平台，以速卖通为例，可通过系统性分析Amazon、Wish、eBay、Lazada等B2C跨境电商竞争平台的商品布局、销售数据及市场表现，构建多维度的选品参考体系。具体而言，可通过追踪竞品平台的热销品类、产品定价策略、用户评价反馈及促销活动趋势，深度挖掘潜在市场需求，识别差异化竞争机会，进而优化自身选品策略，提升在目标市场的竞争优势。

（二）进行竞争平台选品的意义

1. 降低选品风险

通过观察竞争平台上已经成功销售的产品，能够直观了解市场对不同类型产品的接受程度。避免选择那些市场需求小、竞争激烈且难以盈利的产品，从而降低因选品失误带来的损失。

2. 发现市场趋势

竞争平台上的畅销产品往往反映了当下的市场趋势和消费者喜好。关注这些产品可以帮助卖家及时捕捉到新兴的消费需求，提前布局热门品类，从而在市场竞争中占据先机。

3. 学习竞争对手的策略

分析竞争平台上竞争对手的选品策略、产品定价、营销方式等，可以从中汲取经验教训。了解竞争对手的优势和不足，进而制定出更具针对性的选品和运营策略，提升自身的竞争力。

（三）常见竞争平台的特点及选品参考方向

1. 亚马逊平台

平台特点主要有三点。一是用户基础广泛：拥有庞大且多元化的全球用户群体，涵盖了不同年龄段、地域和消费层次的消费者。二是注重产品品质：平台对产品质量和品牌形象有较高要求，消费者也更倾向于购买高品质、有保障的商品。三是竞争激烈：作为全球最大的跨境电商平台之一，吸引了众多卖家入驻，各品类竞争都较为激烈。

选品参考方向主要有三个方向。一是高附加值产品：如电子产品、智能家居设备、高端美妆护肤品等。这些产品通常具有较高的利润空间，但需要注重产品的创新性和品质。二是品牌化产品：打造自有品牌或代理知名品牌产品，通过品牌影响力提升产品的竞争力和用户忠诚度。三是合规性产品：严格遵守平台的规则和当地的法律法规，确保所选产品符合各项标准和认证要求。

2. eBay平台

eBay平台特点主要有三点。一是拍卖模式特色：除了固定价格销售，eBay的拍卖功能较为突出，适合一些具有独特性或稀缺性的产品。二是二手市场活跃：二手商品在eBay上有较大的市场份额，一些复古、收藏类产品有一定的受众群体。三是注重性价比：消费者在eBay上更注重产品的价格优势，性价比高的产品更容易获得消费者的青睐。

选品参考方向主要有三个方向。一是复古和收藏品类：如古董、邮票、老照片、经典玩具等，这些产品在二手市场有一定的价值和需求。二是高性价比商品：包括一些日常用品、服装配饰、家居用品等，以合理的价格吸引消费者。三是长尾产品：满足特定小众群体需求的产品，在eBay上也能找到对应的市场。

3. 速卖通平台

平台特点主要有三个方面。一是聚焦新兴市场：主要面向俄罗斯、巴西、东欧、中东等新兴市场，这些地区的消费潜力巨大。二是适合中国卖家：对中国卖家有一定的政策支持和资源倾斜，物流配送等方面也相对便利。三是产品种类丰富：涵盖了各个品类的商品，以满足不同市场的多样化需求。

选品参考方向主要有三个方向。一是中国特色产品：如传统手工艺品、丝绸制品、中药保健品等，具有独特的文化魅力和市场竞争力。二是热门电子产品配件：如手机壳、充电器、耳机等，在新兴市场有较大的需求。三是时尚潮流商品：紧跟时尚潮流的服装、饰品、美妆产品等，能够吸引年轻消费者的关注。

4. Wish平台

Wish平台特点体现在以下三个方面。一是以移动购物为主：以移动端为主要购物渠道，消费者多通过手机App进行购物，注重购物的便捷性和个性化推荐。二是算法推荐精准：平台利用大数据算法为用户精准推荐商品，能够快速将商品推送给潜在的消费者。三是主打低价商品：消费者对价格较为敏感，低价、实用的商品更容易在Wish上获得销量。

选品参考方向主要有：一是新奇小物件，如创意家居用品、个性饰品、新奇玩具等，这类产品往往能够吸引消费者的好奇心，且价格相对较低。二是时尚快消品，如时尚服装、流行饰品、美妆小样等，满足消费者追求时尚和快速更新的需求。三是实用生活工具，如厨房小工具、维修工具、园艺工具等，价格实惠且具有实际用途。

（四）竞争平台选品的方法与步骤

1. 确定目标竞争平台

根据自身的业务定位、目标市场和产品类型，选择合适的竞争平台进行研究。例如，如果目标市场是欧美地区，且主打高品质电子产品，那么亚马逊可能是重点关注的竞争平台；如果瞄准新兴市场和追求性价比的消费者，速卖通和 Wish 则更值得关注。

2. 市场调研与数据收集

（1）销售数据统计：利用第三方数据分析工具（如 Jungle Scout、Helium 10 等），收集竞争平台上各类产品的销售数据，包括销量、销售额、价格区间、销售趋势等。分析哪些产品的销量持续增长，哪些产品在特定时间段内表现突出。

（2）产品评论分析：查看产品的用户评论，了解消费者对产品的满意度、痛点和需求。例如，如果发现某款电子产品在评论中经常被提及续航能力不足，那么可以考虑选择续航更好的同类产品或对该产品进行改进后引入。

（3）竞争对手分析：找出竞争平台上的主要竞争对手，分析他们的选品策略、市场定位、产品优势和劣势。关注竞争对手的新品发布情况，以及他们是如何进行产品推广和营销的。

3. 筛选与评估产品

（1）市场潜力评估：根据收集到的数据，评估产品的市场规模、增长趋势和潜在需求。考虑产品是否符合目标市场的消费习惯、文化背景和法律法规要求。例如，某些与宗教相关的产品在特定地区可能有较大的市场需求，但需要确保其符合当地的宗教信仰和文化禁忌。

（2）竞争程度分析：分析产品所在品类的竞争激烈程度，包括竞争对手的数量、市场份额分布、产品同质化程度等。如果某个品类已经被少数大品牌垄断，且进入门槛较高，那么可能需要谨慎选择该品类的产品。

（3）盈利空间测算：核算产品的采购成本、运输成本、平台佣金、营销费用等各项成本，结合市场价格和预期销量，测算产品的盈利空间。确保所选产品具有合理的利润空间，能够实现盈利目标。

4. 制定选品策略

（1）差异化选品：在竞争激烈的市场中，寻找与竞争对手产品的差异化点。可以从产品功能、设计、材质、包装等方面进行创新，提供更独特的产品价值。例如，在众多普通手机壳中，推出具有个性化定制功能或特殊防护性能的手机壳。

（2）组合选品：根据目标市场的需求和消费者的购买习惯，选择一组相关的产品进行组合销售。例如，将手机和手机配件（如充电器、耳机、手机壳）捆绑销售，提高客户的购买价值和满意度。

（3）跟进热门趋势：关注行业动态和流行趋势，及时引入符合当下热门趋势的产品。例如，当环保、健康成为热门话题时，选择环保材料制成的产品或健康养生类产品。

任务五　社交媒体选品

一、社交媒体选品的重要性

在当今数字化时代，社交媒体已经成为人们生活中不可或缺的一部分，它不仅是人们交流和分享的平台，更是跨境电商选品的重要渠道。WeChat、TikTok等平台汇聚了海量用户生成的内容，通过对用户行为数据、消费偏好及互动反馈的挖掘分析，能够精准定位市场需求痛点，为选品创新提供有效支撑。社交媒体拥有庞大的用户群体，能够实时反映市场的最新趋势和消费者的兴趣爱好。通过对社交媒体数据的分析，跨境电商卖家可以精准地捕捉到潜在的热门产品，提前布局市场，从而在激烈的竞争中占据优势。

同时，社交媒体也是品牌推广和客户互动的重要工具。卖家可以通过发布产品信息、用户评价等内容，吸引消费者的关注，从而建立品牌形象。而且，消费者在社交媒体上的反馈和建议，能够帮助卖家及时调整选品策略，优化产品设计，提高客户满意度。

二、利用社交媒体平台进行选品的方法

（一）TikTok

1. 热门视频分析

TikTok以短视频内容为主，热门视频能够迅速传播并引发用户的关注和兴趣。卖家可以浏览TikTok上的热门榜单和推荐页面，分析那些获得大量点赞、评论和分享的视频。如果某个视频是关于一款新奇的家居用品，且引发了用户的强烈兴趣，那么这款产品可能就是一个有潜力的选品。例如，一款自动挤牙膏器的视频在TikTok上走红，吸引了大量用户的关注和购买咨询，卖家可以考虑引入类似的产品。

2. 创作者挑战和趋势

TikTok经常会发起各种创作者挑战和趋势活动，这些活动往往能够带动相关产品的销售。卖家可以关注这些挑战和趋势，了解其中涉及的产品类型。比如，某个时期TikTok上流行"DIY手工饰品"的挑战，很多用户都参与其中并展示自己制作的饰品，那么与手工饰品相关的原材料和工具就可能成为热门选品。

3. 数据分析工具

一些第三方数据分析工具可以帮助卖家分析TikTok上的热门产品和趋势。这些工具可以提供视频的播放量、点赞数、评论数等数据，以及产品的搜索热度和销售趋势。卖家可以利用这些数据，筛选出有潜力的选品。

（二）WeChat

在跨境电商领域，利用社交媒体平台进行选品是一种行之有效的策略，不过WeChat主要面向国内市场，如果要将其用于跨境电商选品，需要一些特殊的思路和方法。

1. 利用微信公众号选品

（1）关注行业公众号：搜索并关注跨境电商行业内知名的公众号，这些公众号会分享行业动态、新品推荐、市场趋势等内容。例如，一些专注于时尚、科技、美妆等领域的公众号，会定期发布热门产品信息和消费者喜好分析。通过阅读这些文章，你可以了解到当下哪些产品在市场上受欢迎，从而找到选品的灵感。

（2）分析竞品公众号：关注竞争对手的微信公众号，了解他们主推的产品和营销方向。分析他们的产品特点、优势和用户反馈，找出市场空白或差异化竞争的机会。例如，如果发现竞争对手的某类产品在市场上反响较好，但存在一些不足之处，你可以考虑推出改进后的同类产品。

（3）参与公众号互动：在公众号的评论区与其他读者互动，了解他们的需求和意见。还可以通过留言、投票等方式，直接获取读者对某些产品的看法和建议。这有助于你深入了解消费者的需求，为选品提供参考。

2. 利用微信群选品

（1）加入跨境电商交流群：加入各种跨境电商交流群，与同行、供应商、买家等进行交流。在群里，你可以了解到其他卖家的选品经验、热门产品推荐、供应链资源等信息。同时，也可以分享自己的选品思路和困惑，获取他人的帮助和建议。

（2）关注兴趣爱好群：除了跨境电商交流群，还可以加入一些与目标市场消费者兴趣爱好相关的微信群。例如，如果你想做户外运动类的跨境电商选品，可以加入登山、骑行、跑步等兴趣爱好群。在群里观察群成员讨论的热门话题和产品，了解他们的需求和喜好。

（3）发起选品调研：在微信群里发起选品调研，让群成员对一些产品或选品方向进行投票和评价。通过这种方式，你可以快速收集大量的反馈信息，了解消费者对不同产品的接受程度和需求程度。

3. 利用微信朋友圈选品

（1）观察好友动态：微信朋友圈是一个展示个人生活和兴趣的平台。观察好友在朋友圈分享的产品、旅游经历、生活趣事等内容，从中发现潜在的选品机会。例如，如果发现很多好友都在分享某款新奇的家居用品，说明这款产品可能具有一定的市场需求。

（2）发布选品测试内容：在自己的朋友圈发布一些产品图片或视频，询问好友的意见和建议。可以通过点赞、评论、私信等方式了解他们对产品的兴趣程度和购买意愿。这是一种简单有效的选品测试方法，可以帮助你初步筛选出有潜力的产品。

4. 利用微信小程序选品

（1）关注行业资讯类小程序：关注一些跨境电商行业资讯类的微信小程序，这些小程序会及时发布行业动态、市场分析、选品建议等内容。通过阅读这些资讯，可以获取选品的灵感和方向。

（2）使用电商类微信小程序：一些电商类微信小程序会提供热门产品排行榜、新品推荐等功能。通过浏览这些小程序，你可以了解到当下哪些产品在市场上销售火爆，以及消费者的购买趋势。

三、社交媒体选品的案例分析

某健身器材卖家通过 TikTok 选品，抓住了市场的热点。在 TikTok 上，卖家发现一个关于"家庭健身神器——弹力带"的热门视频获得了大量的关注和点赞。视频中展示了弹力带的多种使用方法和健身效果，引发了很多用户的兴趣和购买意愿。卖家通过分析TikTok上的相关数据，发现弹力带在近期的搜索热度和销售趋势都呈现上升态势。

于是，卖家迅速与供应商合作，引入了多种款式和颜色的弹力带产品。在产品上线后，卖家利用TikTok的创作者挑战活动，发起了"弹力带健身挑战"，吸引了大量用户参与。同时，卖家还制作了一系列有趣的弹力带健身教学视频，在TikTok上进行推广。这些举措使得弹力带产品在市场上迅速走红，为卖家带来了可观的销售额。

四、社交媒体选品的注意事项

（一）数据真实性和可靠性

在利用社交媒体数据进行选品时，要注意数据的真实性和可靠性。有些数据可能存在虚假成分，如刷赞、刷评论等。卖家需要通过多渠道验证数据的真实性，避免被虚假数据误导。例如，可以结合其他平台的数据和市场调研结果进行综合分析。

（二）知识产权问题

在社交媒体上发现热门产品后，要注意产品的知识产权问题。确保所选择的产品不侵犯他人的专利、商标和版权等知识产权。在与供应商合作生产产品时，需要供应商提供相关的知识产权证明，避免因知识产权纠纷给企业带来损失。

（三）市场饱和度

虽然社交媒体能够反映市场的热门趋势，但也要注意市场饱和度。有些产品可能在社交媒体上一时火爆，但实际上市场已经接近饱和。卖家在选品时，要对市场容量和竞争情况进行深入分析，避免选择已经过度竞争的产品。例如，如果发现某个热门产品已经有大量的卖家在销售，且市场份额已经被少数大品牌占据，那么进入该市场的难度可能会较大。

社交媒体选品是跨境电商选品的重要方法之一。通过合理利用社交媒体平台的资源和数据，卖家可以发现潜在的热门产品，优化选品策略，提高市场竞争力。但在选品过程中，要注意数据真实性、知识产权和市场饱和度等问题，确保选品的准确性和可行性。

任务六　撰写选品报告

一、选品报告的内涵与重要性

（一）选品报告的内涵

选品报告是跨境电商从业者在选品过程中，对市场调研、产品分析、竞争评估等一系列工作的系统总结和呈现。它以数据和分析为基础，全面阐述所选定产品的市场潜力、竞争态势、盈利预期等内容，为企业的选品决策提供科学依据。

（二）选品报告的重要性

1. 辅助决策

在众多的产品选项中，选品报告能够清晰地展示各个产品的优劣，帮助决策者快速、准确地做出选择，避免盲目选品带来的风险。

2. 资源优化

通过对产品的深入分析，企业可以合理分配人力、物力和财力资源，将资源集中投入到最有潜力的产品上，提高资源利用效率。

3. 战略规划

选品报告不仅关注当前的市场情况，还会对未来的市场趋势进行预测，为企业的长期战略规划提供参考，确保企业在跨境电商市场中保持竞争力。

二、选品报告的主要内容

（一）市场概述

1. 目标市场分析

明确目标市场的地理位置、人口规模、经济发展水平、消费习惯等因素。例如，对于欧美市场，消费者注重产品的品质和设计，对价格的敏感度相对较低；而对于东南亚市场，消费者更看重产品的性价比。

2. 市场规模与增长趋势

通过查阅行业报告、统计数据等资料，分析目标市场的总体规模以及近几年的增长情况。预测未来市场的发展趋势，判断所选产品在该市场的增长潜力。例如，随着健康意识的提高，健身器材在全球市场的需求呈现逐年增长的趋势。

3. 市场需求分析

研究目标市场消费者对所选产品的需求特点，包括功能需求、质量需求、外观需求等。分析需求的季节性、周期性变化，以便合理安排库存和销售计划。例如，夏季是泳衣、防晒用品等产品的销售旺季。

（二）产品分析

1. 产品特性

详细描述产品的名称、规格、材质、功能、使用方法等基本信息。分析产品的独特卖点和竞争优势，如产品的创新性、环保性、便捷性等。例如，一款智能手表具有心率监测、睡眠监测等多种功能，且外观时尚，这就是它的竞争优势。

2. 产品生命周期

判断产品处于导入期、成长期、成熟期还是衰退期。不同阶段的产品具有不同的市场特点和营销策略。处于导入期的产品需要大量的市场推广，而成长期的产品则更注重扩大市场份额。

3. 产品成本与利润分析

核算产品的采购成本、运输成本、关税、销售费用等各项成本，计算产品的毛利率和净利率。根据市场价格和成本情况，制定合理的定价策略，确保产品具有盈利空间。

（三）竞争分析

1. 主要竞争对手

识别目标市场中的主要竞争对手，分析他们的市场份额、品牌知名度、产品特点、价格策略、销售渠道等信息。例如，在智能手机市场，苹果和三星是全球范围内的主要竞争对手，它们具有强大的品牌影响力和技术实力。

2. 竞争优势与劣势

对比自身产品与竞争对手产品的优势和劣势，找出差异化竞争的方向。可以从产品质量、价格、服务、创新等方面进行分析。例如，如果竞争对手的产品价格较高，而自身产品具有同等质量但价格更低，那么价格优势就是自身的竞争优势。

3. 竞争策略建议

根据竞争分析的结果，提出相应的竞争策略。如采取差异化竞争策略，突出产品的独特卖点；或者采取成本领先策略，降低产品成本，以价格优势吸引消费者。

（四）销售渠道分析

1. 主要销售渠道

列举目标市场中常见的销售渠道，如跨境电商平台（亚马逊、eBay、速卖通等）、独立站、线下零售商等。分析不同销售渠道的特点、优势和劣势，以及适合的产品类型。例如，亚马逊是全球最大的跨境电商平台之一，适合销售各类商品；而独立站则更有利于品牌建设和客户关系管理。

2. 渠道选择建议

根据产品的特点和目标市场的需求，选择合适的销售渠道。考虑渠道的流量、费用、政策等因素，制定渠道组合策略。例如，对于一些高端产品，可以选择在亚马逊的精品店铺和独立站同时销售，以提高产品的品牌形象和销售利润。

（五）风险评估与应对措施

1. 市场风险

分析可能影响产品销售的市场因素，如市场需求变化、竞争加剧、政策法规调整等。例如，政府出台新的环保法规，可能会对某些产品的生产和销售产生限制。

2. 供应链风险

评估供应链可能面临的风险，如供应商交货延迟、产品质量问题、原材料价格波动等。制定相应的应对措施，如与多个供应商建立合作关系、加强对供应商的管理和监督等。

3. 物流风险

考虑物流过程中可能出现的问题，如运输延误、货物损坏、海关清关困难等。选择可靠的物流合作伙伴，购买货运保险，以降低物流风险。

三、选品报告的撰写格式与规范

(一)格式要求

选品报告一般采用文档形式撰写,包括封面、目录、正文、附录等部分。封面应包含报告名称、报告日期、撰写人等信息;目录应清晰列出各章节的标题和页码;正文部分按照上述内容进行详细阐述;附录可以包含相关的数据图表、市场调研报告、产品图片等补充资料。

(二)语言规范

选品报告的语言应简洁明了、准确客观,避免使用模糊、有歧义的词汇和语句。在描述数据和分析结果时,应使用准确的数字和统计资料,确保报告的可信度和专业性。

(三)数据来源说明

在报告中引用的数据和信息应注明来源,如行业报告、市场调研机构、官方统计网站等。这不仅可以增强报告的可信度,还便于读者进行进一步的查阅和验证。

四、选品报告的审核与应用

(一)审核流程

选品报告完成后,应组织相关部门进行审核,包括市场部门、采购部门、财务部门等。审核人员应从各自的专业角度对报告进行评估,提出意见和建议。审核过程中应注重报告内容的真实性、准确性和可行性。

(二)应用方式

根据选品报告的审核结果,企业可以做出选品决策。如果报告评估的产品具有较高的市场潜力和盈利预期,企业可以安排采购、生产和销售等工作。同时,选品报告也可以作为企业的历史资料进行保存,为未来的选品工作提供参考和借鉴。

选品报告是跨境电商选品过程中的重要工具,它能够帮助企业全面了解市场和产品情况,做出科学合理的选品决策。企业应重视选品报告的撰写和应用,不断提高选品的准确性和成功率。

头脑风暴

一、站外选品的渠道探索

(一)新兴站外渠道的发现

除了常见的搜索引擎、行业论坛,还有哪些新兴的站外渠道可以用于选品?

提示:比如一些专业的科技媒体、新兴的社交电商平台,是否可以从中发现一些具有创新性和前瞻性的产品?

(二)站外数据与站内选品的结合

如何将站外获取的数据和信息与站内选品进行有效结合,提高选品的准确性和成功率?

提示：例如通过站外了解到某类产品在国外社交媒体上很热门，如何将这个信息转化为站内的选品决策？

二、社交媒体选品的创新思路

（一）社交媒体趋势的捕捉

社交媒体上的热点和趋势变化迅速，我们怎样及时、准确地捕捉到这些趋势并应用到选品中？

引导：是否可以利用一些社交媒体的数据分析工具，或者关注一些有影响力的博主和网红，来发现潜在的热门产品？

（二）社交媒体互动与选品的结合

如何通过与社交媒体上的用户进行互动，了解他们的需求和喜好，从而指导选品？

提示：比如开展线上问卷调查、举办互动活动，收集用户的反馈和建议，从中筛选出有潜力的产品。

AI跨境

以Algopix工具为例模拟AI工具助力跨境电商选品应用案例。

案例：绿源家居——竹制环保餐具出海突围

一、案例背景

公司简介：绿源家居是一家主营环保家居用品的中国供应商，计划开拓美国市场，但面临选品方向模糊、利润预测困难等问题。

核心痛点：

（1）不确定竹制餐具（碗碟、杯具、收纳盒等）在北美市场的需求潜力；

（2）担忧高运费和平台佣金会侵蚀利润；

（3）缺乏基于竞品定价和消费者偏好的数据支持决策。

图3.21 Algopix官网首页

二、Algopix分析过程与关键发现

（一）市场趋势与需求验证

输入产品：竹制餐盘套装（Bamboo Dinnerware Set）

Algopix输出数据：

（1）全球需求热度：美国站"竹制餐具"搜索量年增长率达35%，加拿大、英国紧随其后；

（2）季节性波动：Interest Over Time图表显示，每年11—12月为需求高峰（感恩节、圣诞节），6—8月为次高峰（户外露营季）；

（3）细分机会：环保材质（Eco-friendly）和"易清洁"（Dishwasher Safe）是评论高频关键词。

（二）竞品分析与定价策略

指标	Algopix分析结果
竞品数量	亚马逊同品类卖家约120家，Buy Box价格区间24.99~39.994美元；
头部卖家优势	评分4.5+，产品均具备"可微波加热"功能，差评集中于"易开裂"问题；
利润测算	含FBA运费/佣金后，单套成本15美元，按32.99美元定价可实现净利率28%（高于平台均值20%）。

（三）跨平台利润对比

平台	售价	预估净利	需求指数（1~10）
Amazon US	32.99美元	9.24美元	8.5
eBay US	28.50美元	6.80美元	6.0
Walmart	30.99美元	7.50美元	7.2

三、决策与执行：数据驱动的运营策略

（一）产品优化

（1）强化"微波安全+防裂涂层"功能，解决竞品差评痛点；

（2）包装上增加"Carbon Neutral"认证标签，匹配环保消费偏好。

（二）定价与促销

（1）首发价29.99美元，搭配"Prime会员专享折扣"；

（2）利用Algopix监测黑五周竞品调价动态，提前备货海外仓。

（三）渠道拓展

通过Algopix识别加拿大站利润潜力（净利8.5美元），同步上线Amazon.ca。

四、经验总结

（1）数据驱动替代经验主义：精准识别高增长品类，避免"盲目跟风卖爆款"；

（2）动态利润建模：实时计算运费、税费、佣金，锁定盈利空间；

（3）风险预警：通过竞品差评分析来预判产品缺陷，优化研发方向。

文化自信

传播中国文化，展示中国品牌

在中国品牌出海的过程中，如果出海的产品与中华优秀传统文化或者是中国非遗技艺相关，在选品过程中，一定要深入探究产品背后的文化内涵，讲好中国故事。

一、陶瓷制品：千年技艺的国际绽放

（一）文化传承与品牌塑造

陶瓷作为中国文化的杰出代表，拥有着数千年的历史。在跨境电商选品中，应深入了解陶瓷背后的文化内涵，从原始的彩陶到精美的青花瓷，每一种陶瓷都承载着特定时期的文化记忆和审美观念。例如，青花瓷以其独特的蓝色图案和细腻的工艺闻名于世，其创作灵感来源于中国传统水墨画，体现了中国人对自然、意境的追求。

在选品时，要注重选择那些能够体现传统陶瓷技艺精髓的产品，同时也要关注现代创新设计与传统工艺的结合。一些品牌将传统青花瓷图案与现代家居用品相结合，推出了青花瓷餐具、茶具等产品，既保留了传统文化元素，又满足了现代消费者的生活需求。通过推广这些产品，不仅能够传播中国陶瓷文化，还能提升中国陶瓷品牌在国际市场上的知名度。

（二）市场拓展与文化传播

在将陶瓷产品推向国际市场的过程中，要充分利用跨境电商平台的优势，通过生动的产品描述和精美的图片展示，向海外消费者讲述中国陶瓷的故事。可以介绍陶瓷的制作工艺、历史背景、文化寓意等，让消费者在购买产品的同时，也能感受到中国文化的魅力。

例如，在介绍一件青花瓷花瓶时，可以详细描述其制作过程，从泥料的选择、拉坯成型、绘画装饰到高温烧制，每一个环节都蕴含着工匠的智慧和心血。还可以讲述青花瓷在中国文化中的象征意义，如蓝色代表着宁静、深远，寓意着吉祥、美好。通过这样的文化传播，能够提高消费者对中国陶瓷产品的认同感和购买意愿，进一步推动中国陶瓷品牌在国际市场上的发展。

二、丝绸制品：东方奢华的魅力呈现

（一）文化底蕴与品牌特色

丝绸是中国古代文明的重要标志之一，被誉为"东方绚丽的彩霞"。中国丝绸文化源远流长，从养蚕、缫丝到织绸，每一个环节都体现了中国人的勤劳和智慧。在跨境电商选品中，要关注丝绸制品的文化底蕴和品牌特色。

例如，苏州的宋锦、杭州的织锦等都是具有代表性的丝绸品种，它们以其精美的图案、细腻的质地和独特的工艺而闻名。一些中国丝绸品牌将传统的丝绸工艺与现代时尚设计相结合，推出了丝绸服装、丝巾、床上用品等系列产品。这些产品不仅展现了中国丝绸的奢华与优雅，还融入了现代时尚元素，符合国际消费者的审美需求。

（二）文化传播与品牌推广

在推广丝绸制品时，要注重传播丝绸文化。可以通过制作视频、举办线上展览等方式，向海外消费者展示丝绸的制作过程和历史文化。例如，介绍丝绸在中国古代是皇室贵族的专属用品，象征着身份和地位；讲述丝绸之路的历史，展示丝绸在中外文化交流中的重要作用。

同时，要强调中国丝绸品牌的品质和工艺优势。一些中国丝绸品牌采用传统的手工织造工艺，保证了产品的质量和独特性。通过这些文化传播和品牌推广活动，能够让更多的海外消费者了解中国丝绸文化，提升中国丝绸品牌的国际影响力。

三、传统手工艺品：匠心独运的文化符号

（一）文化精髓与品牌魅力

中国传统手工艺品如刺绣、剪纸、木雕等，每一件都凝聚着工匠的心血和智慧，是中国文化的活化石。以刺绣为例，苏绣、湘绣、蜀绣和粤绣各具特色，针法细腻、色彩绚丽、题材广泛，涵盖了人物、山水、花鸟等。这些手工艺品不仅具有实用价值，更是艺术珍品，体现了中国人对美的追求和对生活的热爱。

在跨境电商选品中，要深入挖掘传统手工艺品的文化精髓，选择那些工艺精湛、设计独特的产品。一些品牌将传统手工艺品与现代生活相结合，推出了刺绣手帕、剪纸装饰画、木雕摆件等产品，既保留了传统工艺的韵味，又满足了现代消费者的审美和使用需求。

（二）文化传播与品牌推广

推广传统手工艺品时，要通过跨境电商平台讲述手工艺品背后的故事。可以介绍手工艺人的传承历程、制作工艺的独特之处以及作品所蕴含的文化寓意。例如，在介绍一幅刺绣作品时，可以讲述刺绣艺人如何花费数月甚至数年时间完成一件作品，每一针每一线都倾注了他们的情感和技艺。

同时，要强调中国传统手工艺品品牌的匠心精神和文化价值。一些品牌注重保护和传承传统手工艺技艺，培养新一代的手工艺人。通过传播传统手工艺品文化和推广品牌，能够让更多的海外消费者领略中国传统手工艺品的魅力，提升中国传统手工艺品品牌在国际市场上的知名度。

学以致用

实践任务1

完成速卖通站内选品。

任务要求：在速卖通平台完成选品，需先明确一级类目，再通过深度剖析买家行为数据与卖家运营痕迹，筛选目标产品并提炼核心卖点，并撰写选品报告。具体分析维度如下：

1. 买家行为数据分析

（1）市场容量评估：通过产品销量数据，研判目标市场规模与需求潜力。

（2）卖点挖掘：分析买家评价、留言及问答内容，提炼用户关注的功能、体验等核心卖点。

2. 卖家运营痕迹分析

重点关注竞争对手的广告投放策略及新品上架动态，通过监测竞品推广方向与新品布局，识别市场趋势与潜在爆款机会，为选品提供参考依据。

任务目标：基于上述分析，确定适配速卖通平台的潜力产品，并精准定位其热销卖点。

实践任务2

利用雨果跨境和1688批发网站完成站外选品实战演练。

任务要求：运用雨果跨境选品模块与1688跨境专供模块，完成目标产品筛选及核心卖点提炼。需通过两个平台逐级定位最小产品类目，并在此基础上深入剖析产品竞争优势与市场吸引力，建议

从价格、功能、供应链、市场热度四个维度剖析产品优势。最后，撰写选品报告。

知识巩固

一、单选题

1.跨境电商选品时，如何确定产品是否有市场需求？（　　）

  A.仅凭个人喜好判断　　　　　　　　B.通过市场调研和数据分析

  C.咨询身边亲友的意见　　　　　　　D.参考国内市场的销售情况

2.对于跨境电商新手来说，以下哪种选品策略比较推荐？（　　）

  A.选择体积小、重量轻、单价高的产品

  B.选择体积大、重量重、单价高的产品

  C.选择体积小、重量轻、单价低的产品

  D.选择体积大、重量重、单价低的产品

3.在进行跨境电商选品时，为什么需要分析竞品的销售情况？（　　）

  A.为了确定自己的产品价格　　　　　B.为了避免与竞品直接竞争

  C.为了了解市场需求和消费者偏好　　D.为了模仿竞品的营销策略

4.对于跨境电商选品，分析目标市场的节日和文化习俗主要是为了（　　）。

  A.降低产品的生产成本　　　　　　　B.选择价格更低的供应商

  C.开发适合特定时期销售的产品　　　D.减少产品的物流运输时间

5.在跨境电商选品过程中，以下哪项步骤是不必要的？（　　）

  A.市场调研　　　　　　　　　　　　B.竞品分析

  C.产品测试　　　　　　　　　　　　D.随机选择产品

6.面向欧美市场选品时，以下哪项不是需要重点考虑的因素？（　　）

  A.产品是否符合当地的法律法规

  B.产品是否适合当地的文化和消费习惯

  C.产品在国内市场的销售情况

  D.产品是否满足当地消费者的需求

7.选择跨境电商产品时，为什么需要关注产品的生命周期？（　　）

  A.为了及时更新产品　　　　　　　　B.为了确定产品的价格

  C.为了预测产品的市场需求和竞争情况　D.为了避免库存积压

8.在跨境电商选品时，通过分析以下哪一项数据可以最直接了解目标市场消费者对产品的喜好程度？（　　）

  A.产品的生产成本　　　　　　　　　B.产品在社交媒体上的讨论热度

  C.产品的物流运输成本　　　　　　　D.产品供应商的供货稳定性

9.以下哪个属于选品前准备工作的内容？（　　）

  A.在TIKTOK上寻找热门产品　　　　　B.分析目标市场的需求和消费习惯

C. 在亚马逊平台搜索高销量商品　　　　D. 撰写选品报告

10. 站外选品可以通过以下哪种方式进行？（　　　）

　　A. 分析平台的销售排行榜　　　　　　B. 查看 Google Trends 上的热门搜索趋势

　　C. 查看平台上同类产品的评价　　　　D. 分析店铺的历史销售数据

二、多选题

1. 跨境电商选品时，可通过以下哪些途径获取市场信息？（　　　）

　　A. 社交媒体平台　　　　　　　　　　B. 行业展会和论坛

　　C. 竞争对手的店铺　　　　　　　　　D. 目标市场的统计数据和报告

2. 选品的基本原则有哪些？（　　　）

　　A. 考虑产品运输成本　　　　　　　　B. 考虑产品合理的价格区间

　　C. 考虑高热度低竞争度产品　　　　　D. 尽量选择处于产品生命周期上升阶段的产品

3. 按照选品渠道分，选品可以分为（　　　）？

　　A. 站内选品　　　　　　　　　　　　B. 站外选品

　　C. 社交媒体选品　　　　　　　　　　D. 竞争对手选品

4. 选品报告内容包括哪些？（　　　）

　　A. 对产品的分析　　　　　　　　　　B. 对市场风险的分析

　　C. 对竞争对手的分析　　　　　　　　D. 选品结论和供货渠道

5. 以下属于跨境电商选品途径的有（　　　）。

　　A. 站内选品　　　　　　　　　　　　B. 站外选品

　　C. 社交媒体选品　　　　　　　　　　D. 随意选择热门品类

三、判断题

1. 选品前不需要对目标市场进行任何分析，直接选择热门产品即可。　　　　　　（　　　）

2. 站内选品只能通过分析平台的销售排行榜来进行。　　　　　　　　　　　　　（　　　）

3. 社交媒体选品就是在社交媒体上随意发布产品信息并等待反馈。　　　　　　　（　　　）

4. 撰写选品报告是选品流程的最后一个环节，可有可无。　　　　　　　　　　　（　　　）

5. 站外选品和站内选品的方法和工具完全相同。　　　　　　　　　　　　　　　（　　　）

项目四　跨境电商物流选择

教学目标

知识目标：

了解跨境电商物流的包装、仓储、配送等环节的操作规范和要求；

了解跨境电商物流的发展历程、现状和未来趋势；

熟悉常见跨境电商物流模式的特点、优势和劣势；

掌握影响跨境电商物流选择的因素，包括商品特性、运输成本、运输时间、目的地国家政策等。

能力目标：

能根据商品的特性、客户需求和企业自身情况，分析并选择合适的跨境电商物流模式；

能对不同的跨境电商物流方案进行成本核算和效益评估，制订最优的物流解决方案；

能处理跨境电商物流过程中的常见问题，如物流延误、货物损坏、海关扣货等；

能与跨境电商物流供应商进行有效的沟通和合作，确保物流服务的质量和效率；

能在物流信息系统中查询和跟踪货物运输状态，及时反馈物流信息给客户。

素养目标：

具备全局观念和战略思维，能够从企业整体运营的角度考虑跨境电商物流选择和管理；

树立诚信和责任意识，遵守物流行业的规范和道德准则，保障货物安全和客户权益。

学思案例

跨境物流龙头企业：中国外运

中国外运股份有限公司（简称"中国外运"）是招商局集团物流业务统一运营平台和统一品牌，为国内最大的货运代理公司。中国外运主营业务为货运代理、专业物流、电商业务；同时，中外运敦豪贡献较大投资收益，贡献投资收益占比基本达到70%以上。业务板块以2023年计，公司收入板块包括：（1）专业物流：为客户提供量身定制的、覆盖全价值链的一体化物流解决方案，并确保方案切实可行。其中包括合同物流、项目物流、化工物流、冷链物流，以及其他专业物流服务。2023年该板块收入275亿元，占总收入比例27%，毛利率9.2%；（2）代理及相关业务：包括海运代理、空运代理、铁路代理、船舶代理和库场站服务等服务。中国外运作为中国最大的货运代理公司，拥有覆盖全国，并辐射全球的服务体系。在2023年全球海运货代50强排行榜中排名第二，在空运货代50强中排名第八，海运及空运代理均居全国第一。2023年该板块收入619亿元，占总收入比例61%，毛利率5.3%；（3）电商业务：包括跨境电商物流、物流电商平台和物流装备共享平台。2023年该板块实现收入122亿元，占总收入比例12%，毛利率0.1%。财务情况：2018—2023年，公司收入年均复合增长6%，达1 017亿元；归母净利润年均复合增长9%，达42亿元；2023年综合毛利率5.7%，归母净利率4.2%。

中国外运作为具备端到端全链路跨境物流能力的国内跨境物流龙头企业，在跨境电商物流领域具有广阔机遇。公司现已面向市场推出欧洲、美国、南美、非洲、日韩等国家和地区的B2C电商小包产品和B2B空派头程产品，并推出中亚方向的中速卡航产品，服务范围涵盖上门揽收、国内（保税）仓库管理、进出口清关、国际段运输、海外仓管理、末端配送等。2023年，公司跨境电商物流业务完成36 340万票，同比增加17%；货代业务中空运通道的跨境电商货量20.4万吨，同比增加52%。

问题思考：

　　跨境电商物流供应商的选择对跨境电商卖家的影响大吗？

任务一　跨境物流概述

一、跨境物流的定义、特点与分类

（一）跨境物流的定义

　　跨境物流指的是在不同国家（或地区）之间所进行的物流活动。它涵盖了商品从生产地到消费地在国际间的实体流动过程，包括原材料的采购运输、产品的生产配送、货物的仓储管理，以及最终送达消费者手中等一系列环节。简单来说，跨境物流就是为了实现国际贸易活动，将商品从一个国家或地区转移到另一个国家或地区的物流服务。例如，中国的电子产品制造商将产品销售到美国，商品从中国工厂出发，经过运输、仓储、报关等一系列操作，最终到达美国消费者手中，这一整个过程就是跨境物流的体现。

（二）跨境物流的特点

1. 环境复杂性

跨境物流涉及不同国家和地区的政治、经济、法律、文化等多方面的差异。在政治方面，不同国家的政治稳定性、贸易政策会对物流产生重大影响。例如，某些国家可能会出台贸易保护政策，设置关税壁垒或进口配额，这就会增加物流成本和时间。在经济方面，各国的经济发展水平不同，物流基础设施的完善程度也有很大差异。在发达国家，可能拥有先进的港口、机场和运输网络，而在一些发展中国家，物流设施可能相对落后，这会影响货物的运输效率。在法律方面，不同国家的海关法规、物流相关法律各不相同，企业需要熟悉并遵守这些法律规定，否则可能会面临货物滞留、罚款等问题。在文化方面，文化差异也会对物流产生影响，不同国家的商业习惯、消费偏好不同，这可能会影响货物的包装、运输方式等。

2. 环节众多

跨境物流包含多个复杂的环节，如国内运输、出口报关、国际运输、进口报关、国外配送等。每个环节都需要严格的操作和协调。以出口报关为例，企业需要准备各种单证，如商业发票、装箱单、提单等，并且要按照海关的要求进行申报。在国际运输过程中，又要根据货物的性质、数量、运输距离等选择合适的运输方式，如海运、空运、陆运等。不同的运输方式有不同的特点和要求，需要企业进行合理的安排。国外配送环节也需要考虑当地的交通状况、配送网络等因素，确保货物能够及时、准确地送达客户手中。

3. 时间和成本敏感性

由于跨境物流的距离较远，运输时间相对较长，这就使得时间因素变得尤为重要。对于一些时效性要求较高的商品，如新鲜食品、时尚服装等，如果不能及时送达，可能会导致商品价值下降甚至失去销售机会。同时，跨境物流的成本也相对较高，包括运输费用、关税、仓储费用等。企业需要在保证服务质量的前提下，尽可能地降低物流成本，以提高产品的竞争力。例如，通过优化运输路线、选择合适的运输方式、合理安排库存等方式来降低物流成本。

4. 信息沟通难度大

跨境物流涉及多个参与方，如供应商、物流服务商、海关、客户等，各方之间的信息沟通存在一定的难度。不同国家和地区的信息系统、语言、文化等方面的差异，可能会导致信息传递不及时、不准确。例如，在货物运输过程中，物流信息的更新可能会因为时差、系统兼容性等问题而延迟，这会影响企业对货物状态的掌握和决策。此外，语言障碍也可能会导致沟通误解，影响物流操作的顺利进行。因此，建立高效的信息沟通机制是跨境物流顺利开展的关键。

（三）跨境物流的分类

1. 按发货方式分类

（1）国内直邮运输模式。国内直邮模式是指境外消费者在电商平台下单后商品经过国内物流、海关清关、境外配送三个阶段被送达消费者手中。因为跨境电商是国与国之间的贸易，所以需要双边清关。与国内物流运输流程相比，国内直邮运输流程比较复杂，其示意图如图4.1所示。

买家线上下单 ⇨ 卖家发货 ⇨ 物流商揽收 ⇨ 国内仓库分拣 ⇨ 国内运输 ⇨ 出口海关报关 ⇨
国际运输 ⇨ 进口海关清关 ⇨ 目的国境内运输 ⇨ 买家签收

图4.1 国内直邮运输流程示意图

国内直邮运输流程如下：

A.买家线上下单，卖家发货，包裹交给物流商（货代）或邮局。

B.物流商或邮局对包裹称重并计算价格，卖家支付运费。

C.卖家在货物动态追踪上可以看到收寄信息。

D.物流商或邮局对包裹按国家进行分类、计算邮资、打价格标签，即互封开拆。在国际邮件运输中，邮局有三种常见的操作方式。

互封开拆（Mutual Opening and Inspection）：指在国际邮件运输过程中，邮件可能在境内和境外的邮局之间进行开拆和检查。开拆和检查的目的是确保邮件内容符合国际邮件运输的规定，不违反相关法律法规，以及保障安全性和合规性。邮件可能会被打开进行检查、扫描或拍照，然后重新封装并继续运输。

互封封发（Mutual Sealing and Forwarding）：指在国际邮件运输过程中，邮件在境内和境外的邮局之间进行封装和转运的操作。邮件在每个中转邮局或境外邮局都会被重新封装和标记，以确保邮件能够继续安全地运输并准确地传送到下一个邮局。互封封发可以确保邮件在运输过程中的安全性和完整性，并保证邮件顺利到达目的地。

直封封发（Direct Sealing and Forwarding）：指邮件在发出地的邮局直接封装并直接发送到收件人所在地的邮局，而无须经过中转邮局或境外邮局。直封封发可以减少邮件的中转次数和时间，提高邮件的运输效率。这种方式适用于距离相对较近的地区或国家之间的邮件运输，尤其是在同一个国家或地区的不同城市之间。直封封发可以加快邮件的交付速度。

E.包裹被送往当地机场，或者转运至其他大邮局，再由大邮局从当地的机场发出。

F.飞机到达收货人所在国，交机场安检，即交航，此环节也是需要重点把控的，有些包裹可能在海关处安检时没有问题，但是在机场被扣押，甚至退回。

G.收货人所在国的海关清关，卖家需要提前跟收货人沟通好，清关时需要收货人配合海关出示清关资料，资料提供得越快，清关速度越快，物流时效就会有所提升。

H.收货人国家的国内中转、转运。

I.收货人当地的配送。配送结果可能是妥投也可能是放置在邮政邮箱（Post Office Box，PO Box）地址，还可能是放在家门口。这个环节是最后一步，也是要重点把控的一步，需要及时联系收货人，将包裹送达。

（2）海外仓运输。海外仓是指建立在海外的仓储设施。在跨境电商中海外仓指国内企业将商品通过大宗运输的形式提前运往目标市场国家，在当地建立仓库、存储商品，再根据当地的销售订单，及时从当地仓库直接进行分拣、包装和配送。海外仓一般由第三方服务商提供，国内的大卖家使用最多的是亚马逊的 FBA 仓储和配送服务，其次还有菜鸟海外仓等；小部分卖家自己在海外建仓，但这类仓库一般管理和效率都不太理想。

2. 按业务模式分类

（1）跨境电商B2C物流：包括卖家直接将商品从国内仓库发货到国外消费者手中的直邮模式，以及从海外仓发货的海外仓模式。

（2）跨境电商B2B物流：企业对企业的物流，通常涉及大批量货物运输，主要通过海运、铁路或空运完成。

跨境电商物流主要指的是B2C物流。受益于跨境出口B2C平台的快速发展，其物流市场规模也相应增长。相较传统B2B模式，B2C模式的物流仓储成本更高。这种差异主要来自两者的运输体量、运输形式等因素，B2B商品多采用批量运输，价格较低的海运占比较多；而B2C模式下，大部分产品会采用空运模式，且还会涉及境内揽收、仓储作业，以及目的地国的尾程仓储和配送费用。

3. 按运输方式分类

（1）空运：优势是时效性高，适合高价值、轻小件商品，但是存在运费较高的劣势，适合对时效性要求较高的货物。

（2）海运：优势是运费较低，适合大批量、低价值、重量较大的货物。劣势体现在时效性较差，运输时间较长。

（3）铁路运输：优势是时效性介于空运和海运之间，运费适中，适合中等价值、中等重量的货物。劣势是运输路线有限，主要集中在亚欧大陆桥等线路。

（4）公路运输：优势是灵活性高，适合短途运输。劣势是跨境公路运输受国际法规和边境检查限制较多。

4. 按服务类型分类

（1）专线物流：专注于某一特定国家或地区的物流服务，通常具有固定的运输路线和合作伙伴。

（2）邮政物流：利用邮政系统进行跨境运输，成本较低，但时效性较差。

（3）商业快递：如DHL、FedEx、UPS等国际快递公司提供的服务，时效性高，服务质量好，但运费较高。

（四）跨境物流涉及的环节

跨境出口物流涉及环节、参与者众多。

1. 国内揽收

涉及将国内商家货物运送至平台指定仓库的工作，主要依靠专业快递或快运公司、综合物流服务商、货代公司等。

2. 境内仓库操作

涉及货物揽收入库、仓储、分拨、发货等工作，主要依靠第三方仓储服务商、综合物流服务商、货代公司等。

3. 通关、清关

一般由货代公司、综合物流服务商进行货物的出口通关、海外清关工作。

4. 国际干线

直邮模式下以空运为主，主要依靠中国和国际航司的全货机机队和客机腹舱，以及快递和物流公司的货机机队等；海外仓模式下以海运为主，主要依靠全球航运公司。

5. 海外仓储

直邮模式下海外仓储环节时间较短，一般是当地末端配送中转；海外仓模式下，海外仓储主要依靠平台自建仓储、第三方海外仓等。

6. 目的地配送

当前末端配送主要依靠当地快递公司进行。

二、跨境物流的主要模式

（一）邮政包裹

1. 邮政包裹的种类

（1）挂号小包：挂号小包是邮政包裹中较为常见的一种形式。它具有可跟踪查询的特点，通常可以通过邮政系统的官方网站查询到包裹的运输状态。挂号小包的重量一般较轻，适合寄送一些价值不高、重量较轻的商品，如小饰品、手机配件等。它的运输时间相对较长，一般需要15~30天左右，但价格相对较为便宜，是许多跨境电商卖家常用的物流方式之一。

（2）平邮：平邮是一种较为简单的邮政包裹方式，不提供跟踪查询服务。它的价格比挂号小包更便宜，但风险也相对较高，因为无法得知包裹的具体运输状态。平邮通常适用于对时效性要求不高、价值较低的商品，如一些低价的文具、日用品等。

2. 邮政包裹的特点与适用场景

邮政包裹的特点在于其网络覆盖范围广，几乎可以到达全球任何一个国家和地区。这使得它在跨境物流中具有很大的优势，尤其是对于一些偏远地区的客户也能够提供服务。此外，邮政包裹的通关能力较强，因为邮政系统与各国海关有较好的合作关系，能够相对顺利地完成报关手续。其适用场景主要是小额、轻量的商品运输，适合跨境电商中的中小卖家。例如，一些在 eBay、Wish 等平台上销售小饰品、工艺品的卖家，通常会选择邮政包裹作为物流方式。

（二）国际商业快递

1. DHL

DHL 是全球知名的国际商业快递公司，以速度快、服务质量高著称。它在全球拥有广泛的服务网络，能够提供门到门的快递服务。DHL 的运输时效性非常强，通常在 3~5 个工作日内就可以将货物送达目的地。它的服务范围涵盖了全球 220 多个国家和地区，对于一些紧急、高价值的货物运输具有很大的优势。例如，一些电子产品制造商在向国外客户发送新产品样品时，常常会选择 DHL。

2. FedEx

FedEx 也是一家具有重要影响力的国际商业快递公司。它提供多种快递服务选项，包括优先快递、标准快递等，以满足不同客户的需求。FedEx 在全球的运输网络也十分发达，其航空运输能力较强，能够快速地将货物运输到世界各地。它在物流解决方案方面具有丰富的经验，能够为企业提供定制化的物流服务。例如，对于一些大型企业的全球供应链物流管理，FedEx可以提供一站式的解决方案。

3. UPS

UPS是一家历史悠久的国际商业快递公司，其服务质量和品牌知名度都很高。UPS在全球拥有大量的物流设施和运输工具，能够提供高效、可靠的快递服务。它的服务不仅包括快递运输，还涉及物流咨询、供应链管理等多个领域。UPS在北美地区的物流网络尤为发达，对于与北美市场有贸易往来的企业来说，是一个不错的选择。例如，一些美国本土的电商企业在进行跨境物流配送时，经常会使用UPS的服务。

4. EMS

EMS是中国邮政旗下的国际快递服务，它结合了邮政网络的优势和快递服务的特点。EMS在国内的网络覆盖非常广泛，并且与全球多个国家的邮政系统有合作关系。它的优势在于通关能力较强，对于一些敏感物品（如食品、药品等）的运输有一定的优势。同时，EMS的价格相对其他国际商业快递较为适中，适合一些对价格较为敏感的客户。例如，一些国内的中药材供应商在向国外客户发货时，可能会选择EMS。

表4.1 各品牌国际商业快递的优势、劣势对比

快递品牌	优势	劣势
DHL	速度快，服务质量高，全球网络覆盖广，适合紧急、高价值货物运输。	价格相对较高。
FedEx	提供多种服务选项，航空运输能力强，物流解决方案丰富。	价格较高，在某些地区的服务可能不够深入。
UPS	服务质量可靠，品牌知名度高，业务多元化，北美地区网络发达。	价格较贵，运输时间可能相对较长。
EMS	通关能力强，价格适中，国内网络覆盖广，对敏感物品运输有优势。	运输速度相对较慢，跟踪信息更新可能不及时。

（三）专线物流

1. 专线物流的定义与运作方式

专线物流是指物流公司通过特定的运输路线，专门为某一特定地区或国家提供物流服务。它通常是将多个客户的货物集中起来，通过包车、包机等方式进行运输。例如，一条从中国到欧洲的专线物流，物流公司会在国内的一些主要城市收集货物，然后统一运往欧洲的特定目的地。在运输过程中，物流公司会负责货物的报关、清关等手续，确保货物能够顺利到达目的地。

2. 专线物流的优势与局限性

专线物流的优势在于运输速度相对较快，一般比邮政包裹快，能够在7~15天左右将货物送达。它的价格相对国际商业快递较为便宜，适合一些批量较大、对时效性有一定要求的商品运输。此外，专线物流的针对性较强，能够提供更专业的物流服务。然而，专线物流也存在一定的局限性。

它的服务范围相对较窄，通常只覆盖特定的地区或国家。如果客户需要将货物运输到非专线覆盖的地区，就无法使用专线物流。而且，专线物流的发货时间可能不够灵活，需要按照物流公司的固定班次进行发货。

（四）海外仓

1. 海外仓的基本概念

海外仓是指企业在海外目标市场建立的仓储设施。企业先将货物批量运输到海外仓，当有客户订单时，直接从海外仓进行发货和配送。例如，中国的一家电商企业在美国建立了海外仓，它会提前将大量的商品运到美国的海外仓存储。当美国的客户在电商平台下单该企业产品后，企业可以直接从美国的海外仓发货，大大缩短了配送时间。

2. 海外仓在跨境物流中的地位和作用

海外仓在跨境物流中具有重要的地位和作用。首先，它能够显著提高物流配送速度，提升客户的购物体验。由于货物已经提前存储在海外仓，客户下单后可以在短时间内收到货物，减少了等待时间，提高了客户的满意度。其次，海外仓可以降低物流成本。通过批量运输货物到海外仓，可以降低单位运输成本。同时，在海外仓进行本地配送，也可以减少国际运输过程中的一些费用。此外，海外仓还可以增加企业的市场竞争力。能够提供快速配送服务的企业更容易吸引客户，尤其是对于一些对时效性要求较高的商品，海外仓的优势更加明显。

3. 海外仓未来需求有望提升

随着跨境电商海外竞争的加剧、空运物流成本居高不下，海外仓的需求有望提升。海外仓模式下，卖家提前将货物批量发送至目的地国仓库，实现本地销售和配送。相较跨境空运，对于平台而言，海外仓模式缩短了尾程物流时间，且通过货物批量运输，降低了运输成本；对于消费者而言，其等待商品配送和退换货体验都有所提升。据中国仓储与配送协会统计，海外仓物流环节较零售直邮方式成本可降低20%~50%，货运时间从20天左右缩短到3~5天。此外，考虑到海外关税政策风险，海外仓模式或能有助于平台在一定程度上应对风险。从投资及运营主体来看，海外仓分为第三方海外仓、平台海外仓、自营海外仓。第三方海外仓是指以物流企业为主的第三方投资运营的海外仓，为多家跨境电商平台提供清关、库存、分拣、接单配送等服务；平台海外仓以亚马逊FBA为主，依托平台自建物流仓储体系进行一条龙服务；自营海外仓是指卖家自建海外仓，主要以大型进出口企业为主。

三、跨境物流的发展趋势

（一）智能化

随着科技的不断进步，跨境物流正朝着智能化的方向发展。智能化主要体现在物流设备的智能化和物流管理系统的智能化两个方面。在物流设备方面，自动化仓储设备、智能分拣机器人等得到了广泛应用。自动化仓储设备可以实现货物的自动存储和检索，提高仓储空间的利用率和货物的出入库效率。智能分拣机器人能够快速、准确地对货物进行分拣，大大提高了分拣的效率和准确性。在物流管理系统方面，大数据、人工智能等技术被应用于物流规划、运输调度、库存管理等环节。

通过大数据分析，可以预测市场需求，合理安排库存；利用人工智能算法，可以优化运输路线，提高运输效率。

（二）绿色化

在全球环保意识不断增强的背景下，跨境物流的绿色化发展成为必然趋势。绿色化主要包括绿色运输、绿色包装和绿色仓储等方面。在绿色运输方面，企业越来越倾向于选择环保型的运输工具，如电动汽车、混合动力汽车等，以减少碳排放。同时，优化运输路线，提高车辆的装载率，也可以降低能源消耗。在绿色包装方面，采用可降解、可回收的包装材料，减少包装废弃物对环境的污染。例如，一些企业开始使用纸质包装代替塑料包装。在绿色仓储方面，推广节能型的仓储设备，如节能型照明系统、智能温控系统等，可以降低仓储过程中的能源消耗。

（三）全球化

随着经济全球化的深入发展，跨境物流的全球化趋势也越来越明显。物流企业不断拓展全球业务，加强在全球范围内的物流网络布局。通过建立海外分支机构、与当地物流企业合作等方式，实现全球物流资源的整合和优化。同时，跨境电商的快速发展也推动了跨境物流的全球化。越来越多的企业开展跨境电商业务，需要物流企业提供全球范围内的物流服务。这就要求物流企业具备全球化的运营能力，能够为客户提供一站式的跨境物流解决方案。

（四）综合物流服务

当前，跨境电商物流由"干、仓、关、配"四个环节构成，节点较多、服务供应商多且分散。"干、仓、关、配"四个环节分别指的是负责货物的长途运输的干线运输、负责货物的仓储管理、负责货物的进出口申报和关税缴纳通关清关、负责货物的"最后一公里"配送的末端配送。跨境电商平台面临的快速增长和激烈竞争，要求平台在物流环节尽可能地提高效率、降低成本，这也促使物流服务商争取并巩固自身资源优势，拓展服务链条，以增加自身收益。展望未来，立足自身资源优势、能够为跨境电商平台提供一体化跨境物流服务、更灵活高效的物流解决方案的物流服务商有望具有更强的竞争力。根据物联云仓统计，当前跨境电商物流主要参与者第一梯队是以纵腾物流、中国外运为代表的综合物流服务商，主要布局于欧美市场，其跨境电商物流收入超100亿元。

任务二 跨境电商物流运费计算

一、运费计算基础认知

（一）运费构成要素

1. 重量与体积因素

在跨境电商物流中，货物的重量和体积是影响运费的关键要素。实际重量是指货物本身的重量，通常使用千克（kg）或磅（lb）作为单位进行计量。而当货物的体积较大但重量较轻时，为了合理收取运费，会引入体积重量的概念。体积重量是根据货物的长、宽、高尺寸计算得出，计算公式一般为：

$$体积重量（千克）=长（厘米）\times 宽（厘米）\times 高（厘米）\div 体积重量系数$$

不同的物流方式和物流公司所采用的体积重量系数可能有所不同，例如，航空运输常见的体积重量系数为 6 000 或 5 000（即每 6 000 或 5 000 立方厘米折合 1 千克）。

在计算运费时，物流公司通常会比较货物的实际重量和体积重量，取两者中的较大值作为计费重量。例如，一件货物实际重量为 5 千克，其体积为 30 000 立方厘米，按照体积重量系数 6 000 计算，体积重量为 30 000÷6 000=5（千克），此时计费重量就是 5 千克；若该货物实际重量为 3 千克，体积重量仍为 5 千克，则计费重量取 5 千克。

2. 运输距离与航线

运输距离是影响运费的重要因素之一。一般来说，运输距离越远，运费越高。这是因为长距离运输需要消耗更多的燃料、时间和人力成本。不同的航线也会对运费产生影响。一些热门航线由于运输需求大、竞争激烈，运费可能相对较为稳定且具有一定的优惠空间；而一些偏远或冷门航线，由于运输资源有限，运费可能会较高。

此外，航线的运输难度和风险也会影响运费。例如，某些航线需要经过复杂的地理区域，如山区、海洋风暴频发区域等，这会增加运输的难度和风险，从而导致运费上升。

3. 燃油附加费与其他附加费用

燃油附加费是跨境物流中常见的附加费用之一。由于国际油价波动较大，物流公司为了应对燃油成本的变化，会根据油价的涨跌情况调整燃油附加费。燃油附加费通常以一定的百分比形式附加在基本运费上。例如，某段时间燃油附加费为基本运费的 10%，若基本运费为 100 美元，则燃油附加费为 10 美元，总运费为 110 美元。

除了燃油附加费，还可能存在其他附加费用，如报关费，这是货物进出海关时需要支付的费用，用于办理报关手续；仓储费，如果货物在物流过程中需要在仓库存储一段时间，就会产生仓储费；偏远地区附加费，当货物的目的地是偏远地区时，由于运输成本增加，物流公司会收取额外的费用。

（二）运费计算的基本单位与换算

1. 重量单位

在跨境电商物流运费计算中，常用的重量单位有千克（kg）和磅（lb）。千克是国际通用的重量单位，在大多数国家和地区的物流计算中被广泛使用。磅是英制重量单位，主要在一些英语国家使用。它们之间的换算关系为：1 千克≈2.204 62 磅。例如，一件货物重 5 千克，换算成磅为 5×2.204 62≈11.023 1（磅）。

2. 体积单位

体积单位方面，立方米（m³）是常用的单位。在计算体积重量时，也会使用立方厘米（cm³）作为基础单位。1 立方米=1 000 000 立方厘米。例如，一个货物的体积为 0.5 立方米，换算成立方厘米为 0.5×1 000 000=500 000（立方厘米）。

3. 单位换算规则

在进行运费计算时，必须确保所有的重量和体积数据使用统一的单位。如果数据单位不一致，需要进行准确的换算。例如，当已知货物的体积为立方英尺，而运费计算需要使用立方米时，需要进行相应的单位换算。1立方英尺≈0.028 316 8立方米。在实际操作中，可以借助单位换算工具或在线换算网站来确保换算的准确性。

二、跨境小包物流运费计算

（一）邮政小包运费计算

1. 不同国家和地区的运费标准

邮政小包的运费标准因不同国家和地区而异。以从广东省广州市荔湾区邮寄900克物品分别寄往美国和日本为例，通过查询中国邮政速递物流官网，选择"航空挂小包"物流方式，邮寄到美国和日本的首重资费和续重单价不一样，到美国的首重资费为28.08元/1克，续重单价为0.081元/克，到日本的首重资费为23.05元/1克，续重单价为0.046元/克，计算后，到美国的总资费为100.9元，到日本的总资费为64.4元。

不同国家和地区的运费差异主要是由运输距离、当地邮政运营成本等因素导致的。一些发达国家的邮政服务较为发达，运输成本相对稳定，但可能由于人工成本等因素，运费相对较高；而一些发展中国家的运费可能相对较低，但运输时效可能会受到一定影响。

2. 挂号与平邮的费用差异

邮政小包分为挂号和平邮两种方式。挂号小包提供物流跟踪信息，客户可以通过单号查询货物的运输状态，因此费用相对较高。平邮则不提供物流跟踪信息，价格相对较低，具体费用可查询中国邮政速递物流官网了解。

商家在选择挂号还是平邮时，需要综合考虑货物的价值、客户的需求等因素。对于价值较高、客户要求能够实时跟踪物流信息的货物，建议选择挂号小包；而对于价值较低、客户对物流跟踪要求不高的货物，可以选择平邮以降低成本。

3. 邮政小包运费计算举例

邮政挂号小包的运费计算公式为：运费=重量×单位价格×折扣率+挂号费。

运费计算注意事项：一是单位价格，单位价格根据目的地国家或地区的不同而有所差异。二是折扣率，不同的货代可能对挂号费和包裹费的处理方法有所不同，可能会给予相应的折扣。

运费计算示例：

假设一个100克的包裹运往俄罗斯，费率为75.77元/千克，挂号费为24.00元，没有折扣。则运费计算如下：

$$运费=0.1×75.77+24.00=31.577（元）$$

由于运费费率、挂号费等是变化的，寄送前可以咨询当地邮政部门或访问中国邮政官方网站，以获取最新的运费信息和折扣政策。

（二）e邮宝运费计算

1. e邮宝概述

e邮宝（ePacket）是中国邮政速递物流为适应国际电子商务轻小件物品寄递市场需要推出的一种跨境国际速递产品。它以EMS网络为主要发运渠道，出口至境外邮政后，通过目的国邮政轻小件网投递邮件。

国际e邮宝（ePacket）已开通可以寄往：美国、俄罗斯、乌克兰、新西兰、日本、越南、西班牙、泰国、以色列、英国、法国、澳大利亚、德国、瑞典、挪威、加拿大、韩国、新加坡、马来西亚、土耳其、奥地利、比利时、瑞士、丹麦、匈牙利、意大利、卢森堡、荷兰、波兰、希腊、芬兰、爱尔兰、葡萄牙、墨西哥、沙特阿拉伯、巴西。

2. 国际e邮宝包装尺寸以及重量限制规定

（1）最大尺寸：单件包裹长+宽+高合计不超过90厘米，最长一边不超过60厘米。

（2）圆卷件直径的两倍+长度合计不超过104厘米，最大一边长不得超过90厘米。

（3）最小尺寸：单件长度不小于14厘米，宽度不小于11厘米。圆卷件直径的两倍+长度合计不小于17厘米，最长边长度不少于11厘米。

（4）单件包裹限重2千克（英国、以色列限重5千克；俄罗斯限重3千克）。

3. 运费计算

（1）e邮宝运费计算举例

运费计算公式为：运费=重量×单位价格+挂号费。

假设一个235克的包裹运往俄罗斯，使用China Post e邮宝特邮时，235克商品的运费为235×0.095+12=34.33（元）。

表4.2　中国邮政发往俄罗斯的邮政费率

物流产品	挂号费（件/元）	运费（克/元）
China Post e邮宝特邮	12	0.095
China Post e邮宝	12	0.056
China Post e邮宝特惠	12	0.0255

（2）e邮宝运费网站查询方式

e邮宝的运费可以通过其官网进行查询，超重物品可以选择别的渠道，查询报价时若输入超过限重，将不显示报价。

图4.2　e邮宝在线运费查询

（三）专线小包运费计算

1. 常见专线小包的运费定价模式

常见的专线小包运费定价模式有按重量计费、按体积计费和综合计费三种。按重量计费是指根据货物的实际重量或计费重量来收取运费，如每千克收费50元。按体积计费则是根据货物的体积重量来计算运费，如每立方米收费1 000元。综合计费是结合重量和体积因素，取两者中的较大值作为计费依据。

不同的专线小包服务商可能采用不同的定价模式，商家需要根据自己货物的特点和各服务商的定价模式来选择合适的物流方式。例如，对于重量较重但体积较小的货物，按重量计费的方式可能更划算；而对于体积较大但重量较轻的货物，按体积计费或综合计费的方式可能更合适。

2. 影响专线小包运费的因素

目的地是影响专线小包运费的重要因素之一。不同的目的地由于运输距离、当地物流环境等因素的不同，运费会有较大差异。例如，发往东南亚地区的专线小包运费相对较低，因为距离较近，运输成本相对较低；而发往南美洲等偏远地区的专线小包运费则相对较高，因为运输距离远，运输难度大。

淡旺季也会对专线小包的运费产生影响。在旺季,如节假日前后、电商促销活动期间,物流需求大增,运输资源紧张,专线小包运费可能会上涨。而在淡季,物流需求相对较少,运输资源相对充裕,运费可能会有一定的优惠。

3. 运费计算举例

假设某商家要通过某专线小包将一批货物发往欧洲某国家。该专线小包的运费定价模式为按重量计费,每千克收费60元。货物实际重量为5千克,无体积重量影响。则这批货物的运费为5×60=300(元)。

如果该专线小包在旺季有10%的运费上浮,那么在旺季时这批货物的运费为300×(1+10%)=330(元)。

三、国际商业快递物流运费计算

(一)主要国际商业快运费计算规则

1. 计费基础:实际重量与体积重量

实际重量:包裹的实际称重。

体积重量:根据包裹的尺寸计算得出。目前,DHL、FedEx、UPS、TNT等国际商业快递公司通常使用5 000作为体积系数计算体积重量,公式为:长(厘米)×宽(厘米)×高(厘米)÷5 000=体积重量(千克)。如果体积重量大于实际重量,则按体积重量计费。

2. 运费计算公式

运费计算公式为:

$$运费=首重运费+(总重量-首重)×续重运费+附加费$$

首重运费:根据包裹的重量和目的地,从国际商业快递的运费表中查询首重运费。

续重运费:续重运费通常低于首重运费。

3. 附加费用

国际商业快递的附加费用可能包括以下几项:

(1)燃油附加费:根据燃油价格波动而调整,每月更新一次。

(2)偏远地区附加费:对于寄送到偏远地区的包裹,会收取额外费用。

(3)体积重量比附加费:对于体积重量比超标的包裹,会收取额外费用。

(4)其他附加费:如超值服务费、保险费等。

4. 服务类型与目的地

国际商业快递包含多种服务类型,如标准快递、特快专递、经济快递等,每种服务的价格因时效要求和服务质量的不同而有所差异。

目的地不同,运费也会有所不同。通常,寄送距离越远,运费越高。

5. 实际计算举例

假设一个包裹的重量为5千克,体积为50厘米×40厘米×30厘米,目的地为美国。

计算体积重量：

$$体积重量=50×40×30÷5\,000=12（千克）$$

确定计费重量：

实际重量为5千克，体积重量为12千克，因此计费重量为12千克。

计算运费：

假设首重运费为150元，续重运费为28元/千克。

$$运费=150+（12-0.5）×28=150+322=472（元）$$

加上附加费：

假设燃油附加费为10%，则总运费为472×1.1=519.2（元）。

（二）根据货物特点和运输需求选择最优快递方案

如果货物价值较高、客户要求运输时效快，如电子产品、奢侈品等，DHL或FedEx可能是较好的选择，虽然运费相对较高，但能提供较快的运输速度和较好的服务质量。如果货物价值较低、对运输时效要求不高，如一些日用品、小饰品等，EMS或邮政小包可能更合适，其运费相对较低。如果货物重量较大，专线小包可能在运费上更有优势，商家可以根据不同专线小包的运费定价模式和特点进行选择。

四、运费计算中的特殊情况处理

（一）超重与超大件货物运费计算

1. 超重与超大件的界定标准

不同的物流方式和物流公司对超重与超大件的界定标准不同。一般来说，当货物的重量超过规定的最大重量限制或尺寸超过规定的最大尺寸限制时，就被视为超重或超大件。

2. 额外费用的计算方法

对于超重或超大件货物，物流公司会收取额外的费用。额外费用的计算方法通常有两种：一种是按照超出部分的重量或尺寸收取一定的费用，如每超出1千克收取10元；另一种是根据超重或超大的程度收取固定的额外费用，如超重或超大件额外收取50元。具体的计算方法需要根据物流公司的规定来确定。

（二）敏感货物与特殊物品运费计算

1. 敏感货物的定义与分类

敏感货物是指在运输过程中可能存在一定风险或需要特殊处理的货物。常见的敏感货物包括液体、粉末、电池、食品、药品等。这些货物由于其性质特殊，可能会对运输工具、环境或其他货物造成影响，因此在运输过程中需要遵循特殊的规定和要求。

2. 特殊物品（如液体、电池等）的运输限制与费用规定

液体货物在运输过程中需要采取特殊的包装措施，以防止泄漏。一些航空公司对液体货物的运输有严格的限制，如每件液体货物的容量不能超过一定标准，并且需要放在专门的容器中进行包

装。运输液体货物可能会收取额外的包装费和运输费。

电池货物的运输也有严格的规定。根据电池的类型（如锂电池、铅酸电池等）和容量不同，运输要求也不同。一些航空公司对锂电池的运输有严格的数量和包装要求，并且可能会收取额外的费用。例如，每运输一块锂电池可能需要额外收取5元的费用。

（三）促销活动与运费优惠

1. 常见的运费优惠形式（如满减、折扣等）

物流公司常见的运费优惠形式有满减和折扣两种。满减优惠是指当发货金额或发货重量达到一定标准时，减免一定金额的运费。例如，满500元减50元运费，满10千克减100元运费等。折扣优惠是指按照一定的百分比对运费进行打折。例如，运费打8折，即实际支付的运费为原运费的80%。

2. 参与促销活动的条件与注意事项

商家在参与运费促销活动时，需要注意活动的条件和限制。例如，满减活动可能要求发货的货物必须是同一订单、同一目的地等；折扣活动可能有时间限制，只在特定的时间段内有效。此外，商家还需要注意促销活动是否与其他优惠政策冲突，以及是否需要满足一定的发货量或合作期限等条件。

五、运费计算工具与软件应用

（一）主流物流平台的运费计算工具

1. 各大电商平台自带的运费估算功能

许多主流电商平台都提供了运费估算功能，方便商家在发货前了解大致的运费情况。例如，阿里巴巴国际站的运费估算工具，商家只需输入货物的重量、体积、目的地等信息，系统就会根据合作的物流商提供相应的运费估算结果。这些估算结果虽然不一定非常准确，但可以为商家提供一个参考，帮助他们选择合适的物流方式。

2. 物流供应商提供的在线运费计算器

各大物流供应商也提供了在线运费计算器，商家可以直接在物流供应商的官方网站上使用。例如，DHL、FedEx、UPS等国际商业快递品牌的官网都有运费计算器，商家可以输入货物的详细信息，如重量、尺寸、目的地等，系统会自动计算出运费。这些运费计算器的计算结果相对较为准确，因为它们是基于物流供应商的实际运费标准来进行计算的。

（二）专业运费计算软件介绍

1. 软件的功能特点与优势

专业运费计算软件具有功能强大、计算准确、操作方便等特点。这些软件通常可以集成多个物流供应商的运费标准，商家只需输入一次货物信息，就可以同时获取多个物流供应商的运费报价，方便进行比较和选择。此外，专业运费计算软件还可以根据货物的特点和运输需求，提供最优的物流方案建议。一些软件还具有运费管理功能，如记录运费信息、生成运费报表等，方便商家进行成本控制和财务管理。

2. 软件的使用方法与操作流程

使用专业运费计算软件的一般操作流程如下：首先，商家需要在软件中注册账号并登录。然后，根据软件的提示输入货物的相关信息，如重量、体积、目的地、物流方式等。软件会根据输入的信息自动计算出运费，并展示多个物流供应商的报价。商家可以根据报价和其他因素选择合适的物流方案。最后，软件可以生成相应的运费订单和报表，方便商家进行后续的操作和管理。

任务三　跨境电商物流包装选择

一、跨境电商物流包装的重要性

（一）保护商品

在跨境物流运输过程中，商品可能会经历长途跋涉、多次装卸和不同的气候环境。合适的包装能够防止商品受到碰撞、挤压、震动、潮湿、虫害等损害，确保商品以完好的状态到达消费者手中。例如，对于易碎的玻璃制品，采用泡沫、气垫等缓冲材料进行包装，可以有效减少运输过程中的破损率。

（二）提高物流效率

标准化、规范化的包装有利于物流作业的高效进行。合理的包装尺寸和形状便于货物的堆码、搬运和存储，能够充分利用运输工具和仓储空间，降低物流成本。例如，采用统一规格的纸箱包装，可以提高集装箱的装载率，减少运输空间的浪费。

（三）提升客户体验

精美的包装不仅能够吸引消费者的注意力，还能传递品牌价值和形象。一个设计合理、包装精良的商品会让消费者感受到商家的用心和专业，从而提高客户满意度和忠诚度。此外，良好的包装也有助于减少商品在运输过程中的损坏，降低客户退换货的概率。

（四）符合法规要求

不同国家和地区对进口商品的包装有不同的法规和标准要求，包括包装材料的环保性、标签标识的规范性等。跨境电商企业必须了解并遵守这些法规要求，否则可能会面临货物被扣押、罚款等风险。

二、跨境电商物流包装材料的选择

（一）纸质包装材料

1. 纸箱

纸箱是最常用的跨境电商物流包装材料之一，具有成本低、易加工、可回收等优点。根据商品的大小和重量，可以选择不同厚度和强度的纸箱。例如，对于较轻的商品，可以使用三层瓦楞纸箱；对于较重的商品，则需要使用五层或七层瓦楞纸箱。

2. 纸盒

纸盒通常用于包装一些小型、精致的商品，如化妆品、电子产品等。纸盒的外观可以进行印刷和设计，能够起到很好的宣传和展示作用。

3. 纸质填充物

如气泡纸、纸浆模塑等，这些材料具有良好的缓冲性能，可以有效保护商品免受碰撞和震动的影响。气泡纸适用于各种形状的商品，而纸浆模塑则更适合一些形状规则的商品。

（二）塑料包装材料

1. 塑料袋

塑料袋具有轻便、透明、防潮等优点，常用于包装一些小件商品，如服装、饰品等。根据商品的特性，可以选择不同厚度和材质的塑料袋，如聚乙烯塑料袋、聚丙烯塑料袋等。

2. 塑料泡沫

塑料泡沫是一种常见的缓冲材料，具有良好的减震性能。它可以切割成各种形状，用于填充商品周围的空隙，保护商品不受损坏。但塑料泡沫不易降解，对环境易造成一定的污染。

3. 塑料气垫

塑料气垫是一种新型的缓冲包装材料，它由一个个独立的气垫组成，具有良好的弹性和缓冲性能。塑料气垫可以根据商品的形状进行裁剪和组合，使用方便，且环保可回收。

（三）木制包装材料

1. 木箱

木箱通常用于包装一些较重、较大的商品，如机械设备、家具等。木箱具有较高的强度和稳定性，能够保护商品在运输过程中不受损坏。但木箱的成本较高，且需要进行熏蒸等处理，以防止虫害传播。

2. 木托盘

木托盘是用于货物堆码和搬运的工具，它可以提高货物的装卸效率和运输安全性。木托盘需要符合国际标准，如ISO标准，以确保其在国际物流中的通用性。

（四）其他包装材料

1. 金属包装材料

如铁桶、铝罐等，常用于包装一些液体、粉状或有特殊要求的商品。金属包装材料具有良好的密封性和耐腐蚀性，但成本较高，重量较大。

2. 玻璃包装材料

玻璃包装材料常用于包装一些食品、化妆品等商品，具有透明、美观、无毒等优点。但玻璃包装材料易碎，需要采取特殊的包装措施进行保护。

三、跨境电商物流包装的设计原则

（一）保护性原则

包装的首要目的是保护商品，因此在设计包装时，要充分考虑商品的特性和运输环境，选择合适的包装材料和包装结构。例如，对于易碎商品，要采用多层缓冲包装；对于易受潮的商品，要采用防潮包装。

（二）便利性原则

包装的设计要便于商品的装卸、搬运、存储和运输。包装的尺寸和形状要符合物流设备和运输工具的要求，避免因包装过大或过小而导致物流效率低下。同时，包装的开启和封闭方式要方便消费者使用。

（三）经济性原则

在满足包装功能的前提下，要尽量降低包装成本。可以通过优化包装设计、选择合适的包装材料、提高包装效率等方式来降低包装成本。例如，采用可回收、可重复使用的包装材料，减少包装废弃物的产生。

（四）环保性原则

随着全球环保意识的提高，跨境电商企业在包装设计时要注重环保性。选择可降解、可回收的包装材料，减少对环境的污染。同时，要遵守各国的环保法规和标准，确保包装符合环保要求。

（五）美观性原则

包装的外观设计要美观大方，能够吸引消费者的注意力。可以通过色彩搭配、图案设计、文字说明等方式来提升包装的美观度。同时，包装上的标识和标签要清晰、准确，便于消费者识别和使用。

四、跨境电商物流包装的注意事项

（一）遵守目的地国家的法规和标准

不同国家和地区对进口商品的包装有不同的法规和标准要求，如包装材料的环保要求、标签标识的内容和格式等。跨境电商企业在进行包装设计和选择包装材料时，要充分了解目的地国家的相关法规和标准，确保包装符合要求。

（二）考虑运输方式和运输距离

不同的运输方式和运输距离对包装的要求也不同。例如，航空运输对包装的重量和体积有严格的限制，而海运则对包装的防潮、防腐蚀等性能要求较高。因此，在选择包装材料和设计包装结构时，要根据运输方式和运输距离进行综合考虑。

（三）做好防潮、防虫、防盗等措施

在跨境物流运输过程中，商品可能会受到潮湿、虫害、盗窃等影响。因此，在包装设计时，要采取相应的防潮、防虫、防盗等措施。例如，在包装内放置干燥剂、防虫剂，采用防盗锁扣等。

（四）合理标注商品信息

包装上要清晰、准确地标注商品的名称、规格、数量、重量、产地、生产日期、保质期等信息，以便海关查验和消费者识别。同时，要按照目的地国家的要求，标注相关的警告标识和使用说明。

（五）进行包装测试

在大规模使用包装之前，要进行包装测试，以确保包装能够满足商品的保护要求和物流运输的需要。包装测试可以包括跌落测试、振动测试、抗压测试等，根据测试结果对包装进行改进和优化。

任务四　海外仓物流模式

一、海外仓的定义与作用

（一）海外仓的定义

海外仓是指跨境电商企业按照一般贸易方式，将货物批量出口到境外仓库，在收到订单后，再将商品直接从海外仓发货和配送的一种物流模式。它突破了传统跨境物流模式下的运输距离和时间限制，通过提前将货物存储在目标市场当地，实现了货物在销售地的快速交付。例如，中国的一家电商企业在美国建立了海外仓，该企业先将大量商品运输至美国的仓库存储，当有美国当地的客户下单购买其商品时，就可以直接从美国的海外仓发货并配送，大大缩短了商品从卖家到买家手中的时间。

（二）海外仓在提升物流时效方面的作用

在传统的跨境物流模式中，商品从国内发货到国外客户手中，往往需要经历漫长的运输过程，包括国内运输、出口报关、国际运输、进口报关以及"最后一公里"配送等多个环节，整个周期可能长达数周甚至数月。而海外仓模式则极大地优化了这一流程。由于货物已经提前存储在海外当地仓库，一旦有订单产生，仓库可以立即进行分拣、包装和发货，大大节省了运输时间。

以中美贸易为例，传统的直邮方式从中国发货到美国，正常情况下需要15~30天左右，遇到节假日或者物流高峰期，时间可能更长。而使用海外仓，货物从美国当地仓库发出，通常在1~3天就可以送达客户手中，极大地提升了物流时效。对于一些时效性要求较高的商品，如时尚服装、电子产品配件等，快速的物流配送能够及时满足消费者的需求，避免因等待时间过长而导致客户流失。

（三）海外仓对客户购物体验的影响

海外仓对客户购物体验有着积极且深远的影响。

首先，快速的物流配送能够让客户在短时间内收到商品，大大提高了客户的满意度。消费者在购物时，往往希望能够尽快拿到自己购买的商品，海外仓模式满足了这一需求，使客户感受到高效便捷的服务。

其次，海外仓提供了更可靠的物流跟踪信息。客户可以随时通过物流单号查询商品的运输状态，了解商品何时发货、预计何时到达等信息，增强了购物的透明度和安全感。

此外，由于海外仓发货的商品在当地存储，退换货处理更加便捷。如果客户对商品不满意或者商品出现质量问题，能够及时将商品退回当地的海外仓，企业可以快速处理退换货流程，减少客户的等待时间，提升客户对企业的信任度。良好的购物体验还会促使客户进行二次购买和口碑传播，为企业带来更多的业务机会。

二、海外仓的类型

（一）自营海外仓

1. 自营海外仓的建设与运营主体

自营海外仓是由企业自行投资建设和运营的海外仓库。其建设与运营主体通常是大型的跨境电商企业或者有实力的外贸企业。这些企业为了更好地控制物流环节、提升客户服务质量、增强市场竞争力，选择在目标市场国家或地区建立自己的海外仓。

例如，一些知名的跨境电商平台企业，如速卖通上的大型卖家，为了满足欧美市场的大量订单需求，会在美国、英国、德国等国家建设自己的海外仓。企业需要负责海外仓的选址、仓库建设、设备购置、人员招聘与培训、仓储管理等一系列工作。

2. 自营海外仓的优势与挑战

自营海外仓具有多方面的优势。

首先，企业对仓库有完全的控制权，可以根据自身的业务需求和发展战略，灵活调整仓库的运营策略和服务内容。例如，可以根据销售数据预测，合理安排库存，确保热门商品的充足供应，提高库存周转率。

其次，自营海外仓能够更好地保护企业的商业机密和客户信息。由于仓库由企业自己运营，不存在信息泄露给第三方的风险，有助于维护企业的品牌形象和客户关系。

此外，企业还可以根据自身的品牌理念和服务标准，为客户提供个性化的服务，如定制化的包装、赠品等，提升客户的购物体验。

然而，自营海外仓也面临着诸多挑战。建设和运营海外仓需要大量的资金投入，包括仓库的建设费用、设备采购费用、人员工资等。此外，海外仓的运营需要专业的管理团队，企业需要在海外招聘和培训熟悉当地物流和市场环境的员工，这增加了企业的管理难度和运营成本。同时，海外市场的政策法规、文化差异等因素也可能对海外仓的运营产生影响，企业需要花费大量的时间和精力去了解和适应这些因素。

（二）第三方海外仓

1. 第三方海外仓的服务内容与特点

第三方海外仓是由专业的物流服务提供商运营的海外仓库，为众多跨境电商企业提供仓储、分拣、包装、配送等一站式物流服务。其服务内容通常包括货物存储、订单处理、本地配送、退换货处理等。

第三方海外仓的特点之一是具有规模经济优势。由于服务众多客户，仓库的运营成本可以分摊到各个客户身上，从而降低了单个客户的物流成本。此外，第三方海外仓通常拥有专业的物流管理团队和先进的仓储设备，能够提供高效、准确的物流服务。他们熟悉当地的物流环境和政策法规，能够更好地处理货物的清关、运输等问题，提高物流效率。

第三方海外仓还具有灵活性和可扩展性。企业可以根据自身的业务需求，灵活选择使用第三方海外仓的服务内容和仓储空间，不需要进行大规模的固定资产投资。当企业业务量增加时，可以随时增加仓储空间；业务量减少时，可以相应减少仓储使用面积，降低运营风险。

2. 选择第三方海外仓的考量因素

企业在选择第三方海外仓时，需要综合考虑多个因素。

首先是仓库的地理位置。仓库应位于交通便利、物流配送网络发达的地区，以便能够快速地将货物送达客户手中。同时，要考虑仓库所在地区的税收政策、劳动力成本等因素，这些因素会直接影响物流成本。

其次是服务质量。包括仓库的库存管理水平、订单处理速度、配送准确率等。企业可以通过查看第三方海外仓的客户评价、案例分析等方式，了解其服务质量。此外，第三方海外仓是否提供增值服务，如货物保险、代收货款等，也是企业需要考虑的因素。

价格也是一个重要的考量因素。企业需要比较不同的第三方海外仓的收费标准，包括仓储费用、操作费用、配送费用等，选择性价比高的海外仓。但在追求低价的同时，不能忽视服务质量，要在价格和服务之间找到一个平衡点。

最后，要考虑第三方海外仓的信誉和稳定性。选择具有良好信誉和长期稳定运营的海外仓，可以降低企业的合作风险。企业可以了解第三方海外仓的成立时间、经营状况、与其他客户的合作情况等信息，评估其信誉和稳定性。

（三）亚马逊FBA海外仓

1. FBA海外仓的运作模式

亚马逊FBA海外仓是亚马逊提供的一项物流服务。卖家将商品批量发送到亚马逊的海外仓库，存储在亚马逊的物流中心。当有客户在亚马逊平台上下单购买卖家的商品时，亚马逊负责从仓库中分拣、包装商品，并将商品配送至客户手中，同时提供客户服务和退换货处理等。

卖家需要先将商品按照亚马逊的要求进行包装和贴标，然后将商品发送到指定的亚马逊海外仓库。在商品存储期间，卖家需要支付一定的仓储费用。当商品销售出去后，亚马逊会从卖家的销售收入中扣除相应的物流费用和服务费用。

2. 使用 FBA 海外仓的利弊分析

使用亚马逊 FBA 海外仓具有很多优点。

首先，能够提高商品的曝光率和排名。亚马逊平台会优先推荐使用 FBA 服务的商品，这使得商品更容易被客户搜索到，增加了商品的销售机会。

其次，FBA 提供了高效的物流配送服务。亚马逊拥有强大的物流网络和先进的仓储管理系统，能够快速地处理订单和配送商品，为客户提供优质的购物体验。这有助于提高客户的满意度和忠诚度，促进商品的销售。

此外，FBA 还承担了客户服务工作，卖家可以将更多的精力放在产品开发、市场推广等核心业务上，提高企业的运营效率。

然而，使用 FBA 海外仓也存在一些弊端。一方面，FBA 的费用相对较高，包括仓储费用、物流费用、服务费用等。对于一些利润空间较小的商品，使用 FBA 可能会压缩企业的利润。另一方面，卖家对商品的控制权相对较弱。商品存储在亚马逊的仓库中，卖家无法直接管理库存和处理订单，可能会出现库存管理不善、订单处理不及时等问题。此外，如果卖家违反了亚马逊的政策，可能会面临商品被下架、账号被封等风险。

三、海外仓运费的计算

海外仓运费的计算通常涉及多个方面，主要包括头程运输费用、仓储费用和本地配送费用。

（一）头程运输费用

头程运输是指货物从国内发货地运输到海外仓的过程。头程运输费用的计算方式与货物的运输方式、重量、体积等因素有关。

1. 海运

海运是一种常见的头程运输方式，适合大批量货物的运输。海运费用通常根据货物的体积（立方米）或重量（吨）来计算，同时还会受到航线、船期、季节等因素的影响。例如，从中国上海港到美国洛杉矶港的海运费用，每立方米的价格可能在几百美元不等。此外，海运还可能会收取一些附加费用，如码头操作费、文件费等。

2. 空运

空运的运输速度虽快，但费用相对较高。空运费用一般按照货物的重量（千克）来计算，同时也会考虑货物的体积重量。航空公司通常会比较货物的实际重量和体积重量，取两者中的较大值作为计费重量。例如，某航空公司从中国北京到英国伦敦的空运费用，每千克可能在几十美元左右。空运也可能会有燃油附加费、安检费等附加费用。

（二）仓储费用

仓储费用是指货物在海外仓存储期间产生的费用。仓储费用的计算方式通常有两种：按体积计费和按重量计费。

1. 按体积计费

仓库根据货物占用的仓储空间体积（立方米）来收取费用。例如，某海外仓的仓储费用为每立方米每月 50 美元，如果货物占用了 2 立方米的仓储空间，那么每月的仓储费用就是 100 美元。

2. 按重量计费

仓库根据货物的重量（千克）来收取费用。例如，某海外仓的仓储费用为每千克每月 5 美元，如果货物重 100 千克，那么每月的仓储费用就是 500 美元。

此外，一些海外仓还会根据货物的存储时间长短来调整仓储费用。存储时间越长，费用可能会越高。例如，货物存储在海外仓的前一个月，仓储费用为每立方米 50 美元，从第二个月开始，每立方米每月的仓储费用会增加到 60 美元。

（三）本地配送费用

本地配送是指货物从海外仓发货到客户手中的过程。本地配送费用的计算通常与货物的重量、尺寸、配送距离等因素有关。不同的本地配送公司有不同的收费标准。

例如，在欧洲某国家，一家本地配送公司的收费标准是：重量在 1 千克以内的货物，配送费用为 5 欧元；重量每增加 1 千克，配送费用增加 2 欧元。如果货物重 3 千克，配送距离在 10 千米以内，那么本地配送费用就是 5+2×(3−1)=9（欧元）。

在实际计算海外仓运费时，企业需要综合考虑以上各项费用，并根据自身的业务需求和货物特点，选择合适的运输方式和海外仓，以降低物流成本。同时，企业还可以与物流供应商进行谈判，争取更优惠的运费价格。

任务五　跨境电商平台物流模板设置

一、运费模板概述

（一）运费模板的定义

运费模板是指在跨境电商平台上，卖家根据不同的运输方式、目的地和重量等因素制定的费用标准。运费模板的设置直接影响商品的售价、客户体验和商家利润，因此合理设置运费模板至关重要。

（二）运费策略对销售的影响

运费策略能够显著影响客户的购买决策。高运费可能导致潜在客户放弃购物车，而合理、透明的运费设置则能够提高转化率和客户满意度。因此，卖家需要仔细考虑运费设置对市场竞争力的影响。

二、设置运费模板的基本原则

（一）透明度与合理性

1. 明确运费计算依据

卖家需在运费模板中明确列出运费的计算依据，包括运输方式、目的地和包裹重量。提供详细的信息能够提高客户的信任感，降低因运费不透明导致的购物放弃。

2. 与市场价格对比

卖家应关注市场上类似商品的运费水平，保持竞争力。通过对比不同物流公司的运费政策，选择合适的物流方案，确保在控制成本的同时不影响客户的购买意愿。

（二）多样化设置

1. 按地区和重量分类

建立不同地区和重量段的运费模板，以更好地满足不同市场的需求。比如，对轻小件商品设置相对低的运费，对重货设置相应的升级费用，确保精准计费。

2. 结合促销活动

在特殊促销期间，可以调整运费策略，如设定一定金额的订单免运费，或者在特定时间内推出运费折扣，吸引客户下单。这种灵活的运费模板设置能够增强销售的吸引力。

三、运费模板的设置流程

（一）平台运费模板创建

1. 登录电商平台

首先，卖家需登录所选择的跨境电商平台，进入店铺管理界面。在这里，找到"运费设置"或"运费模板"选项，开始创建新的运费模板。不同平台的设置入口可能有所不同，卖家需根据具体的平台指导进行操作。

2. 输入运费详情

在模板设置页面，根据之前制定的运费计算原则，输入不同运输方式、目的地及对应的运费信息。确保每个选项都清晰明确，便于系统自动计算。填写无误后，保存设置并进行预览，以确保设置的合适性和准确性。

（二）运费模板的测试与优化

1. 模拟下单测试

设置完成后，卖家应进行模拟下单测试，以检查运费模板是否能正确计算不同产品的运费，确保客户能够顺利完成购买流程。测试过程中注意检查不同区域的提现情况。

2. 客户反馈与调整

正式上线后，关注客户关于运费的反馈，定期分析订单数据，评估运费设置的合理性。如果发现客户因运费问题放弃订单，应及时调整运费模板，确保能够持续吸引客户并提高转化率。

四、速卖通运费模板设置

卖家在发布商品之前需要设置好商品运费模板。

第一步：登录速卖通店铺后台，单击"物流"区域中的"运费模板"选项，如图4.3所示。

图4.3 "运费模板"选项

第二步：接下来设置运费模板，在运费模板页面的右上角，有"新建运费模板"的选项，如图4.4所示。运费模板的"快捷模式"和"基础模式"均可点击进入，按照流程指引进行设置。

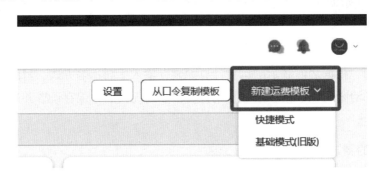

图4.4 新建运费模板

第三步：接下来进行运费模板名称设置，根据卖家的使用习惯设置名称，如图4.5所示。

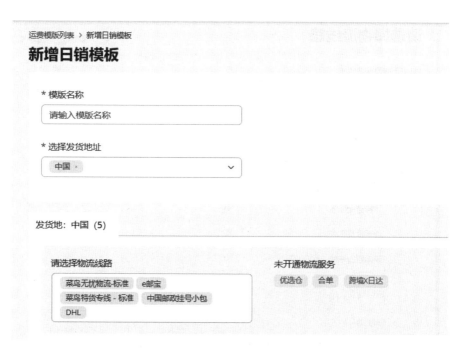

图4.5　模板名称设置

在速卖通的物流方案中，物流线路主要有四种类型，可根据商品的特点及成本选择合适的物流线路。

（1）经济类物流：物流运费成本低，目的国包裹妥投信息不可查询，适合运送货值低、重量轻的商品。经济类物流仅允许使用线上发货。

（2）简易类物流：邮政简易挂号服务，可查询包含妥投或买家签收在内的关键环节物流追踪信息。

（3）标准类物流：包含邮政挂号服务和专线类服务，全程物流追踪信息可查询。

（4）快速类物流：包含商业快递和邮政提供的快递服务，时效快，全程物流追踪信息可查询，适合高货值商品使用。

第四步：选择好线路后，对物流线路进行设置。

（1）标准运费：所有该线路可到达地区按照固定报价计算。提示：若商品物流包装的体积重量、实际重量达到大件标准，此类商品不建议使用标准运费。请结合实际情况，针对此类大件商品单独配置运费模板与规则。

（2）卖家承担：即卖家包邮，如选择所有该线路可到达的地区由卖家承担，则该线路可达国家全部包邮，包含后续该线路新增可达国家。

（3）自定义运费：按不同区域设置邮费。

第五步：全部设置好后，单击"保存"按钮。卖家必须根据自身的实际情况进行自定义运费的设置，切忌盲目模仿。因为国际物流受国家政策、物流资费调整、极端天气、政治原因、邮路状况等多种因素的影响，不同的时期，卖家应该设置不同的运费模板。

图4.6　物流线路选择

图4.7　物流线路设置界面

头脑风暴

一、影响跨境电商物流选择的关键因素分析

思考除了常见的商品特性、运输成本、运输时间、目的地国家政策，还有哪些因素会对物流选择产生重要影响？

提示：从客户需求的角度出发，比如，有些客户对商品的配送速度有极高要求，这对物流选择会有什么影响？再从市场竞争的角度看，竞争对手在物流方面的优势或劣势是否会影响我们的物流决策？

二、跨境电商物流包装的创新思路

针对跨境电商物流包装，大家有哪些创新的想法？如何在保护商品、符合法规的前提下，降低包装成本、提高环保性和客户体验？

提示：能否借鉴其他行业的包装设计理念，开发出新型的包装材料或包装结构？比如，现在电商行业流行的可降解包装材料，我们是否可以在跨境电商物流包装中进一步推广和改进？

AI跨境

本案例主要是应用Global-e工具优化跨境电商物流与关税优化。Global-e的平台结合了本地化能力、大数据商业智能模型、国际物流和跨境购物体验的端到端解决方案，使零售商能够轻松地将业务扩展到全球市场。其服务包括本地化的浏览体验、货币转换、关税和税收计算，以及与当地支付方式的无缝对接。此外，Global-e还提供国际物流管理服务，确保客户能够获得透明且可靠的运输选择。

案例：极速科技——3C配件出口商的全球困局

一、案例背景

公司简介：极速科技是一家深圳中小型3C配件企业，主营手机壳、充电器等产品，通过亚马逊、eBay、独立站销往欧美、中东市场。

核心痛点：

（一）关税成本激增

美国对800美元以下中国包裹征收54%关税+100美元/件固定费，欧洲取消150欧元以下免税政策。

（二）物流效率低下

直邮包裹清关平均耗时15天，中东消费者因配送慢取消订单率超30%。

（三）平台成本差异模糊

无法量化对比亚马逊FBA、eBay海外仓、独立站直邮的综合成本，导致利润被侵蚀。

二、Global-e解决方案与实施过程

（一）多平台物流成本动态建模

1.输入数据

产品：20美元硅胶手机壳

目标市场：美国、德国、沙特

销售渠道：亚马逊FBA、eBay海外仓、Shopify独立站

2. Global-e输出分析

表4.3　Global-e的物流和关税优化分析

成本项	亚马逊FBA（美国）	eBay海外仓（德国）	Shopify直邮（沙特）
头程运费	$1.2/件	$1.5/件	$0.8/件
关税+增值税	$0（已含在FBA费）	$4.3（19% VAT）	$5.6（15% VAT+5%关税）
平台仓储费	$0.8/月·件	$0.6/月·件	—
末端配送费	$2.5	$3.2	$7.5（含清关延误风险）
单件总成本	$4.5	$9.6	$13.9

结论：亚马逊FBA综合成本最低，沙特直邮因高关税+清关风险成本激增。

（二）关税优化与合规策略

1. 智能拆单避税

针对美国800美元以下包裹免税政策，Global-e系统自动拆分850美元订单为：

600美元手机壳（符合免税）+250美元配件赠品（0关税），这样可以规避459美元关税，节省成本53%。

2. 原产地重组

建议将销往墨西哥的充电器改为"中国半成品→墨西哥组装"模式，利用USMCA协定实现0关税入美，物流成本下降28%。

（三）风险预警与应急响应

1. 实时政策监控

当巴西宣布对50美元以上包裹征收60%关税+17% ICMS税时，Global-e提前72小时预警，极速科技将库存从巴西海外仓转移至哥伦比亚保税仓，避免了几万美元的经济损失。

2. 清关加速

接入沙特GPRS支付系统，预缴VAT到账时间<10秒，清关时效从7天压缩至48小时，中东订单取消率从30%降至8%。

三、决策与执行：数据驱动的运营调整

（一）渠道重心转移

（1）关闭德国eBay店铺（成本占比45%），将资源集中至亚马逊美国站（成本占比22%）。

（2）沙特市场改由阿联酋迪拜仓发货，利用IFZA自由区零企业所得税政策，成本再降15%。

（二）物流模式升级

（1）美国订单：采用"乐歌萨凡纳保税仓缓冲"模式，关税窗口期集中清关。

（2）中东订单：通过Global-e接入T1电商清关通道，效率提升40%。

（三）定价策略优化

（1）美国站手机壳定价$24.99（竞品均值$22.99），强调"2日达+关税全包"溢价点。

（2）独立站增设"关税计算器"功能，消费者预付税费，纠纷率下降65%。

四、应用Global-e的核心经验

（一）动态关税引擎

整合全球186国实时税率（如沙特15% VAT、墨西哥边境8%优惠税率），精准预判成本。

（二）物流网络智能匹配

自动优选"低成本+快时效"路线（如美国走保税仓、中东走迪拜枢纽）。

（三）风险对冲能力

通过保税仓缓冲、原产地重组、拆单算法，将政策波动影响压缩至3%以内。

德能兼备

跨境电商物流选择中的价值观与实践能力培养

一、爱国情怀与民族担当

在跨境电商物流选择的过程中，我们应当认识到这不仅仅是企业的商业行为，更是国家经济发展和文化传播的一部分。我国跨境电商的蓬勃发展，为世界各国消费者提供了丰富多样的中国商品，这是展示中国制造业实力和文化魅力的重要窗口。

例如，在物流模式的选择上，我们可以优先考虑支持国内物流企业的发展。国内一些物流企业在技术创新、服务质量和社会责任等方面都取得了显著的进步，选择它们不仅有助于提升我国物流行业的国际竞争力，也体现了我们对民族产业的支持和担当。同时，当我们将中国的优质商品通过高效的物流渠道输送到世界各地时，也是在传播中国文化，增强民族自豪感。

二、诚信经营与社会责任

跨境电商物流涉及众多环节和多方利益，诚信经营是确保整个供应链顺畅运行的基石。在选择物流合作伙伴时，要注重考察其信誉和口碑，遵守商业道德和法律法规。

比如，有些物流企业可能会为了追求短期利益而虚报运输时间、隐瞒物流成本等，这不仅损害了客户的利益，也破坏了整个跨境电商市场的秩序。我们作为从业者，应当坚守诚信原则，选择那些诚信可靠的物流供应商，共同营造一个公平、公正、透明的市场环境。此外，我们还应该关注物流过程中的环境保护和社会责任问题。例如，鼓励选择采用环保包装材料、推广绿色物流技术的物流企业，为减少环境污染、推动可持续发展贡献自己的力量。

三、创新精神与国际视野

跨境电商物流行业发展迅速，市场环境不断变化，这就要求我们具备创新精神，不断探索新的物流模式和解决方案。在课程学习中，要关注行业前沿动态，提出创新性的物流选择方案。例如，随着人工智能、大数据、区块链等技术的不断发展，这些新兴技术在跨境电商物流中的应用前景广阔。学会思考如何利用这些技术优化物流流程、提高物流效率、降低物流成本。同时，跨境电商是一个全球性的行业，要了解不同国家和地区的物流政策、文化差异和市场需求。在选择物流方案时，要充分考虑目标市场的特点和客户的需求，以提高物流服务的针对性和竞争力。

四、团队合作与沟通能力

跨境电商物流选择往往需要多个部门和团队的协作配合，包括运营团队、采购团队、物流团

队、客服团队等。在学习过程中，要注重培养团队合作精神和沟通能力。

例如，在实际的物流选择过程中，运营团队需要与物流团队密切沟通，了解不同物流模式的特点和价格；采购团队需要根据物流方案合理安排商品的采购和库存管理；客服团队需要及时向客户反馈物流信息，处理客户的物流问题。通过团队合作，我们可以充分发挥各个团队的优势，实现资源共享和优势互补，提高整个跨境电商物流供应链的效率和效益。同时，良好的沟通能力也是解决物流过程中各种问题的关键，要学会与不同文化背景、不同专业领域的人进行有效的沟通和协作。

五、工匠精神与敬业态度

跨境电商物流选择看似是一个简单的决策过程，但实际上涉及大量的细节和专业知识。在这个过程中，需具备工匠精神和敬业态度。

比如，在评估不同的物流模式时，需要对运输时间、成本、可靠性、服务质量等多个因素进行细致的分析和比较；在与物流供应商谈判时，需要对合同条款进行逐字逐句的审核和推敲。每一个环节都需要我们认真对待，一丝不苟。只有具备工匠精神和敬业态度，才能做出准确、合理的物流选择决策，为企业和客户提供优质的物流服务。同时，这种精神和态度也将对同学们未来的职业生涯产生积极的影响。

学以致用

实践任务1

对跨境电商物流服务商进行调研与比较。

实践目标：了解市场上不同跨境电商物流服务商的特点和优势，学会进行物流服务商的评估和选择，提高市场调研能力和决策能力。

实践指南：

1. 确定调研对象

选取至少5家常见的跨境电商物流服务商，如中国邮政、DHL、FedEx、UPS、燕文物流等。

2. 调研内容

服务范围：了解各物流服务商覆盖的国家和地区。

运输方式：包括提供的邮政服务、快递服务、专线服务等类型。

运费价格：对比不同重量、体积货物的运费标准。

运输时间：查询从中国到主要目标市场（如美国、欧洲、东南亚等）的平均运输时间。

服务质量：通过查阅客户评价、行业报告等，了解物流服务商的货物跟踪、清关能力、售后服务等方面的情况。

3. 调研方法

网络搜索：访问物流服务商的官方网站，获取详细的服务信息和价格表。

咨询客服：通过在线客服、电话等方式，咨询物流服务商的工作人员，了解相关问题。

查阅资料：查找行业报告、新闻资讯等，获取关于物流服务商的评价和排名。

4. 比较与分析

对调研结果进行整理和分析，制作成表格或图表，直观展示各物流服务商的优缺点。同时，根据不同的业务需求（如货物类型、目标市场、预算等），选择合适的物流服务商。

实践任务2

查询全球速卖通平台中有关跨境物流禁限运的规定，列表整理15项禁限运的商品信息、禁限运品名、禁限运属性及属性描述。

知识巩固

一、单选题

1. 以下哪种跨境电商物流方式的运输速度最快？（　　）

　　A. 邮政小包　　　　　B. 国际快递　　　　　C. 专线物流　　　　　D. 海外仓

2. 对于价值较低、重量较轻的小件商品，最适合的跨境电商物流方式是（　　）。

　　A. 邮政小包　　　　　B. 国际快递　　　　　C. 专线物流　　　　　D. 海运

3. 海外仓模式下，货物存储在（　　）。

　　A. 卖家本国仓库　　　　　　　　　　　B. 目标市场所在国家仓库

　　C. 运输途中的中转仓库　　　　　　　　D. 国际物流枢纽仓库

4. 若卖家希望物流方式能提供较好的跟踪查询服务，以下哪种方式较为合适？（　　）

　　A. 邮政平邮　　　　　B. 国际快递　　　　　C. 海运散货　　　　　D. 拼箱运输

5. 以下不属于跨境电商专线物流特点的是（　　）。

　　A. 特定航线运输　　　B. 运输时间较长　　　C. 价格适中　　　　　D. 清关能力较强

6. 以下哪种不属于常见的跨境电商物流模式？（　　）

　　A. 邮政包裹　　　　　B. 国内快递　　　　　C. 海外仓　　　　　　D. 专线物流

7. 对于易碎的玻璃制品，以下哪种包装材料最适合用于缓冲保护？（　　）

　　A. 塑料袋　　　　　　B. 纸浆模塑　　　　　C. 木托盘　　　　　　D. 金属桶

8. 航空运输对包装的要求主要是（　　）。

　　A. 防潮性能高　　　　　　　　　　　　B. 防腐蚀性能高

　　C. 重量和体积限制严格　　　　　　　　D. 防盗性能高

9. 选择跨境电商物流模式时，不需要考虑的因素是（　　）。

　　A. 商品价格　　　　　B. 商品特性　　　　　C. 运输成本　　　　　D. 目的地国家政策

10. 以下哪种包装材料环保可回收且具有良好缓冲性能？（　　）

　　A. 塑料泡沫　　　　　B. 塑料气垫　　　　　C. 铁桶　　　　　　　D. 玻璃罐

二、多选题

1. 常见的跨境电商物流方式包括（　　）。

　　A. 邮政物流　　　　　B. 国际快递　　　　　C. 专线物流　　　　　D. 海外仓

2. 选择跨境电商物流方式时，需要考虑的因素有（　　）。

　　A. 货物的性质（如重量、体积、价值等）　　　B. 运输成本

    C. 运输时间   D. 目的国的清关政策

3. 海外仓的优势有（　　　）。

    A. 缩短配送时间   B. 提高客户满意度

    C. 降低物流成本（长期来看）   D. 便于处理售后问题

4. 国际快递的主要优势有（　　　）。

    A. 速度快   B. 服务好   C. 可跟踪性强   D. 价格便宜

5. 邮政物流的优点包括（　　　）。

    A. 网络覆盖广   B. 价格便宜   C. 清关能力强   D. 运输速度快

三、判断题

1. 跨境电商物流包装只要能装下商品就行，不需要考虑其他因素。　　　　　　（　　　）

2. 所有国家对进口商品包装的法规和标准都是一样的。　　　　　　　　　　（　　　）

3. 海外仓模式可以有效缩短商品的配送时间，提高客户满意度。　　　　　　（　　　）

4. 在跨境电商物流包装中，使用的包装材料越贵越好。　　　　　　　　　　（　　　）

5. 纸质包装材料不适合用于跨境电商物流包装。　　　　　　　　　　　　　（　　　）

项目五 跨境电商产品信息制作与产品发布

教学目标

知识目标：

了解产品详情页制作与发布的重要性；

熟悉关键词分类和产品标题结构；

掌握产品价格相关用语及定价公式与策略；

掌握文案、图片、视频的发布与优化规则。

能力目标：

能根据平台规则，规范地制作图文视频等产品素材；

能提炼产品卖点，差异化地展示产品详情；

能结合定价策略，合理地进行产品定价。

素养目标：

具备根据平台及法律规则发布产品的规范合法经营意识；

具备文化安全观，尊重文化差异；

具备国家安全观，筑牢爱国底线。

学思案例

跨境谷速卖通代运营案例——小客单大收益

Popular Jewellery Store 是一家专注做流行饰品 DIY 的店铺，有自己的工厂和稳定的货源，并且会定期开发一些新款，但是在速卖通开通店铺一年了效果都不是很明显，流行饰品行业的销售额不算高，而且店铺产品的客单价也比较低。

跨境谷代运营后，对店铺进行了整体分析，发现原来店铺产品的上新质量是比较差的，包括主图混乱、标题和属性填写不合理，详情不整齐等。

图5.1　店铺优化前成交概况

首先，选择数据好的产品，对全店的产品进行优化。

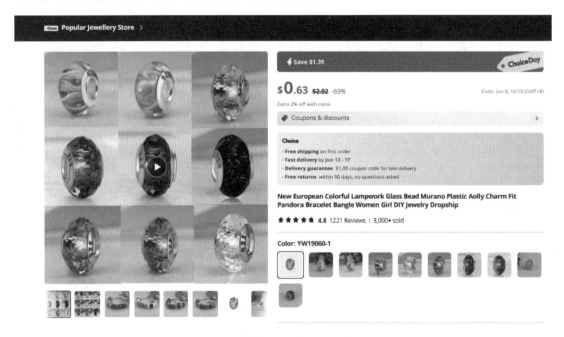

图5.2　店铺优化后的主图和标题

其次，从行业对比中发现，整体来说流行饰品的行业最近是趋于稳定，其中珠子的访客数据下降得很厉害，不过浏览量的数据是在线上线下徘徊的；手链的访客数据在下降，但其浏览量数据却在上涨。因此，决定手链上新，并且根据访客时间，采用断点式活动设置。同时配合平台活动。

表5.1　行业对比数据

行业数据	流量分析		成交转化分析		市场规模分析
	访客数占比	浏览量占比	支付金额占比	支付订单数占比	供需指数
最近90天均值	25.27%	15.35%	15.11%	13.76%	102.76%
环比周涨幅	↓ −0.63%	↓ −0.26%	↓ −0.26%	↑ 0.29%	↑ 0.62%

最后，针对产品客单价较低的情况，如果想让店铺火起来，就要把销售数量提升上去，做批发订单。所以，对于回购率比较高的老买家进行维护，给予较低的折扣，买家认识到店铺产品的质量很好，自然成为"回头客"。

一个月后，成交总额超过 3 400 美元。

图 5.3　店铺优化一个月后的成交概况

两个月后，GMV 已经超过 12 300 美元，店铺的整体数据有了一个质的飞跃。其间，也会根据店铺的情况随时调整不同的运营方案。

图 5.4　店铺优化两个月后的成交概况

三个月后，GMV 达到 17 000 多美元。

图 5.5　店铺优化三个月后的成交概况

问题思考：

　　1. 优化产品详情页有哪些作用？

　　2. 本案例如何优化产品和详情页？

跨境电商产品信息制作与产品发布是店铺运营的重要环节之一，只有将产品信息准确完美地上传到店铺中，才能让买家搜索到并进行购买。因此，它们直接关系到产品的曝光率、转化率以及品牌形象，是提升店铺竞争力和实现长期盈利的关键。产品信息主要包括产品标题、视频、主图、详情页及产品定价等。

任务一　产品标题制作

一、产品标题中的关键词类型

在跨境电商中，产品标题的制作离不开关键词（Keyword）的精准选择与组合。关键词，也被称为Search Term，是产品标题、文案的最小构成单元，是平台进行产品排序时系统算法抓取到的最基础元素，也是绝大多数消费者最常采用的搜索方式。所选关键词对产品的描述越精准、与消费者搜索的匹配程度越高，产品就越容易出现在精准客户的搜索结果中，从而达到引流和转化的目的。

通常，消费者输入关键词后，系统会对该关键词的词性进行识别，并根据关键词不同的词性分配不同权重，进而计算出产品排序。所以，熟悉并掌握关键词的分类是一项重要技能。目前，业内对于关键词的划分并没有统一的标准，就主流跨境电商平台和搜索引擎而言，关键词主要分为核心词、品牌词、属性词、营销词、长尾词、流量词等6类。

（一）核心词

是准确表达产品根本属性或核心功能的关键词，一般是行业热门词，接近于类目词，也可以视为产品名称，如"CellPhone""Smartphone""Boot""Dress"等。核心词具有搜索量大、竞争程度高的特点，是产品标题中不可或缺的部分。

（二）品牌词

品牌词是指产品的品牌名称。在产品标题中合理使用品牌词，能够增加目标客户群的搜索流量，提升产品的曝光率。但需注意，对于新晋品牌或小众品牌，应谨慎使用，避免无效占用搜索位。对于没有注册品牌的产品，卖家更要避免不当地使用他人的品牌词，以免给店铺带来侵权风险。

（三）属性词

属性词是描述产品参数、特征的关键词，包括产品的尺寸、颜色、规格、材质、形状、风格等，如"Cotton""Blue""Elegant"等。产品标题可以只有单一属性词，也可以有多个属性词，如"Outdoor""Waterproof""Durable"共同描述了产品的使用场景和功能特性。因此，这类词针对产品某一细分类别，能够更精准地满足搜索这些关键词的买家需求，属性词在与其他关键词搭配时，对核心词引流有加成效果，搭配顺序和组合不同，引流效果也会有所差异。

（四）营销词

是传达优惠活动、产品卖点、品牌信誉等信息的关键词，如"2025New""Original""Free Shipping"等。使用营销词时需遵循平台规则，确保信息的客观真实性，需要注意的是亚马逊平台明令禁止卖家选用夸大性营销词。

（五）长尾词

长尾词与中心关键词相关，是能够带来搜索流量的非中心关键词词组，一般由两个或两个以上的词组成如"Fast Refillable for Kids Outdoor Activities"。长尾词通常具有较低的搜索量但较高的转化率，是提升产品精准引流的有效手段。

（六）流量词

流量词是不常用但恰好有一些特定群体会搜索的词，不属于热门词，但这类词带来的流量是非常精准的，成交量也相当可观，如某名人的名字、某动漫人物的名字等。

二、关键词挖掘与采集

在进行产品标题制作时，关键词的选择至关重要，它们直接关系到产品的搜索曝光率和潜在客户的点击率。因此，关键词的挖掘与采集是制作优质产品标题的关键步骤。以下是一些挖掘和采集关键词的常用方法。

（一）产品自身分析

关键词是对产品进行描述的词语，无论何种词性，都应紧紧围绕产品本身的性能、规格、参数、特性等进行挖掘。产品关键词选取是否精准，根本上是由对产品认知的高低所决定的。基础的产品认知是对产品本身的了解，包括材质、型号、尺寸等；较高层次的产品认知建立在对竞品和自身产品差异的了解基础之上，能较为准确地提炼自身产品的卖点；更高层次的产品认知则是基于对整个行业的了解，能敏锐地捕捉市场变化，动态调整关键词。立足产品，放眼行业，实事求是，才能提升精准挖掘和采集关键词的能力。

产品所属的类目名称一般属于热门关键词，并与产品具有非常紧密的相关性，亚马逊平台页面左侧还会展示出"Material、Business Type"等产品属性的关键词信息，如图5.6、图5.7所示的箱包和鞋子类目，卖家可根据自身产品选用。

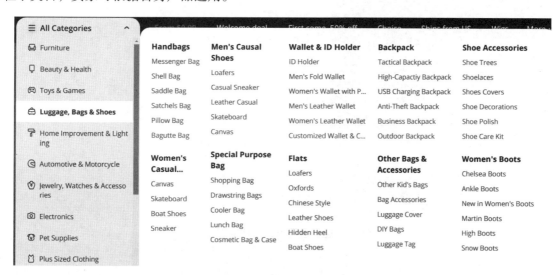

图5.6　速卖通产品类目名称

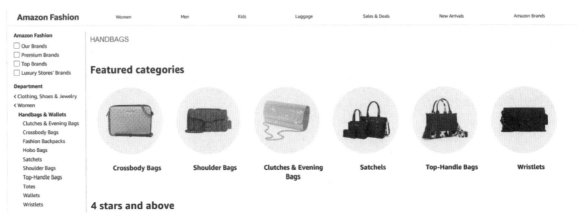

图5.7　亚马逊产品类目名称

确定产品类目名称或者重要属性词后，在平台首页搜索栏内输入该关键词时，平台会根据买家的搜索习惯，把与这个词相关的搜索量高的一些关键词推荐出来，通常为与产品相关的长尾词、属性词等。这类关键词搜索量大且匹配程度高，只有顺应买家的搜索习惯，才能实现"双向匹配"，产品信息才能有效传达，因此具有很强的参考意义，如图5.8、图5.9所示。

（二）竞争对手分析

分析竞争对手是另一种有效的关键词挖掘方法。通过分析竞争对手的在售同类产品标题、描述等，我们可以发现一些未被发掘的关键词，或者了解竞争对手是如何使用关键词的。这有助于我们更好地选择和优化自己的关键词。

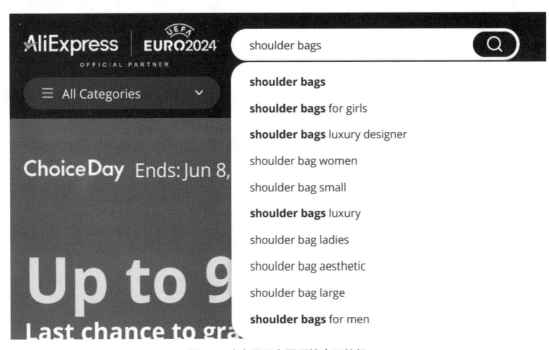

图5.8　速卖通买家页面搜索下拉框

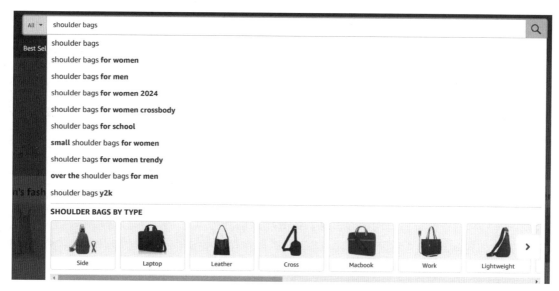

图5.9　亚马逊买家页面搜索下拉框

在分析竞争对手时，我们可以关注以下几个方面。

1. 产品标题

观察竞争对手的产品标题中使用了哪些关键词，特别是那些排名靠前的产品标题，往往隐藏着一些高效的关键词组合。

2. 产品描述

产品描述中通常包含更多的关键词信息，阅读竞争对手的产品描述，了解他们是如何描述产品特点、用途和优势的，以及他们使用了哪些关键词，从而发现一些潜在的关键词。

3. 客户评价

查看客户对竞争对手产品的评价，了解他们对产品的看法和需求，从而挖掘出更多有价值的关键词。

具体来说，针对亚马逊平台，可以利用BSR榜单，选取排名前二十或前五十的Listing作为调研对象，分析其产品标题、五点描述等，从中采集高频关键词。如图5.10所示，在亚马逊平台Best Sellers页面找到相应的类目，右侧显示出TOP100的"Best Sellers in Women's Shoulder Handbags"榜单，卖家可筛选出同款或近似产品展开分析，从中提取高频关键词为己所用。

图5.10　亚马逊竞品关键词采集

针对速卖通平台，卖家可以使用产品的核心关键词在搜索框中进行搜索，在搜索结果页面中筛选出销量较好和评分较高的同款或近似产品展开分析，通过直观的对比，卖家可以发现对于此类产品来说，哪些词是重要信息，哪些词是产品核心关键词，从中找出人气卖家经常使用的关键词，并逐层过滤筛选，最终选出适合自己产品的关键词。

当然，卖家还可以借鉴eBay、敦煌网、Wish、Shopee等不同跨境电商平台同行人气卖家的同款产品标题，卖家可以通过使用不同的关键词在不同的跨境电商平台的搜索栏中进行搜索，从而得到很多有用的关键词，最后再进行筛选，选择与自己产品相关性高的关键词。

（三）使用关键词工具

关键词工具既有各平台后台提供的工具，也有站外的各种工具。

站内工具如速卖通的"生意参谋"，亚马逊平台在设置关键词广告时可以下载"Search Term Report"，这里面是系统推荐的与商品相关的关键词。

站外关键词工具，如Google AdWords、Keyword Planner等，是关键词挖掘的利器。这些工具能够为卖家提供关键词的搜索量、竞争程度、相关搜索词等数据，帮助卖家了解关键词的市场需求和竞争态势。卖家精灵等关键词工具可以实现关键词反查和流量词拓展，挖掘出更多精准的关键词。

（四）利用社交媒体和论坛

社交媒体和论坛是消费者交流的重要平台，消费者经常会就某个产品或话题展开讨论，卖家可以通过参与讨论、观察用户行为等方式，了解消费者的搜索习惯和需求，从而挖掘出更多有价值的关键词。

此外，卖家还可以通过其他途径来挖掘和搜集关键词，如利用行业报告、市场研究数据等，这些途径都能为卖家提供有价值的关键词信息。在搜集到足够多的关键词后，卖家还需要进行筛选和整理，确保最终选择的关键词既符合产品特性，又能满足目标客户的需求。

三、产品标题制作原则与公式

（一）产品标题制作原则

高品质的产品标题是提供良好消费者体验的关键因素，不同平台对于撰写产品标题有着不同的要求，因此在进行产品标题制作时需要遵循平台规定，具体可归纳为如下原则。

1. 符合平台规则

遵循所在跨境电商平台的规则和要求，确保标题的合法性和合规性。避免使用违规词汇或不当表述方式。如亚马逊平台要求产品标题不得包含促销用语，如Free Shipping、100% Quality、Guaranteed等；速卖通平台要求不得包含用于装饰的字符，产品标题中加入特殊符号并不会提升商品排名，反而极有可能降低商品权重。

2. 充分利用标题字数限制

产品标题要充分利用标题的字数限制，符合跨境电商平台对标题字符数的要求。标题过短不利于搜索覆盖，例如，如果卖家销售的商品是跑鞋，产品标题对于鞋的类型描述只使用了"running shoes"一词，当买家使用"sport shoes"作为关键词进行搜索时，该商品可能不会出现在搜索结果页面中。因此，在产品标题符合标题字数限制的前提下，卖家也可以将"sports shoes"放在标题中。当然，标题也不能过长，超出字数限制的标题将无法得到完全展示。

3. 符合语法规则

产品标题要真实、准确地概括描述自己的商品，标题书写符合境外买家的语法规则，没有错别字及语法错误，单词首字母大写（of、with、a、an、for等除外），2个单词之间使用一个空格分隔，产品标题可以包含必要的标点符号，如连字符（–）、分隔号（/）、逗号（，）和句号（。），产品标题可以缩写测量值，如cm、oz、in、kg等，使用阿拉伯数字（如2），而不是英文（如two）等。

4. 避免关键词堆砌

产品标题要避免关键词堆砌，如"mp3、mp3 player、music mp3 player"，这样的关键词堆砌不仅不能帮助提升产品标题排名，反而会使产品标题被平台的搜索规则降权处罚，可用同义词、单复数代替。

5. 避免虚假描述

产品标题要避免虚假描述，例如，如果卖家销售的商品是MP3，但为了获取更多的曝光量而在标题中加入"智能手机"等与商品实际不符的词汇，这就属于虚假描述。这样做虽然可能在短期内吸引到一些流量，但当消费者发现商品与描述不符时，会导致极高的退货率和差评率。退货不仅会增加物流成本、占用库存空间，还会影响店铺的资金周转。此外，平台对于虚假描述的行为有严格的监管和处罚措施，一旦被平台发现，可能会面临警告、罚款、限制商品展示甚至封店等严重后果。所以，卖家应确保产品标题准确反映商品的真实属性、特点和功能。在撰写标题时，要依据商品的实际材质、规格、型号、用途等信息，使用精准且恰当的词汇。

6. 合理使用关键词

合理使用关键词，确保标题中包含核心词、属性词等关键信息，符合买家搜索习惯，在标题中突出产品的独特卖点或优势，以吸引消费者的注意力。注意关键词的密度和排列顺序，以提高产品的搜索排名。鉴于移动端会折叠标题，故卖家需要着重对标题的前55个字符进行优化，将核心词和搜索人气高的关键词放在前55个字符的位置。

7. 慎用品牌词

如果品牌知名度高，品牌词能为商品带来较大流量，卖家可将该词放置在产品标题的前面。反之，如果品牌是未注册品牌，或已注册但知名度很低，那么该词既不会给商品带来流量，还会占用标题的资源位，建议最好不使用。

8. 符合买家搜索习惯

例如，从符合当地语言风格的角度来看，不同国家和地区有其独特的语言表达习惯和词汇偏好。卖家要确保使用当地买家熟悉和常用的表达方式。例如，在英国市场，"flat shoes"比"low-heeled shoes"更常用；而在美国市场，"apartment"更常见，在澳大利亚则可能使用"unit"。所以，卖家要根据目标市场调整用词，使商品信息更贴近当地买家的语言习惯。

（二）标题制作参考公式

制作产品标题需要用到建立的关键词词库，对关键词进行区分并清楚了解哪些关键词与产品的相关度高，哪些关键词转化率高，哪些是精准流量词，最后对这些关键词按照平台搜索权重要求及制作公式进行排序组合便得到产品标题，当然不同品类的产品组合思路略有不同，需要具体问题具体分析。

亚马逊产品标题制作公式可参考如下：品牌词+核心词+属性词（产品特性、亮点、主要性能参数等）+核心词+长尾词（适用场景/人群等）+变体（颜色/尺寸/材质等）。

速卖通产品标题制作公式可参考如下：营销词+品牌词+（属性词+营销词+核心词）+（属性词+营销词+核心词）。

任务二 产品短视频制作

在跨境电商领域，产品短视频已成为提升商品展示效果、增强买家购买意愿的重要工具。通过生动直观的视频内容，卖家能够全方位、多角度地展示产品细节、使用场景及功能特性，为买家创造沉浸式的购物体验，提高成交转化率，减少售后及退换货问题的发生。

一、产品短视频类型

（一）按照发布位置划分

产品短视频按照发布位置可以分为主图视频和详情页视频。

1. 主图视频

主图视频主要是为了展示产品的外观、功能和特点，吸引用户的注意力，激发他们的购买欲望，增加用户购买信心，从而提高转化率。一个观感强烈的诱人的主图视频必定会吸引买家停留店铺观看并产生购买冲动，大多数消费者决定购买前一定会仔细观看主图视频，可以说主图影响着点击，主图视频影响着转化，这种视频的时长通常在30秒到1分钟。

图5.11 亚马逊主图视频位置

图5.12　速卖通主图视频位置

2. 详情页视频

详情页视频则更详细地展示产品的详细信息、使用方法和售后服务等，让用户更深入地了解产品的特点和优势，加入品牌故事、企业文化等信息，可以提升品牌的形象和知名度。特别是对于服装、智能家居、厨房用品、宠物玩具、户外等一些需要展示给消费者观看的类目，能够极大地增加消费者的购买力，激起他们的消费冲动。这种视频的时长通常在1~5分钟。

图5.13　亚马逊详情页视频位置

（二）按照内容和目的划分

类目不同、商品特点不同、推广目标不同，所采用的视频类型也会有所不同，视频的具体类型取决于产品用途、成本以及品牌，以下是有助于提升访客转化的几种常见的视频类型。

1. 产品使用视频

该视频适用于大多数产品，可以描述如何使用某款产品，如何安装、清洗和穿戴，以及该产品存在于哪些生活场景中，最重要的是对操作流程的细化、提示，以及处理各流程间的衔接问题，尤其针对具有复杂功能或技术特性的产品（如智能穿戴设备、高科技家电），通过详细的功能演示，帮助顾客理解产品的使用方法和独特优势。

产品特色的、核心的功能操作可以通过展示模特在场景中使用产品，制作这类视频，重点需要解决两个方面的问题，一是场景真实性的问题，即选择什么人和在什么时间、什么场所进行拍摄。视频元素的真实性是消费者产生联想的基础。二是消费者体验的问题，即通过什么样的形式让消费者参与商品的应用过程，并产生有趣、酷炫等积极的心理感受。比如，筋膜枪产品，瑜伽爱好者、久坐办公族、健身爱好者等，消费者观看后产生联想并产生积极的心理体验，很容易让人产生代入感，进而想拥有这个商品，或者也可以包含使用技巧方面的元素，因此，这类型视频内容可以与产品有关，而又不完全局限于该产品。

2. 开箱展示视频

买家可以看到产品包装以及拆开包装把产品取出到组装的完整过程，视频能够直观地展示产品的包装细节、外观设计、配件、材质、使用安装过程及初次接触产品的真实感受，可以增加买家了解产品而购买的意愿，通常适用于时尚配饰（如手表、眼镜、珠宝首饰）、游戏娱乐（如游戏主机、周边产品）、儿童玩具、潮流文化类商品（如限量版商品）等。开箱视频应注重拍摄角度、光线效果和细节展示，以还原开箱体验，吸引观众注意。

3. 产品对比视频

可以比较相同类型产品的不同型号，如产品迭代时进行新旧产品的对比。或者与竞争产品做比较，展示产品的优势所在，增强顾客的购买信心。这类视频务必遵循恰当的规则和合法性，中立地介绍产品的优缺点，让买家建立信任感。还可以做产品使用前后的感观视觉效果反差对比，突出商品功效的视频类型，如化妆品、清洁用品等。制作这类视频，关键在于选对样本。所谓"对的样本"，就是指那些与商品属性形成强烈反差的样本。样本属性与商品属性相差越大，前后对比效果越明显，商品性能也就能被衬托得淋漓尽致。以直发器商品为例，其核心功能是让头发变直，为此，卖家可选择长着满头卷发的模特进行实验。首先，"卷"和"直"形成鲜明对比；其次，满头卷发代表了"卷"的程度之高。直发器既然能将这种高难度的卷发轻松拉直，那说明将其他卷曲程度的头发拉直根本不在话下。消费者以此为衡量尺度，评估自身的头发状态，便能安心下单了。

4. 品牌故事型视频

买家总是格外喜欢独特的品牌起源故事，一个足够吸引人的品牌故事，会让产品一下子就从众多的同类型竞品中脱颖而出，增加情感连接，提升品牌价值，如果产品没有差异化，从品牌故事开始着手将会是个不错的选择。

5. 展示生产流程的视频

这种视频主要是向消费者展示产品如何被开发和制造出来，降低消费者熟悉商品的门槛，或是彰显公司科研生产实力，从而达到提升消费者对商品的认知、建立消费者信任的视频类型，视频中可以包括一些制作的特写镜头。

6. 测试视频

这类型视频经常用于测试产品的极限，如通过展示手机钢化膜如何抵抗螺母、螺钉和锯片的破坏来测试产品的硬度。

7. 空间浏览视频

可用于家具和家居装饰网站，视频可展示配置了卖家各种家具产品的房间和空间。

二、产品短视频制作规范与要求

视频可以更加直观地展示产品,提升转化率,在视频中可以对产品的使用方式、注意事项进行详细说明,这样可以减少很多售后问题及退货问题,因此,各大平台纷纷开通主图视频功能,不同平台对于产品视频的具体要求有所区别,表5.2和表5.3重点列示亚马逊和速卖通平台视频要求。

表5.2　产品主图视频要求

平台	格式要求	其他要求
亚马逊	1. 视频格式为MOV或MP4。	1. 完成品牌备案的卖家可以上传主图和视频。
	2. 视频缩略图是JPG或者PNG格式的高品质图片。	2. 视频内容的任何一边都不得有黑边。
	3. 视频宽高比为16∶9。	3. 视频的开始或结束不得使用空白帧或黑色帧。
	4. 尺寸大小建议为1 920像素×1 080像素,不得低于1280像素×720像素。	4. 视频内容不得含有诱导购买等违规信息。
	5. 颜色建议为RGB,DPI:300,不得低于RGB,DPI:72。	5. 不得使用亚马逊商标和商品,不得提及亚马逊的商品或服务。
	6. 视频时长不能超过1分钟。	
速卖通	1. 视频格式支持AVI、3GP、MOV等格式。	
	2. 视频宽高比为16∶9。	
	3. 视频时长建议30秒到1分钟。	
	4. 视频大小不得超过2 GB。	

表5.3　产品详情页视频要求

平台	格式要求	其他要求
亚马逊	1. 视频格式为MP4。	1. 未完成品牌备案的卖家可以上传视频。
	2. 视频大小不超过100 MB。	2. 视频内容不得使用吹捧产品的言论。
	3. 视频时长不能超过90秒。	3. 不得使用具有时间敏感度的信息。
速卖通	1. 视频格式支持AVI、3GP、MOV等格式。	需要审核通过后才能展示。
	2. 视频长宽比为16∶9。	
	3. 视频时长不超过4分钟。	
	4. 视频大小不得超过1 GB。	

主图视频与商品详情页视频有所区别,利用两个资源位展示相同内容会造成资源位的浪费。对于商品详情页的视频内容,建议以商品生产流程介绍、商品推广为主,也可以放一些能够体现公司实力的内容。

三、产品短视频制作原则与内容构思技巧

优质的商品视频能有效传递商品信息，形成对图文描述的有益补充，促进店铺拉新和盈利能力的整体提升。优质的商品视频具备一定的内在共性，把握这些共性，对于跨境电商卖家提升商品视频制作效率和质量大有裨益。

（一）以商品为中心

以商品为中心，顾名思义，是指商品视频的内容要紧紧围绕商品本身进行编排，帮助消费者了解商品详情是该视频的最高目标。为此，视频应重点介绍商品的功能、用途、操作流程、材质、适用场景或其他特点，避免主题偏离、顾左右而言他等情形的出现。

（二）真实可信

视频内容应真实、准确，避免夸大产品效果或误导消费者。

（三）合规性

确保视频内容符合跨境电商平台的规范及当地法律法规要求，避免违规风险，尤其不得侵犯第三方的知识产权，不得在视频中播放音乐，使用他人图片、艺术作品或其他音像作品，除非获得相关第三方的许可。

（四）内容构思技巧

第一，需要思考品牌定位，明确是高端产品还是大众产品。

第二，需要明确目标受众，了解目标受众的需求和购物习惯，思考客户通常会问什么问题，如何在视频中回答，突出用户痛点，根据目标市场和消费者特性定制视频内容，进而制定合适的策略和创意。

第三，需要对产品进行剖析，了解产品卖点和优势，视频需要展示产品的哪些功能和好处，以及它们是如何为客户解决问题的，产品是否具有差异化，如何体现产品差异化。

第四，营造氛围，通过场景化详细地展示产品的材质、颜色、尺寸、重量等基本信息，以及使用方法和注意事项等细节信息，让用户全面了解产品特点和用途，进而产生购买欲望。

第五，提前编写脚本，根据产品特点选择合适的配乐，音乐对于观看体验非常重要。

第六，虽然视频是产品描述的组成部分，但它不能完全取代文字。即使大多数购物者涌向视频，有些仍然喜欢阅读文字介绍，视频中也要适当配上文字，视频的内容不能像文字一样被搜索。因此，视频名称也至关重要。

四、产品短视频优化策略

（一）测试与分析

发布初期，可以制作多个版本进行A/B测试，比较不同版本的点击率、转化率等指标，根据数据分析调整视频内容，选择最优方案。利用数据分析工具跟踪视频的表现情况，包括观看次数、观看时长、跳出率等，为后续的优化提供数据支持。

（二）多渠道推广

将视频发布到多个社交媒体平台、视频分享网站及电商平台，扩大视频的受众范围。与网红、KOL或相关领域的合作伙伴进行合作，通过他们的渠道推广产品主图视频，提升品牌知名度和影响力。

（三）SEO优化

产品短视频的SEO（Search Engine Optimization）优化需从多维度着手。在关键词层面，通过行业工具、竞品分析挖掘核心关键词，将其自然融入标题、描述、标签，如标题可突出"××产品使用教程""××产品选购指南"等用户高频搜索词；视频数据要精准填写，包括分类、发布时间等，增强搜索引擎识别度；同时，优化视频本身质量，控制时长在用户停留的黄金时间内，提升完播率、点赞、评论等互动数据，这些用户行为信号也会影响搜索排名；另外，搭建稳定的外链，在高权重平台分享视频，借助平台流量与权重提升视频曝光，从而实现短视频在搜索引擎中的有效优化，提高曝光与转化。

任务三 详情页制作与优化

详情页是跨境电商产品的展示区，是详细介绍单个产品的页面，是用户了解产品细节和决定购买决策的重要途径，也是提高转化率和提升品牌形象的关键因素。

详细的页面说明能够增加买家信任，减少购物环节中买家的各种疑虑，通过差异化的表达方式，降低产品受同质化和价格战的影响，提升产品转化率，详情页准确、真实的图文描述，能够减少不必要的售后纠纷，好的页面一定会脱颖而出，给买家留下好的印象，从而提升销量。

一、详情页的构成

在制作商品详情页之前，卖家首先要了解买家的需求，要知道买家想从产品详情页中获得哪些产品信息。只有充分了解买家的关注点，卖家才能制作出增强买家信任的详情页。通常来说，在商品详情页中买家关注的信息点主要包括产品的规格、型号，详细的功能、用途，各个角度的清晰展示，产品的包装、配件、使用说明、售后服务、退换货承诺，以及产品的付款方式、物流方式、时间等，因此，一个完善的产品详情页也应该包含上述内容，具体可分为以下六部分。

（1）关联营销内容：热销商品、搭配商品、促销商品等。

（2）产品功能属性：产品的详细使用说明（如规格、优点、卖点、使用方法、效果等）。

（3）产品图片：包括整体图片、细节图及使用过程图等（如场景图、模特图等），展示产品的外观和质量。

（4）支付与物流：付款方式及流程、物流方式及配送时间等。

（5）售后服务：对退换货、退款及售后服务流程和注意事项的说明，这些信息能够增加买家的信任，减少买家在购物环节中的疑虑。

（6）商户的服务承诺、公司实力等内容：如店铺的信誉情况，获得的好评、商品资质、荣誉等，产品的包装信息、是否有配件等。提升品牌策略，让用户对品牌产生信任感和认同感。

通过对比各平台的产品详情页可以发现，上述内容最终是通过图片、文字和视频三部分呈现出来，以图片为主体。

二、详情页的优化

（一）产品图片及优化

产品图片直接影响消费者对产品的第一印象，是产品信息的重要载体和传达媒介，所以好的产品图片效果直接影响消费者对商品的喜好程度。产品主图（有时也称商品主图）是买家搜索产品时展示的产品图片，如图5.14所示，买家无论是通过关键词搜索的，还是通过类目搜索的，搜索结果中显示在买家眼前的是由一组相关产品或类似产品主图组成的搜索页面，买家可以根据自己需求或者被某个产品主图吸引而选择其中的一张产品主图进入产品详情页，如图5.15所示，进而进入店铺，产生有效流量。由于主图数量有限，能展示的图片少，还需要通过详情页来展示更多产品图片。因此，为了提高产品转化率，制作符合规范、质量高的产品图片是一项非常重要的工作，不同平台对主图的要求不同。

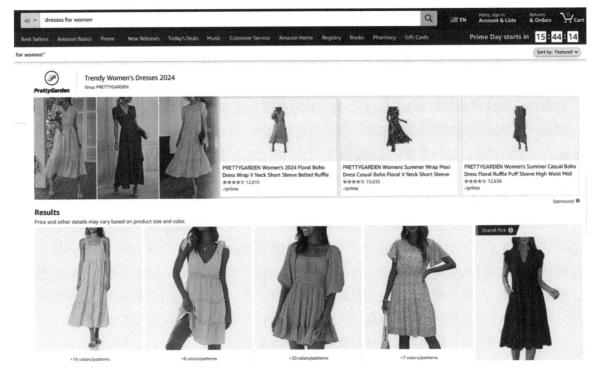

图5.14　亚马逊搜索结果页

1. 产品图片要求

速卖通平台最多允许上传6张产品主图，不同行业对产品主图的要求略有不同，具体图片要求如表5.4所示。

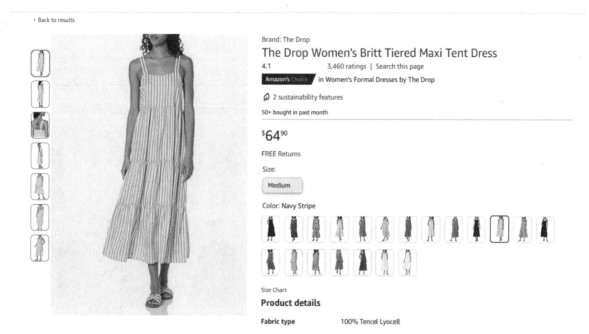

图5.15　亚马逊产品详情页

表5.4　速卖通产品图片要求

基本规范	1. 图片将呈现在商品详情页上，至少上传1张图片，图片格式只支持JPG、JPEG、PNG，且大小不超过5 MB。
	2. 图片尺寸大小要求不低于800像素×800像素，宽高比例1∶1（建议1 000像素×1 000像素）或3∶4（建议750像素×1 000像素）。
	3. 同一组图片比例必须保持一致。
	4. 图片背景要求纯白色或全透明。
Logo放置	5. 可将品牌Logo放置于主图的左上角，且Logo不宜过大，大小大概为主图的1/10，且整店主图Logo最好保持统一。
文字	6. 图片上不能出现多余文字，严禁出现汉字，不得包含促销、夸大描述等文字说明，该文字说明包括但不限于秒杀、限时折扣、包邮、满送等。
产品主体	7. 商品主体需居中正面展示，产品主体大小占图片比例70%以上，与四边保持一定间距，建议不小于50像素。
边框水印	8. 不允许出现水印、任何形式的边框，以及促销牛皮癣等信息。

续表

拼图问题	9. 主图不允许出现九宫格，建议不要出现任何形式的拼图，尤其是多种颜色的产品使用多宫格的展示方式。在一张图片中出现多个产品是可接受的，但建议不要出现拼图。
其他要求	10. 不允许出现敏感类目、违禁商品、政治敏感、宗教敏感等产品信息。
	11. 切勿盗图，一经发现将对产品进行下架处理，同时将对商家予以处罚。
	12. 图片可以是产品正面图、背面图、侧面图、实拍图、细节图，服装服饰等类目可以有模特图。

图5.16和图5.17分别是速卖通平台规则频道发布的正确白底图示范和错误白底图示范。

图5.16 正确白底图示范（以女装为例）

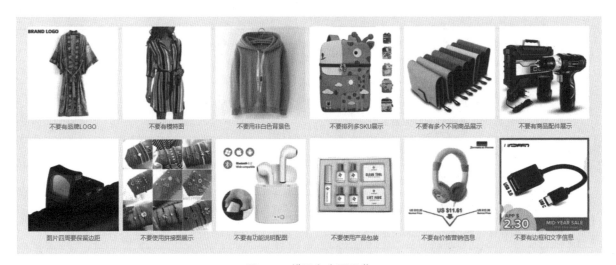

图5.17 错误白底图示范

亚马逊一条Listing的图片主要由1张主图和8张副图构成。放在第一张的通常就是商品主图，是作为商品搜索结果直接展示给消费者的图片。副图则是对主图的补充说明，其意义在于对商品进行多方位的展示。亚马逊商品图片要求如表5.5所示。

表 5.5　亚马逊产品图片要求

基本规范	1. 图片必须采用 JPEG、TIFF、PNG 或 GIF 文件格式，首选文件格式为 JPEG，不支持 GIF 格式的动图。
	2. 图片最长边必须至少为 1 000 像素，当图片的高度或宽度大于 1 000 像素时，该图片就具有缩放功能，图片最短的边长（相对的宽或高）不能低于 500 像素，否则无法上传到后台。
	3. 主图应该采用纯白色背景。
	4. 主图必须是产品的实拍照，不得是图形、插图、实物模型或占位图片，不得展示无关配件或可能令消费者产生困惑的道具。
其他具体要求	5. 图片必须清晰，经过像素化处理且没有锯齿边缘。
	6. 主图内的商品上方或背景中不得有文字、徽标、边框、色块、水印或其他图形。
	7. 主图不得包含单个商品的多角度视图。
	8. 商品主体必须占据图片区域中至少 85% 的面积。
	9. 主图展示的商品必须去除外包装，除非外包装是重要的商品特征。
	10. 不得在人体模特上展示儿童和婴幼儿的紧身衣、内衣和泳衣。
	11. 多件装服装商品和配饰的主图必须采用平面拍摄形式，非模特展示。
	12. 主图展示的女装和男装必须由真人模特穿着，类目可以有模特图。
	13. 儿童和婴幼儿服装的所有图片必须采用平面非模特拍摄形式。
	14. 主图展示的鞋靴必须是单只，呈 45° 朝左摆放。

2. 产品图片优化

如何让产品图片抓住消费者的心理是吸引消费者点击和进入详情页并提升转化的重要环节。

卖家进行商品图片优化时，需从功能图、细节图、尺寸图、场景图、包装图等不同角度，对商品图片进行合理配置，尽可能从多场景、多角度展现商品。要确保图片清晰、明亮、细节丰富，让用户能够清晰地看到产品的外观和质量。场景大图可以展示使用效果场景、模特代入场景以及超级卖点场景，让买家对商品的使用效果有一定的代入感，让消费者有身临其境的感觉，吸引买家共鸣，如图 5.18、图 5.19 所示；质感白图可以展现商品的所有功能及属性，让消费者一目了然，如图 5.20 所示；可用于单 SKU 角度展示、多 SKU 组合展示满足不同用户的喜好如图 5.21 所示；在商品图中标注尺寸或重量，让消费者直观了解商品的大小和重量，如图 5.22 所示；展示商品的结构设计、零部件构成，便于消费者对商品结构做出评估，如图 5.23 所示；细节小图用于展示产品细节、小卖点等品质和重要设计的展示等，让买家能够直观、清晰地看到商品各个部位的特点，增加其购买的信心，如图 5.24 至图 5.26 所示，图 5.26 是通过在详情页展示更多细节以对副图进行补充说明。

图5.18 亚马逊平台ShowyLive徒步双肩包场景大图

图5.19 模特图(副图)　　　　　　　　　图5.20 功能细节图(副图)

图5.21 多SKU图

图5.22　尺寸重量图（副图）

图5.23　多角度产品构成（主图）

图5.24　细节卖点图（副图）

图5.25　细节卖点图（副图）

More Details

with shoe compartment

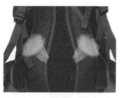

900D High Materials

with padded straps

with waist strap

图5.26　详情页细节图

　　ShowyLive徒步双肩包的商品主图中，通过两个角度展示了背包的全貌，并且明确了产品构成，吸引了买家眼球，图片采用白底，产品主体占整张图片的85%的空间，没有反光点和阴影部分，视觉效果舒适。此外，主图使用了缩放功能，能让消费者更清楚地看清商品细节。副图是对主图的有效补充，该店铺着重从细节图、尺寸图、场景图来诠释商品特性，提供消费者易阅览、易消化的商品信息。ShowyLive店铺采用细节图放大背包的功能并突出卖点，方便消费者对商品的容量、舒适度等做出评估；采用尺寸图和收纳图，方便消费者对商品的可携带性、收容能力进行评估；同时采用场景图，提供商品的应用方案，增强消费者的代入感，还通过详情页对防水面罩以及收纳能力进行补充，如图5.27所示。

Packable Hiking Backpack

图5.27　防水场景+收纳物品展示图

此外，根据不同的品类，跨境电商卖家还可选用部件图、组装流程图、效果对比图及包装图等展示商品特性及卖点。

（二）文字描述及优化

产品详情页是买家与商品之间的桥梁，而产品文字描述则是这座桥梁上的重要路标。一个优秀的产品描述不仅能够清晰地传达商品信息，还能激发买家的购买欲望，提升转化率。因此，商品详情页的设计应该做到图文并茂，卖家在撰写并优化文字描述时可参考下列技巧。

1. 提炼商品卖点增加吸引力

优质的详情页要让买家精准快速地接收信息，卖家先要知道买家想要的是什么（即利益点），展示买家想要的，让买家对产品产生兴趣，才能吸引买家。直白地、有逻辑地传达与买家利益相关的信息才是最重要的，根据消费者的需求和产品卖点编辑出精准文案。

如亚马逊平台在比较前端的位置允许卖家填写5个卖点，即五点描述，就是向买家充分展示卖家产品的优点，如图5.28所示。五点描述是商品Listing的核心组成部分，其地位仅次于商品标题，对商品排序和消费者转化具有重要影响。卖点具有简洁、明快，能最大限度地展示产品特性、有吸引力的特点。卖点，能够让买家看一眼就被吸引住，从而决定进一步浏览和了解产品详情。大多数买家在购买产品时看重的就是产品本身的用途、性能、优点、材料等，Bullet Points能够第一时间传递给买家这些信息，从而让产品脱颖而出，帮助买家迅速了解卖家产品的优点。根据对境外消费者的观察，五点描述几乎是消费者必看的内容，只有需要更进一步的商品信息时，消费者才会继续将页面往下翻，查看商品细节。这决定了五点描述具有两项核心功能：一是对商品主要功能进行说明，回应消费者疑虑；二是展示商品的差异化卖点，提升竞争力。

产品卖点的提炼应该以消费者为出发点，因此需要做好竞品分析。分析竞品的Bullet Points、review、QA都有什么内容，买家最关心什么？最担心什么？问得最多的是什么？将买家最关心的问题筛选出来，提炼出产品卖点。例如，卖家售卖一款户外登山包，首先应针对不同类目下相似度高的商品做数据调查，尤其是消费者的好评和差评。好评反映的是优势和消费需求，差评反映的是需求及商品未能解决的痛点。综合调查结果，将消费者呼声最高的特点写在最前面，如消费者最关心的是轻便耐用，那么与材质相关的内容就可以成为核心卖点；关于差评，买家抱怨最多的，如果可以加以改良和优化那便是卖点。总之，产品的尺寸、功能、产品特点、用途、优势、材质、外观、设计结构、附加功能、如何使用等都可以通过竞品分析提炼出卖点，然后对卖点进行排序，核心卖点前置，以便突出重点，吸引消费者注意。

2. 格式清晰与内容简明提升可读性

跨境电商的产品描述多用外文撰写，具有可读性是买卖双方实现有效沟通的前提，合理的分段和格式设置对于提升买家的阅读体验至关重要。清晰的格式有助于买家快速捕捉商品要点，增加页面停留时间。在形式上，卖家可以选择将产品优势、解决痛点和适应范围等信息，分段进行论述，采取"先总结、后展开"的描述方式，总结内容以少数关键词呈现，以此提升消费者的浏览体验；在内容上，卖家应注意运用消费者看得懂、能理解的方式描述商品特点，且语言表达力求准确、简洁。避免在描述中堆砌过多形容词和填充词，这不仅不会增加描述的吸引力，反而可能会造成买家的困惑。

图 5.28　亚马逊平台 ShowyLive 徒步双肩包五点描述位置

3. 合理使用关键词

买家在搜索引擎中找到了卖家的产品，是因为产品标题和描述包含了他们可能在平台搜索引擎中搜索到的关键词。对于在商品标题中未覆盖到的关键词，可以考虑放入详情页产品描述中，高关键词覆盖率可以带来更好的商品排名。因此，产品描述应该包括主要关键词和其他与产品密切相关的关键词。例如，若销售的是智能手环（Smart Bracelet），则可以利用"健康追踪手环"（Health Tracking Bracelet）、"运动手环"（Fitness Tracker）、"心率监测手环"（Heart Rate Monitor Bracelet）、"睡眠监测手环"（Sleep Monitoring Bracelet）、"防水智能手环"（Waterproof Smart Bracelet）及"多功能智能穿戴设备"（Multi-Function Smart Wearable Device）等相关关键词，来提高产品在搜索引擎中被用户发现的机会。这些关键词不仅覆盖了产品的核心功能，还触及了潜在用户可能使用的搜索词汇，从而增加产品的曝光度和吸引力，当然使用这些关键词的前提是符合卖家产品的特点，并且在描述中放置时不会纯粹为了埋词而影响买家阅读。

一个好的产品描述一定是经过精心准备的，既要有实质的内容，又要有恰当的形式，通过形式与内容的结合，向买家传输卖家想要表达的东西，而这些东西又是能够触及买家关切点的。买家通过阅读产品描述与卖家达成共识，找到共鸣，然后下单购买，即形成了转化，而这个转化率高于同行卖家，这个产品描述才是一个优秀的产品描述。

（三）详情页优化技巧

产品详情页的设计好坏会影响消费者对店铺的印象，好的产品详情页可以给消费者建立更多的信赖感，使得消费者在浏览详情页的同时会更加坚定自己的选择。

详情页整体设计可以遵循FABE法则，即F（feature），产品的特征；A（advantages），这些特征给产品带来的优势；B（benefits），这些优点给顾客带来的好处；E（evidence），如何证明上述特征/优势/好处。详情页的开始部分应该以提升买家的购买冲动为目标；详情页中间部分，要设计能够提升买家购买欲望、提升转化的内容；而详情页的页尾应该要以提升买家的访问深度为主要目标。所以，一般产品的详情页结构是，详情页的前部分建议放店铺的品牌或产品海报图、营销海报等，紧接着展示一些产品的重要信息及特色卖点；详情页中间部分展示产品的实拍图、细节图、模特图，如果是服装、鞋包类产品，还需要放尺码表、一些提示信息和注意事项；详情页的最后可以展示服务说明、售后模板、公司实力介绍等。以下是一些提高详情页转化率的技巧和建议。

1. 明确目标受众

了解目标受众的需求和购物习惯，针对性地进行页面设计。

2. 优化图片质量

高质量的产品图片是详情页的关键。要确保图片清晰、明亮、细节丰富，让用户能够清晰地看到产品的外观和质量。详情页与产品的主图应该相呼应，产品的几张主图里，告诉了买家什么内容，产品的详情页里，也要体现这些内容或者是从不同的角度去体现。让买家反复解读这些信息，在不知不觉中影响买家的决策，主图给买家带来第一印象，详情页用于加深印象，刺激买家迅速下单。如果产品的主图和详情页表达出来的信息不一致，买家可能会忘记产品是干什么的，有什么样的特点。

3. 突出产品优势

通过图片、视频等手段突出产品的优势和卖点，让用户快速了解产品的价值。可以通过对比其他产品、列举参数、展示实际效果等方式来突出产品的优势。

4. 提供详细信息

提供足够的产品信息和使用方法，让用户全面了解产品。包括产品的材质、尺寸、重量、使用方法和注意事项等。这些信息需要尽可能详细地展示出来，以便用户更好地了解产品的特点和用途。

5. 图文分离

图片和文字分开编辑，而不是把文字直接编辑在图片上，然后直接上传图片。这样做的好处是文字加载速度比图片快，在移动端不会因为等比例压缩的关系看不清楚，可以利用翻译插件查看多语言的译文，使得非英语买家能更好地了解产品详情。但是这并不意味着不使用图片，相反，一些表格比如尺码表，如果不用图片，在移动端很难完美适配。需要注意的是，如果要把文字写到图片上，一定要在移动设备上看下实际的效果，以便调整图片上面文字的字号，确保图片等比例缩小之后，文字还能看清楚。

6. 增加用户评价和口碑

在详情页中添加一些用户评价和口碑，可以增加用户的信任度和购买信心。可以展示一些积极的评价和反馈，同时也可以添加一些产品在市场上的表现和销售数据等。

7. 强化品牌形象

在详情页中展示品牌的形象和特点，可以让用户更好地了解品牌和信任品牌。可以添加品牌的标志、宣传语、品牌故事等元素，同时也可以展示品牌的售后服务和保障政策等。

8. 设置关联推荐

关联营销是指在同一个页面中同时推荐其他同类、同品牌、可搭配的关联产品，可以提升转化率、提高客单价、提高店铺内产品的曝光率。一般情况下，如果该产品流量大，但是产品转化率一直很低，可以考虑在详情页的上方添加关联模块，让买家有更多选择，刺激买家购买；如果产品流量较多，且转化率高，那么关联模块可以放在详情页的下方，不影响该产品的成交，还能增加买家的访问深度。

9. 优化页面布局和设计

详情页的页面布局和设计也是影响转化率的重要因素。要确保页面简洁明了、导航结构清晰，方便用户快速找到所需信息，可以通过A/B测试来不断优化页面布局和设计，以提高转化率和销售业绩。

10. 优化加载速度

优化详情页的加载速度，提高用户体验，避免图片数量太多太大，买家等待加载的过程中会跳失。

11. 定期更新和维护

定期更新和维护详情页的内容和图片，保持新鲜感和吸引力。同时，也要注意维护详情页的安全性和稳定性，避免出现错误和问题影响用户体验和转化率。

任务四 产品定价策略

定价是跨境电商中至关重要的一环，它不仅关系到产品的销量，还直接影响企业的利润和市场竞争能力。一个合理的定价策略可以促进销售，增强市场竞争力，并确保企业盈利。定价不仅要考虑成本和利润，还要考虑市场接受程度和消费者心理预期。因此，掌握正确的定价策略和技巧对于跨境电商来说至关重要。

一、定价目标

定价目标是企业战略的体现。不同的发展阶段、市场竞争程度及自身竞争力决定了卖家应采取何种定价策略。因此，在制定定价目标时，卖家需全面评估自身条件及市场环境，确保定价策略与长期发展目标相一致。

对于初创期、转型期或库存压力较大的跨境电商卖家而言，首要目标是确保销售收入能够覆盖可变成本，维持企业生存和市场占有率，此时价格可能设定为略高于成本的水平，以吸引顾客购买并减少库存积压；随着市场占有率的提升，许多卖家开始追求业务扩张。通过低价策略吸引更多买家，提高产品销量排名，进而带动店铺其他产品的销售。此举不仅能增强品牌知名度，还能在供应链整合上获得更多议价权；而对于成熟企业，尤其是对于拥有独特产品或市场影响力的卖家而言则可能更侧重于利润最大化和品牌建设，通过综合考虑成本、价格、销量及利润之间的关系，制定出既能吸引顾客又能保证高利润的价格；部分卖家注重自身及店铺的品牌定位，将产品价格维持在一个相对固定的水平，以体现产品的品质和价值。这种定价策略有助于塑造品牌形象，吸引特定消费群体。

二、影响跨境电商产品定价的主要因素

（一）产品采购成本

产品采购成本是影响跨境电商定价的直接因素之一。采购成本的高低直接影响卖家的利润空间。因此，在采购过程中，卖家需积极寻找优质的供货渠道，通过批量采购、长期合作等方式降低采购成本。

（二）跨境电商运营成本

跨境电商运营成本包括固定成本和可变成本两部分。固定成本是指短期内和跨境电商销量无关的成本，如人力成本中的固定工资、办公成本中的场地租金及设备购置费、平台使用费用等；而可变成本则是随着跨境电商销量变化而变化的成本，包括人力成本中的激励性报酬、平台佣金（不同的平台会根据每笔订单的交易额，收取一定比例的佣金，具体比例可从平台官网查询）、平台推广费用中的可变部分（如速卖通平台的促销折扣有联盟营销）等。卖家在制定价格时，需充分考虑这些成本因素，确保定价能够覆盖运营成本并实现盈利。

（三）产品的销量

一般来说，产品的销量增长，产品的采购成本或制造成本可以得到明显的下降，在价格不变的情况下，也就可以取得更多的利润。

跨境电商产品的销量总体增长，可在很大程度上摊薄跨境电商卖家在运营过程中支付的固定成本部分，从而取得更大的产品定价空间和更多的利润。

（四）利润水平

显然，在其他情况不变的情况下，价格越高，利润水平也越高。但利润水平往往是根据"量本利"预测和计算得出的一个合理的总体利润水平。

在价格下降时，如果跨境电商买家对价格非常敏感，销量往往会有明显的增长，跨境电商卖家反而可以取得更高的利润水平。

（五）市场需求与竞争状况

市场需求与竞争状况是影响跨境电商定价的重要因素。卖家需密切关注市场动态，了解消费者的购买意愿及竞争对手的定价策略。在需求旺盛且竞争不激烈的情况下，可适当提高价格以获取更高的利润；反之，则需采取低价策略以吸引顾客并保持市场份额。

值得一提的是，跨境电商目标市场消费者的收入水平及对价格的可承受能力是市场需求的重要内容。在目标市场消费者的收入水平及对价格可承受能力高的情况下，可以适当地提高产品的定价，此时的高价往往以更高的产品定位（品牌或质量等）为前提。

（六）政策法规与国际贸易环境

政策法规及国际贸易环境的变化也可能对跨境电商定价产生影响。如关税政策、汇率波动等因素都可能导致产品成本的上升或下降，进而影响定价策略的制定。因此，卖家在制定价格时还需考虑这些因素可能带来的风险与机遇。

三、产品价格核算

（一）和价格有关的概念

1.上架价格

上架价格（List Price）是涵盖采购、物流、佣金、税费、推广等所有运营成本，同时考虑日后最大促销折扣、正常汇兑损失、退换货等因素的商品价格，是卖家发布商品时录入系统的原始价格。如果该商品处于折扣状态，则在前端页面显示为被横线划掉的价格，如图5.29所示。各大跨境电商平台均有出台价格更改的限制性政策，过于频繁地修改商品价格会触发平台限价机制，影响商品系统排名，进而影响商品销售。以亚马逊平台为例，如果卖家在一天内多次更改价格，平台将限制卖家在当天剩余时间内重新定价的次数。

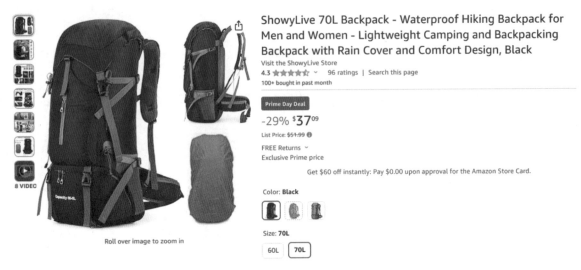

图5.29　亚马逊平台ShowyLive徒步双肩包价格示例

2. 销售价格

销售价格（Discount Price，DP），又称折后价，是商品在折扣状态下显示的价格。商品打折是店铺营销活动的常见举措，有利于提高转化率和商品销量。在跨境电商平台中，常以负数折扣或"折扣率+Off"的形式显示折扣信息。如图5.29所示，卖家计划打71折促销原价为51.99美元的一款商品，则销售价格显示为"−29%，36.91美元"。

销售价格的计算公式如下：

$$销售价格=上架价格×（1−折扣率）$$

3. 成交价格

成交价格（Order Price，OP），是消费者下单后最终支付的价格。该价格是商品销售价格减去优惠券、满立减等一系列营销优惠所得，再加上其他需要支付的费用后的最终交易价格。

成交价格的计算公式如下：

$$成交价格=销售价格−营销优惠+其他消费者自费费用$$

（二）定价方法

1. 成本加成定价法

这种定价方法是在产品的成本基础上加上一定的利润来制定价格。具体来说，就是根据产品的生产成本、运输成本、营销成本等加上预期的利润来制定最终的销售价格。其基本公式如下：

$$P=C_1÷(1−S\%)÷(1−C_2\%)÷(1−C_3\%)÷(1−C_4\%)/T$$

式中，P为产品的上架价格；C_1为产品的所有可变成本，主要包括采购价格、运费等，这些成本一般情况下是已知的；$S\%$为跨境电商卖家期望的销售利润率，一定程度上需要参考行业通行价格，以及消费者的接受程度，合理设定一个利润率；$C_2\%$为平台佣金比例，一般在选定平台及产品类目的情况下，平台佣金比例是确定的；$C_3\%$为折扣率；$C_4\%$为退货率及各项固定成本分摊比例，主要包括人力成本、办公成本、平台费用及推广费用等固定成本，通过对固定成本的总量控制，结合以往卖家的销量情况，也可以大致计算出一个比例；T为美元的外汇买入价，卖家在做定价决策时，汇率是已知的。

举例：产品的采购价是60元，运费是90元，卖家期望的销售利润率是25%，平台的佣金比例是5%，折扣率为30%，各项固定成本占总销量的比例控制在6%左右，即期的美元外汇买入价为6.5元。

那么，产品的上架价格如下：

$P = C_1 \div (1-S\%) \div (1-C_2\%) \div (1-C_3\%) \div (1-C_4\%)/T$

　　$=($采购价$+$运费$) \div (1-$销售利润率$) \div (1-$佣金比例$) \div (1-$折扣率$) \div (1-$固定成本比例$) \div$汇率

　　$=(60+90) \div (1-25\%) \div (1-5\%) \div (1-30\%) \div (1-6\%) \div 6.5 = 49.22($美元$)$

2. 竞争导向定价法

这种定价方法是根据竞争环境来确定价格。具体来说，指卖家在制定价格时，将平台其他卖家同款或相近产品的价格作为定价的主要依据。

在同类产品卖家较多的情况下，如果卖家自身的产品在功能、款式、规格及材料等方面没有特殊的地方，大部分消费者除产品的基本使用功能以外，也没有特殊的要求，那么这种定价法则是一种最简单、直接的定价方法。

例如，某跨境电商卖家准备在某跨境电商平台上出售一款儿童自行车铃铛，通过该平台的搜索发现，该款儿童自行车铃铛的卖家有很多，销量也不错，其售价大部分为5~6美元。该卖家所在地具有多个这款铃铛的生产商。通过调查，扣除各项可变成本之后，在平台上出售这款产品至少可以获得20%的毛利。那么，该卖家完全可以在该平台上出售这款儿童自行车铃铛，并将价格定在5~6美元，如5.5美元。

这种方法的使用只有当卖家与竞争对手销售相同产品、两种产品没有任何区别时，才可以起到效果，并且容易引起价格战。比如，卖家在速卖通平台上销售产品，有一款在自己网站上标价59.99美元的产品，因此卖家将速卖通上的价格也设定为59.99美元，希望订单能蜂拥而来。但卖家发现，订单并没有涌来。后来，卖家发现竞争对手正在以49.99美元的价格出售相同的产品，因此卖家将价格降至39.99美元。不久之后，双方都会因为不断降价，把利润空间压缩得几乎可以忽略不计。

3. 价值认知定价

所谓产品价值认知定价法，是指卖家根据消费者对产品的价值认知来制定价格的方法。在同一类产品中，消费者对该类产品的品牌、款式、结构、材料、可靠性及服务等方面具有一定的价值认知，在满足需求的情况下，愿意为其价值认知支付更高的价格。这种定价方法适用于品质较高、功能较为独特的产品或服务。但是，它需要准确的评估能力和市场调研能力，否则可能会出现定价过高或过低的情况。在跨境电商中，如果产品的品质和功能比较独特，或者消费者对产品的价值比较认可，这种定价策略可能比较适用。

例如，在某跨境电商平台上，有一款热销的双人三季帐篷，其重量是2.5千克，支撑杆是玻璃钢材质，双层结构，外层面料防水指数为2 000，品牌为一普通品牌，其主要市场国家包邮售价为90美元左右。

某卖家手上有一款新型的双人三季帐篷，其重量只有1.6千克，采用超轻航空铝合金支撑杆，双层结构，外层面料采用抗撕拉尼龙布，覆盖新型硅胶防水材料，防水指数达8 000，品牌则是国内知名成长型品牌，那么该产品的定价应该是多少呢？

通过调查发现，在该平台上，2千克以下的超轻帐篷，价格平均高出15美元，平台上暂时还没有卖家出售1.6千克上下的超轻帐篷，而航空铝杆帐篷一般要比玻璃钢杆帐篷多出10美元，该平台上出售的防水指数高于5 000的帐篷，平均售价也要高出10美元左右。另外，该卖家曾经在该平台上出售过该品牌的帐篷，销量还不错，顾客的反馈也很好，该品牌的帐篷比同款其他品牌的帐篷售价高出20美元左右。

该卖家认定，潜在的户外爱好者，对帐篷以上特性的价值认知是明确的，于是该卖家将这款产品的价格暂时定为：

新型帐篷价格=某热销帐篷价格90+超轻价值认知15+航空铝合金材质价值认知10+

　　超高防水性能价值认知10+品牌价值认知20

　　=145（美元）

结果，这个卖家以145美元的价格在该平台上出售了一批该款新型帐篷，并在取得不错的顾客反馈后，将价格调整为158美元。

四、产品定价策略

（一）心理定价策略

心理定价策略实际上是根据跨境电商买家的心理因素，如"图便宜、好处"或"图档次、地位"等，而采取的一种定价方法。

1. 招徕定价

招徕定价，实际上就是利用顾客贪图便宜的心理，特意安排几款特价商品，特价商品往往是顾客较为熟悉的产品，因此特价商品的存在，往往会使顾客潜意识地认为卖家其他产品的售价也不会太高，从而带动其他产品的销售。在跨境电商业务中，"爆款""引流款"商品采用的便是此种定价方式。

2. 尾数定价

尾数定价，是利用顾客对价格的数字认知而进行的定价，其表现形式往往是不超过某个具体整数或保留价格的零头。美国Gumroad公司曾做过一项数据分析，结果显示，同样的商品定价0.99美元比定价1美元能多卖62.7%，定价1.99美元比定价2美元能多卖117%，定价2.99美元比定价3美元能多卖63%。尾数定价的目的是让消费者觉得便宜，通常适用于基本生活用品的定价。

3. 声望定价

声望定价实际上是针对顾客追求名牌或产品档次的心理，采取的高价策略。此类定价策略通常适用于珠宝、手表、工艺品、箱包等类目，前提是具备强大的品牌知名度和品牌影响力，使顾客认定产品的"高品质"，甚至认为购买该产品是其个人品位、身份和地位的象征。

4. 价格线定价

价格线定价是指为选定的商品线设定少数的价格水平。例如，某店铺专门经营中档、高档男士衬衫，中档衬衫每件卖59美元，高档衬衫每件卖99美元，每条商品线下都有多种款式的衬衫。此定价策略有助于简化消费者的购买决策。

（二）价格折扣策略

出于提高销量、清理库存、回笼资金及提高店铺考核业绩等方面的考虑，跨境电商卖家往往会以不同的形式和不同的幅度降低产品的售价。常见的折扣有现金折扣、数量折扣、季节性折扣等。

现金折扣通常以折扣率表示，结算时直接扣除相应金额；数量折扣是当顾客购买超过一定的数量时，给予的价格上的优惠，如购买1件10美元，购买3件以上每件8.9美元；对于服装、食品、电器等行业中一些需求随着季节变化的产品，卖家可以设定较大幅度的季节性折扣，以及时清理库存、回笼资金。

（三）差别定价策略

差别定价是指对同一种商品以两种或两种以上不同价格进行出售的策略，在跨境电商业务中常常表现为以商品为基准的差别定价和以时间为基准的差别定价两种类型。

以商品为基准的差别定价，顾名思义，是以商品作为基础，对不同的商品型号制定不同的价格。如同一款T恤，热销的白色售价37.89美元，热度一般的其他颜色售价19.99美元。值得注意的是，价格差异并不一定完全等同于商品成本的差异。在该例子中，T恤价格差并不一定是两款T恤材质的成本差，其中更多的是反映了消费者特别的需求或偏好。

以时间为基准的差别定价利用了人们在不同季节、不同日期、不同时刻对商品需求强度不同的特点，对同一商品制定不同的价格。此种定价策略多适用于季节性商品，如泳衣、羽绒服、沙滩裙等。

（四）国别（地区）定价策略

在跨境电商运营实践中，不同国家和地区的卖家所需支付的价格往往是可以不一样的，其中的原因是多方面的，如不同国家和地区的快递成本不一样、不同国家和地区买家的购买力不一样，以及不同国家和地区交易风险上的差异等。

显然，对于快递成本较高的国家和地区，宜设定较高的商品价格或"偏远地区不包邮"，针对不同国家和地区买家购买力的定价策略也是如此。另外需要注意的是，对于交易风险较大甚至存在战乱情况的国家或地区，价格则更应定得高些，必要时也可以设定为不发货。

任务五　产品平台发布

不同跨境电商平台的产品发布操作流程不尽相同，但卖家都需要进入上传产品资料页面、选择产品类目、设置产品标题、填写商品基本属性、上传产品图片、填写产品销售价格、制作商品详情页、设置包装和核定物流运费信息等操作。

一、亚马逊后台产品发布流程

进入亚马逊卖家后台，单击左上角菜单，通过"目录"—"添加商品"，如图5.30所示，进入发布商品页面入口，如图5.31所示，也可以通过左上角"添加商品"快捷按钮，如图5.32所示，进入发布商品页面入口。

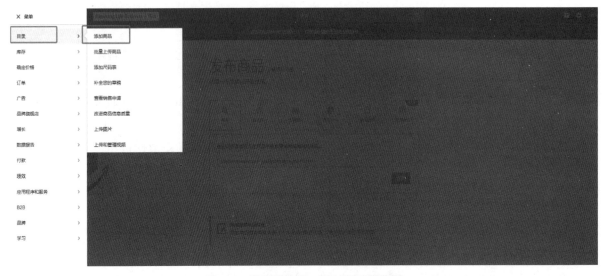

图 5.30 选择"目录"—"添加商品"选项

图 5.31 亚马逊后台发布商品页面入口

图 5.32 "添加商品"快捷按钮

在搜索框输入产品核心关键词或已经制作好的产品标题，建议对应站点国家使用相应语种，本案例为德国站，所以使用德语，搜索结果页面显示亚马逊平台目前在售的同类产品，点击创建新商品信息，如图 5.33 所示，进入产品信息发布页面，如图 5.34 所示。

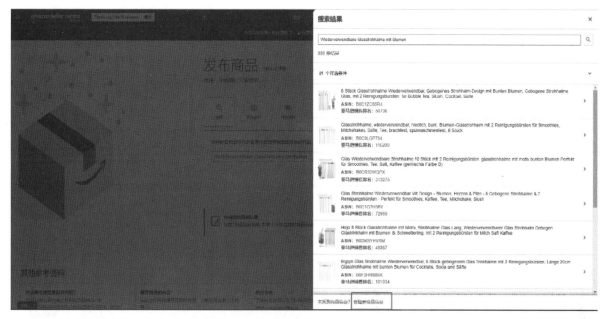

图5.33 点击"创建新商品信息"

进入产品信息发布页面后，如图5.34所示，第一步在左侧进行语言选择，系统会默认使用上一步所使用的语言，第二步选择所有属性，确保产品信息填写的完整性，第三步输入产品标题，第四步进行类目选择，完成后点击右下角"下一步"进入产品详情页面的填写。

图5.34 产品信息识别页面

类目指的是商品的类型和目录，是跨境电商店铺的主要流量来源之一，境外的买家可以通过首页的类目进行商品的筛选。例如，买家想要一件连衣裙，其就可以通过首页的"女装/连衣裙"类目来进行筛选。从最大的一级类目到具体商品的二级、三级、四级细分类目，如图5.35所示，类目定位准确有助于商品获得更多的精准匹配的流量。

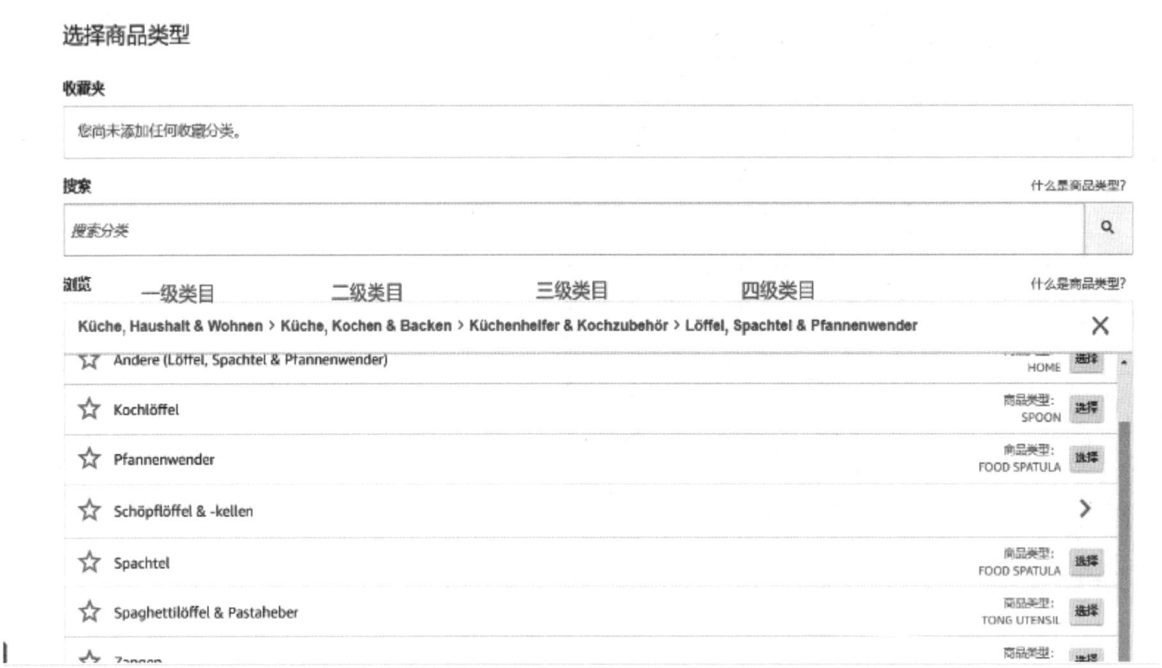

图5.35 选择类目页面

在从左到右的类目中，一级类目在最左侧，越靠近左侧的一级类目流量基数越大；越靠近右边的子类，流量基数越小，匹配的属性越具体。

卖家要对平台的各级类目有所了解，知道自己所售商品从物理属性上来讲应该放到哪个大类目下。发布商品时，必须选择类目之后才能进入商品发布页面。如果没有具体对应的类目（如发布一些不太常见的零配件），卖家需要选择最接近或最相似的类目发布商品。

类目在商品排序中很重要，错误的类目选择会影响商品的曝光，也会使卖家受到平台的处罚。实际操作中经常出现类目错放的情况。一般情况下，类目错放有以下两种情况。

（1）有意的类目错放，是指在发布商品时有意使选择的类目与商品实际所属类目不符以"骗取"曝光的行为，这就是类目错放搜索作弊行为。为了保障卖家间的公平竞争，平台将对这种恶意行为进行打击和处罚。

（2）无意识的类目错放，导致这种情况的原因是卖家对平台和类目结构了解得不够深入。例如，买家想挑选连衣裙，但卖家错把这类商品发布到男装的类目下，那么不管其他信息如何完善，买家都无法通过类目搜索到该商品，这会直接影响交易的达成。

进入产品详细信息填写页面后，填写提前制作好的产品长描述及五点描述，这里都是文字描述，上传产品图片，如图5.36所示；点击"产品详情"进入产品属性填写页面，如图5.37所示。

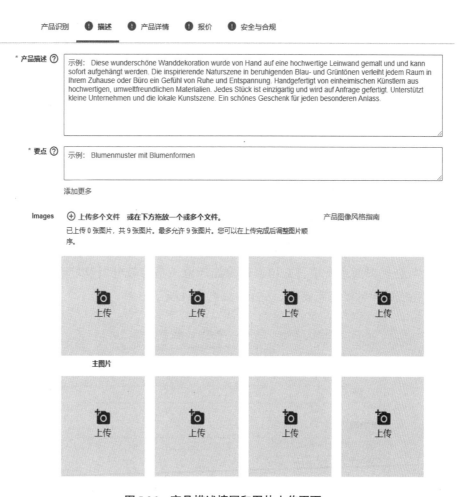

图 5.36 产品描述填写和图片上传页面

图 5.37 产品属性填写页面

亚马逊Listing页面的图文板块不是在发布的时候填写，只有通过品牌备案的卖家才可以发布图文信息，通过广告菜单下的A+商品描述管理器发布。

产品属性是指商品本身固有的性质，是商品在不同领域的差异性（不同于其他商品的性质）的集合。所以，在发布一款商品前，卖家要对商品的颜色、材质、特性、尺寸、使用方法等进行全方位的剖析。

亚马逊后台的产品属性都是系统推荐属性，根据行业类目的不同而不同，带有"*"标志的为必须填写的属性，只有详细、准确地填写系统推荐属性，商品才有可能获得更高的曝光量。60%的买家会利用商品属性及属性值来缩小其想要的商品的搜索范围，因此，商品属性的填写要准确、完整。

接下来在产品报价页面需要填写产品价格、数量，以及物流和包装尺寸等信息，如图5.38、图5.39所示；安全与合规页面主要填写必填属性，如产地、是否带电以及危险品管制等信息，如图5.40所示，填写完成后即可提交完成产品发布，如图5.41所示。

图5.38　填写价格和数量

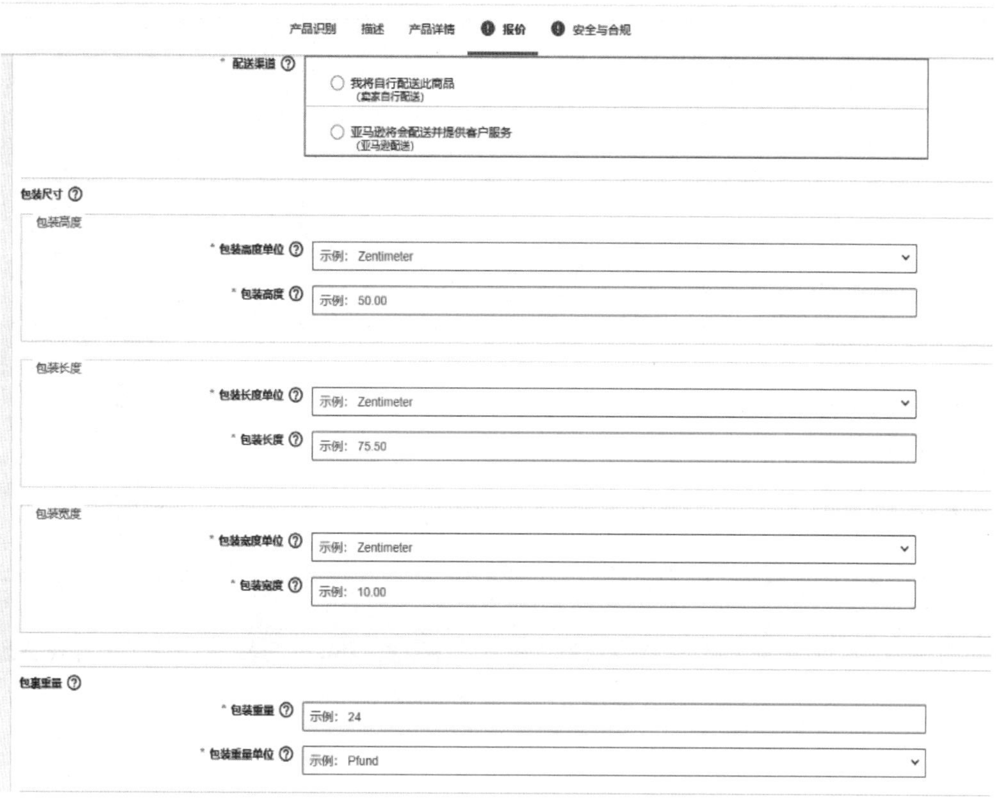

图 5.39　填写物流包装尺寸和重量信息

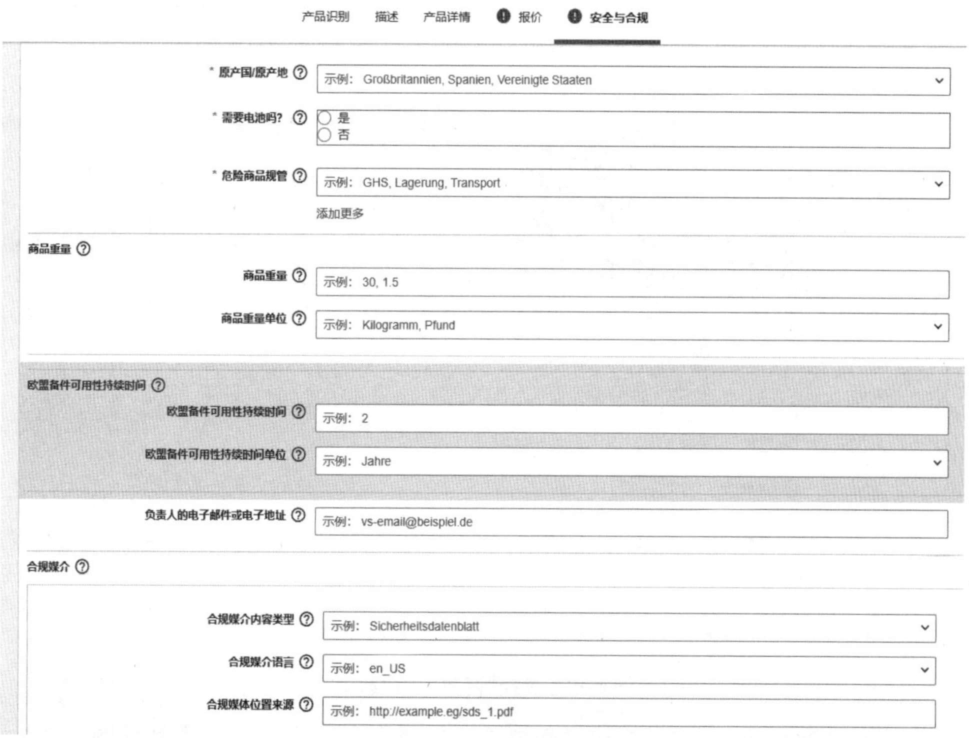

图 5.40　填写安全与合规信息

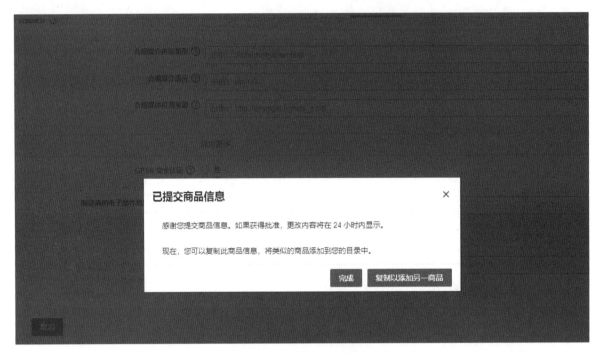

图5.41　完成产品信息发布

二、速卖通后台产品发布流程

进入全球速卖通卖家后台，单击"商品"选项卡，在弹出的下拉列表中选择"商品发布"选项，如图5.42所示。

图5.42　选择"商品发布"选项

进入基本信息设置页面，带*号的均为必填项。选择发布语系，输入商品标题，然后选择商品类目，如图5.43所示。类目选择方式有：（1）在类目列表中手动选择；（2）输入英文产品关键词，如mp3；（3）将平台已有id或者商品链接输入到类目框中，可支持快速定位类目。接下来添加商品图片，包括商品正面图、侧面图、细节图等，营销图又称第7张图，仅在服饰行业类目下才会展现，非必填项。卖家可以选择为商品添加商品视频，以提高商品转化率，上传的商品视频会展示在前台商品主图区。

图5.43　商品基本信息

产品属性为必填项，速卖通后台的产品属性包括系统推荐属性和自定义属性两种，允许卖家添加10个自定义属性，这使卖家可以更全面地设置商品的属性，如颜色、尺寸等。卖家所添加的自定义属性是对商品特征的补充说明，最好与系统定义的属性不同，可以添加一些吸引流量的关键词，也可以添加一些标题上没有使用的关键词或者商品的属性词。这样可以给商品带来"系统推荐"与"商品标题"以外的曝光量，买家也可以借此全面地了解商品，还可以根据某些属性对商品进行筛选。

价格与库存板块的最小计量单元和销售方式前带有"*"标志，如图5.44所示，说明是必填项。卖家需要根据商品的具体计量单元进行选择，比较常见的有包、双、件/个等。销售方式有两种选择，分别是打包出售和按件出售。在正常情况下，一般的货物选择按件出售，而体积很小或者单件质量很小的货物，考虑到物流成本，尤其是发挂号小包时，也可以采用打包出售的方式，以增强商品的竞争力和客户的购买意愿，提高商品的客单价。

图5.44　设置价格与库存

卖家在速卖通平台上可以根据实际情况，针对不同的国家（地区）进行区域调价。首先，卖家可以根据系统推荐的国家（地区）选择相应需要特别定价的国家。然后，卖家可以选择不同的区域调价方式（直接报价、调整比例、调整金额），对所选的国家和地区进行相应的调价，如图5.44所示，选择的调价国家是西班牙和法国。一般情况下，卖家之所以要进行区域调价，是因为在全球卖同一件商品，不同国家和地区的运费标准不一致，所以在大多数情况下调价调的是运费的部分。通过调价，卖家一般可以对路途较远、运费较高的国家和地区加收一定比例的运费；同时，对路途较近，或者航线比较发达、运费较低的国家和地区降低商品价格，让商品在同一个市场上更有竞争力，更容易让顾客下单。

商品详细描述分为PC端和无线端，PC端完成后可以同步到无线端，无须重复编辑，当然，卖家也可以单独设计无线端的详细描述，让商品的描述更有针对性，如图5.45所示。在商品详细描述页面，平台提供了模板，包括图片、视频、文字等模块，卖家可以根据实际情况添加或删除相应模块，也可以对模块的先后顺序进行调整。

包装与物流是发布时的必填项：发货期是从买家下单付款成功且支付信息审核完成（出现发货按钮）后开始计算。若卖家未在发货期内填写发货信息，系统将关闭订单并将货款全额退还给买家。因此，建议卖家及时填写发货信息，避免出现货、款两失的情况。卖家应合理设置发货期，这也能避免产生成交不卖的情况；物流质量和物流尺寸指的是商品打包装好准备发货时的质量与尺寸，此两项信息关系到商品的运费核算、物流方式的选择，卖家应准确填写物流质量和物流尺寸，避免填写错误造成的运费损失，卖家根据物流质量和物流尺寸，选择前面已经设置好的对应的运费模板，再选择相应的服务模板（可以自定义服务模板），如图5.46所示。

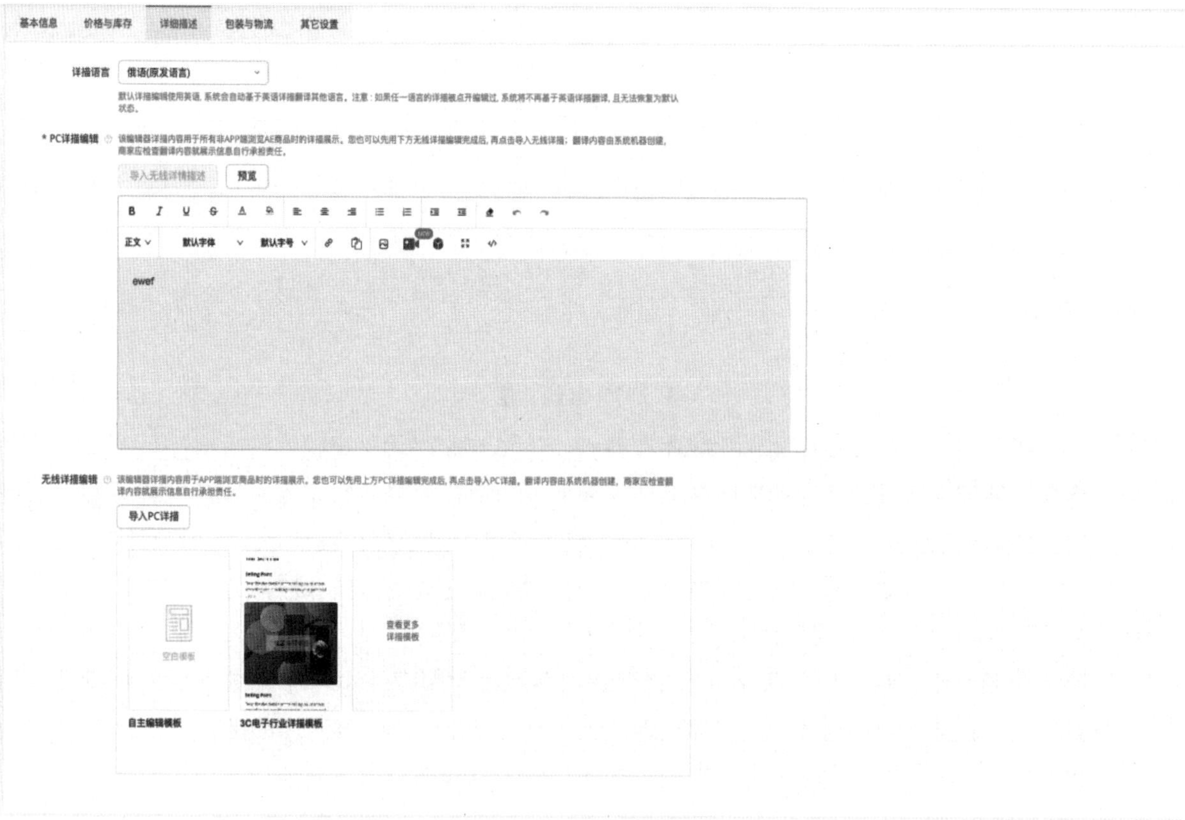

图5.45 设置详细描述

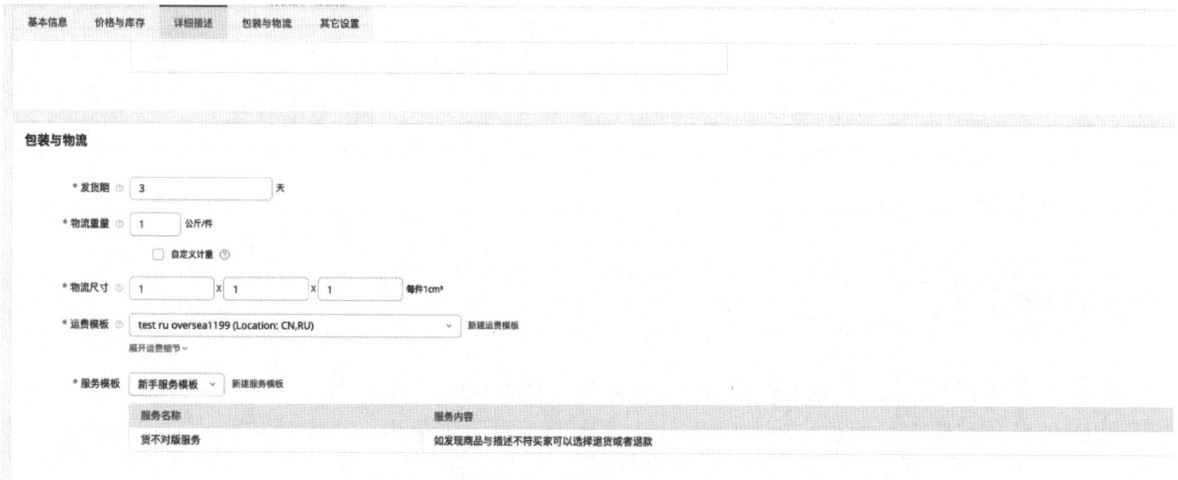

图5.46 包装与物流

其他设置主要包括商品分组、库存扣减方式、商品发布条款等内容，如图5.47所示。商品分组既能帮助顾客快速地查找商品，也方便卖家管理商品。卖家可以根据需要设置多个商品组，将同类商品放在一个商品组内。

其他设置

商品类型　◉ 普通商品　○ 预售商品

库存扣减方式　○ 下单减库存　◉ 付款减库存

支付宝　☑ 支持
通过全球速卖通交易平台进行的交易须统一使用规定的收款方式－支付宝担保服务。

＊商品发布条款　☑ 我已阅读并同意了以下条款以及其他相关规则
Transaction Services Agreement (阿里巴巴中国用户交易服务协议)
AliPay Payment Services Agreement (支付宝付款服务协议)
速卖通平台放款政策特别约定

关联欧盟责任人　欧盟《市场监督条例 (EU) 2019/1020》将于2021年7月16日生效。新法规要求在欧盟境内 (不包括英国) 销售的部分商品 (与CE合规商品范围高度重合)，需要在 2021 年 7 月 16 日之前确保 "欧盟责任人" 负责产品合规，请确保销售的欧盟的CE 相关商品政里里有欧盟责任人的信息。此类信息都应可以贴在商品、商品包装、包表或随附文件上，查看详细政策

[暂不关联 ⌄]

这里是说明文案
欧盟责任人管理

图 5.47　其他设置

库存扣减方式有下单减库存和付款减库存两种。下单减库存就是当顾客拍下商品后系统即锁定库存，待其付款成功后进行库存的实际扣减，若超时未付款则会释放锁定库存。该方式可避免"超卖"（当商品库存接近0时，多个顾客同时付款）现象发生，但是存在被"恶拍"（恶意将商品库存全部拍完）的风险；付款减库存就是在顾客拍下商品且完成付款后系统扣减库存。该方式可避免商品被"恶拍"，但是存在"超卖"风险。

支付宝必须勾选支持，以让买卖双方的交易均得到有效保障，不勾选无法进行下一步发布工作。商品发布条款必须勾选同意平台的相应条款，不同意条款将无法发布商品链接。

至此即完成各项设置，卖家单击"提交"按钮，就可以成功发布商品了。

头脑风暴

设想一个场景，在这个场景中，人工智能完全改变了跨境电商的产品信息制作流程。你们的任务是作为一支创新团队，提出至少五种具体且创新的方法，利用AI技术来自动化生成或优化产品标题、描述、关键词、图片和视频等内容。你们的解决方案应该不仅能提高效率，还要考虑到用户体验、文化敏感性和市场适应性。

AI跨境

本案例通过应用AI工具DeepSeek进行跨境电商Listing的优化，助力中小卖家突破语言障碍、提升搜索排名并实现销量增长。DeepSeek已从"辅助工具"进化为中小卖家出海"Listing优化基础设施"——低成本、零代码、全链路，让中国制造真正"说好全球话"。

案例：晨星户外——智能保温杯出海破局

一、案例背景

公司简介：晨星户外是一家专注智能户外用品的深圳企业，主打产品"冰川系列智能保温杯"，计划进军欧美市场，但面临两大核心痛点：

（1）多语言适配低效：英语Listing转化率仅为3.5%，小语种市场（如德语、西班牙语）因翻译生硬而难以开拓；

（2）SEO排名低迷：亚马逊自然搜索排名长期在50名外徘徊，关键词覆盖不足且描述同质化严重。

二、DeepSeek解决方案与实施过程

（一）多语言标题与描述智能生成

输入原始信息：中文产品描述"12小时保温保冷，触屏显温，登山便携设计"。

DeepSeek输出优化：

英语标题：Glacier Pro Smart Cup：12H Temp Control，Touch Display & Leak-Proof for Hiking（2025 New）

→ 精准嵌入高搜索词"Temp Control""Leak-Proof"及场景词"Hiking"。

（二）SEO关键词优化与竞品对标

1. 深度分析竞品弱点

DeepSeek扫描Top 10竞品Listing后发现：68%竞品未强调"BPA-Free"（环保健康需求）。

2. 生成长尾关键词矩阵

英语：insulated water bottle for gym， office gift ideas eco-friendly

→ 关键词覆盖率从15个增至82个，自然流量周环比+210%。

（三）多模态内容生成与本地化适配

1. AI生成场景化图文

（1）上传保温杯实物图，DeepSeek"图生万物"功能自动生成；

（2）北欧风背景图：保温杯+极光雪山场景（适配挪威/瑞典市场）；

（3）南美风视频脚本：西班牙语配音强调2026年世界杯热点。

2. 本地化合规优化

自动检测并修正欧盟REACH法规要求，避免下架风险。

三、运营策略升级：从Listing优化到全域营销

（一）多平台一键同步

DeepSeek批量生成Amazon、eBay、TEMU三平台适配文案，上架时间从3天缩短至1小时。

（二）差评实时预警

AI分析差评关键词"漏水"，立即优化产品密封圈并更新Listing描述，差评率下降70%。

（三）借势热点营销

监测到TikTok"户外办公"话题热榜，生成英语短视频文案：

"Your Coffee Stays Hot Till Your Boss's Meeting Ends！" → 单周关联销售破500单。

四、核心经验

（一）零门槛跨语言翻译

1分钟生成36国语言精准文案，无需翻译团队。

（二）SEO智能挖词

从竞品差评、社媒热词中提取高转化关键词，拒绝"经验式选词"。

（三）风险预判式合规

自动识别侵权词、法规标签（如CE、FDA），规避下架损失。

数字素养

数字素养：能够熟练运用数字工具和资源，以高标准和严谨态度进行跨境电商产品信息的创作与优化，从而提升产品吸引力和市场竞争力；具备信息安全意识，避免侵犯版权和隐私。

精益求精：具备质量意识，应追求产品信息的质量，包括标题、描述、图片和视频的清晰度、准确性和吸引力，不满足于仅仅完成任务。

创新思维：在短视频中展示产品的独特卖点，尝试新奇的创意和营销策略，如利用AR/VR技术展示产品特性，提升用户体验。

全球法律意识：制作产品信息时要遵守各国的法律法规，确保产品详情页的合法合规，避免侵犯知识产权，尊重当地文化和习俗，避免使用可能引起误解或冒犯的词汇，促进跨文化交流和理解。

文化自信：发掘并推广中国传统文化元素，通过跨境电商平台展示中国产品的独特魅力和文化价值，增强文化自信。

公平竞争：制定价格策略，考虑成本、利润和市场接受度的平衡，应思考公平交易的重要性，避免不正当竞争，如价格欺诈或垄断行为，维护健康的市场环境。

时刻牢记职业道德、社会责任感，培养并提升全球视野，使自己在成为专业人才的同时，也成为有担当、有原则的全球公民，一起努力塑造一个更加公正、和谐的国际商业环境。

学以致用

实践任务1

任务目标：根据关键词分类和关键词采集途径，建立高质量关键词词库。

任务描述：运用站内外关键词采集途径及工具，为在选品模块所选定的具体产品采集相关性高、搜索人气高、竞争指数低、转化指数高的高质量关键词，建立关键词词库，为后续产品标题制作和文案撰写做好准备。

实践任务2

任务目标：根据所采集的关键词，撰写商品标题。

任务描述：运用所采集的关键词，结合平台产品标题撰写规则，为所选定产品撰写标题，可依据不同的组合逻辑准备2~3个标题，在实际运营中监测产品数据表现，从而不断优化标题。

实践任务3

任务目标：制作产品基本素材，掌握基本运营能力。

任务描述：根据平台要求，结合产品特点，拍摄产品主图并制作60秒以内的主图视频，全方位展示产品。

实践任务4

任务目标：通过分析优秀详情页，提炼产品卖点并优化视觉展示，打造高质量详情页。

任务描述：对同行的优秀详情页进行拆解，运用FABE法则有效提取产品卖点以及更优的视觉展示，拆解详情页框架及展示逻辑。

实践任务5

任务目标：根据产品定价策略，给出合理的定价建议。

任务描述：结合产品基础信息，综合考虑价格影响因素，核算上架价格，并结合价格调整策略提出定价建议。

知识巩固

一、单选题

1. 在跨境电商中，选择产品关键词最重要的依据是什么？（　　）

    A. 个人喜好   B. SEO排名

    C. 竞争对手使用的关键词   D. 目标市场消费者的搜索习惯

2. 制作产品短视频时，首要考虑的因素是什么？（　　）

    A. 视频长度   B. 视频分辨率

    C. 视频内容的吸引力和相关性   D. 背景音乐

3. 在产品详情页中，什么元素最能直接影响用户的购买决策？（　　）

    A. 详细的产品规格   B. 高质量的产品图片

    C. 客户评价   D. 运费信息

4. 制定产品价格时，除成本外还应考虑什么因素？（　　）

    A. 市场需求   B. 生产日期   C. 包装材料   D. 产品颜色

5. SEO优化的核心目的是什么？（　　）

    A. 增加网站的美观度   B. 提高网页在搜索引擎结果中的排名

    C. 增加网站的广告收入   D. 减少网站的加载时间

6. 在产品信息制作中，为什么要重视关键词的本地化？（　　）

    A. 为了减少翻译成本   B. 为了提高在目标市场的搜索引擎排名

    C. 为了简化产品信息   D. 为了增加产品价格

7. 产品标题应避免哪种情况？（　　）

    A. 使用关键词   B. 描述产品功能

    C. 使用夸张或误导性的描述   D. 明确指出产品类别

8. 产品主图视频的最佳时长范围是多少？（　　）

    A. 10秒以内   B. 30秒至1分钟   C. 1至3分钟   D. 3分钟以上

9. 优化产品详情页时，哪项不是优先考虑的？（　　）

    A. 图片质量   B. 页面加载速度

    C. 产品描述的准确性   D. 页面的颜色搭配

10. 在跨境电商平台上，如何有效避免知识产权侵权？（　　）

    A. 复制竞争对手的产品描述   B. 使用原创或授权的图片和描述

C. 忽略版权警告　　　　　　　　　　D. 低价销售以吸引客户

二、多选题

1. 制作产品短视频时，应考虑哪些因素以提高观看体验？（　　）

　　A. 视频内容的原创性　　　　　　　　B. 清晰的画质和稳定的画面

　　C. 合适的背景音乐　　　　　　　　　D. 视频的长度

2. 在产品信息制作中，哪些是关键词优化的关键步骤？（　　）

　　A. 研究目标市场消费者常用的搜索词　　B. 选择与产品高度相关的关键词

　　C. 将关键词自然地融入标题和描述中　　D. 避免关键词堆砌

3. 制定产品价格时，应考虑哪些外部因素？（　　）

　　A. 竞争对手的价格策略　　　　　　　B. 目标市场的消费能力

　　C. 汇率波动　　　　　　　　　　　　D. 国际贸易政策变化

4. 优化产品详情页的目的有哪些？（　　）

　　A. 提高页面转化率　　　　　　　　　B. 改善用户体验

　　C. 增加搜索引擎的收录　　　　　　　D. 减少退货率

5. 跨境电商产品详情页应包含哪些关键信息？（　　）

　　A. 产品图片　　　　　　　　　　　　B. 产品规格

　　C. 发货及退换货政策　　　　　　　　D. 客户评价和问答

三、判断题

1. 在跨境电商产品标题中，使用大量生僻词可以精准定位小众客户，提升搜索流量。　　（　　）

2. 产品图片只要清晰美观，即使未经授权使用知名品牌的背景图，也不会涉及侵权问题。

　　　　　　　　　　　　　　　　　　　　　　　　　　　　　　　　　　　　（　　）

3. 产品详情页中，夸大产品功效以吸引消费者，只要不涉及虚假承诺，就不违反平台规定。

　　　　　　　　　　　　　　　　　　　　　　　　　　　　　　　　　　　　（　　）

4. 发布跨境电商产品时，商品类目填写错误，只要及时修改，就不会对产品产生任何影响。

　　　　　　　　　　　　　　　　　　　　　　　　　　　　　　　　　　　　（　　）

5. 为体现文化自信，在跨境电商产品信息中可以随意添加中国传统文化元素，无需考虑目标市场文化差异。　　　　　　　　　　　　　　　　　　　　　　　　　　　　　　　（　　）

项目六　跨境电商数字营销

知识目标：

了解速卖通、亚马逊平台的营销工具和资源，如直通车、优惠券、促销活动、广告服务等；

掌握速卖通站内营销的基本策略和操作方法；

掌握Wish站内营销的基本策略和方法；

掌握站外推广的常用渠道和方式。

能力目标：

能够综合店铺实际、产品特性、目标市场及平台特色，制订有针对性、个性化的营销方案；

能选择适配营销工具，操作速卖通等平台后台完成营销活动设置与管理，并制订执行站外推广计划，实现品牌引流；

通过深度分析营销活动数据，科学评估营销效果，对营销方案、工具应用等进行动态优化调整。

素养目标：

具备诚信经营及合规经营、遵守平台规则及法律法规的意识；

具备品牌意识和长期经营的理念。

学思案例

SHEIN：DTC快时尚品牌的海外营销之路

DTC意为"Direct to Consumer"，指品牌减少对经销商、代理商、零售平台的渠道依赖，直接面向消费者进行运营和销售，将省下的渠道成本投入提升消费者体验。历数依靠DTC模式大获成功的品牌，国内有完美日记、蔚来，海外有Nike、lululemon、Fenty Beauty，而在跨境电商之中，快时尚品牌SHEIN是一座无法绕过的高山。

SHEIN目前是以女装为主的全品类服装综合站，主要营收来自围绕独立站布局的线上电商，主要受众是对价格、时尚敏感的欧美年轻女性。在其发展历程中，SHEIN敏锐地踩中了几次市场红利：作为最早一批B2C跨境电商，SHEIN通过低价策略打入海外服装蓝海市场，并抓住了谷歌搜索广告红利期，通过SEO和低廉的付费广告积累了早期资产；社交媒体时代开启，SHEIN一边通过社媒营销蓄水，一边自建独立站承接，同时继续整合供应链、夯实"快时尚"的根本，最终把握住了电商红利，用户量和销售额都获得爆发式增长，成长为海外快时尚头部品牌。

表6.1　SHEIN各时期的发展思路和营销手段

时期	特点	品类	营销	阶段解读
2008—2011年	创业卖货期	以婚纱礼服为主。	SEO：自建网站，通过技术优化搜索排名、获得免费流量。 搜索广告：Google等搜索广告流量红利期。	作为早期B2C跨境电商之一，用好SEO和搜索广告红利期。
2012—2016年	品牌化转型期	拓展至各类女装，建设子品牌矩阵。	独立站运营：搭建SHEIN官网（国家细分）+App（全球统一）。 社媒营销：入驻时期的流行社媒，进行内容运营，并坚持influencer（红人）推广。	搜索广告红利见顶，进入社媒红利时代，建站+社媒双轨开启品牌化。
2017—2019年	势能积累期	转型全品类服装综合站。		深耕品牌矩阵，整合上游供应链。
2019年至今	线上爆发期	继续拓展泛生活场景。		电商红利期，年销售额翻倍增长，独立站大获成功。

SHEIN品牌化策略的成功，离不开DTC营销。SHEIN主要采用表6.2中的五种营销方式，打通线上线下，互相引流造势，最终导向核心独立站的运营。

表6.2　SHEIN五种营销思路

营销思路	阐释
社媒运营	在各时期流行用社媒做账号运营与互动。
红人营销	KOC联盟营销为主，KOL明星为辅。
独立站运营	自建官网和App，站外引流+站内运营。
广告投放	线上为主，搜索/展示/邮件广告。
活动营销	世界各地快闪/赞助。

问题思考：

请讨论并分析当前AI的应用对跨境电商营销的影响。

任务一　跨境电商营销概述

一、跨境电商营销的定义与内涵

（一）定义

跨境电商营销是指从事跨境电商业务的企业或个人，借助互联网技术和电子商务平台，针对不同国家和地区的目标市场与消费者，开展的一系列以促进商品或服务销售、提升品牌知名度和影响力为目的的商业活动。它跨越了国家和地区的界限，整合了线上线下多种营销渠道与手段，以满足全球消费者多样化的需求，实现企业的盈利与发展目标。

（二）内涵

跨境电商营销不仅是简单的商品售卖，还涵盖了市场调研、品牌建设、客户关系管理等方面。它要求企业深入了解不同国家和地区的文化、经济、法律和消费习惯等差异，制定出与之相适应的营销策略。同时，要充分利用互联网的特性，实现精准营销、个性化营销和互动营销，增强与消费者的沟通和联系，提升消费者的购物体验和忠诚度。

二、跨境电商营销的特点

(一) 全球性与跨文化性

1. 全球性

跨境电商营销打破了传统贸易的地域限制，使企业的市场范围拓展到全球。企业可以通过互联网平台将商品销售到世界上任何一个有网络覆盖的地方，接触到海量的潜在消费者。例如，中国的一些中小电商企业通过亚马逊、速卖通等平台，将商品远销欧美、非洲和东南亚等地区，大大拓宽了销售渠道和市场空间。

2. 跨文化性

不同国家和地区有着不同的文化背景、宗教信仰、价值观和消费习惯。跨境电商营销需要充分考虑这些文化差异，避免因文化冲突导致营销失败。比如，在颜色偏好方面，在中国红色代表吉祥和喜庆，而在一些西方国家，红色可能与危险或警示相关；在宗教信仰方面，伊斯兰教国家对食品的清真要求非常严格，企业在营销涉及食品类商品时必须严格遵守相关规定。

(二) 数字化与信息化

1. 数字化

跨境电商营销主要依赖于数字技术和互联网平台进行。从商品展示、广告投放、客户沟通到交易完成，整个过程都实现了数字化。企业可以通过制作精美的图片、视频和动画等多媒体内容，全方位展示商品的特点和优势，吸引消费者的关注。例如，虚拟现实（VR）和增强现实（AR）技术在跨境电商营销中的应用，让消费者能够更直观地感受商品的使用场景和效果，提高了购物的趣味性和参与度。

2. 信息化

跨境电商营销离不开大量的信息数据支持。企业可以通过大数据分析技术，了解消费者的行为习惯、购买偏好、需求趋势等信息，从而制定更加精准的营销策略。例如，通过分析消费者在电商平台上的搜索记录、浏览历史和购买行为，企业可以为消费者推送个性化的商品推荐和营销信息，从而提高营销的针对性和效果。

(三) 实时性与互动性

1. 实时性

互联网的即时通信功能使得跨境电商营销能够实现信息的实时传递和反馈。企业可以及时将新产品信息、促销活动等信息传达给消费者，消费者也可以在第一时间了解到相关信息并做出购买决策。同时，企业还可以实时了解市场动态和竞争对手的情况，及时调整营销策略。例如，当竞争对手推出新的促销活动时，企业可以迅速做出反应，调整自己的价格或促销方案。

2. 互动性

跨境电商营销为企业和消费者之间提供了良好的互动平台。消费者可以通过在线评论、留言、社交媒体等方式与企业进行沟通和交流，表达自己的意见和建议。企业可以根据消费者的反馈及时改进产品和服务，增强消费者的满意度和忠诚度。例如，一些跨境电商企业会在社交媒体上发起话题讨论，邀请消费者参与，了解他们的需求和想法，同时也增强了品牌与消费者之间的互动和黏性。

三、跨境电商营销的重要性

（一）对企业的重要性

1. 拓展市场与增加销售

跨境电商营销为企业提供了进入全球市场的机会，帮助企业突破国内市场的局限，拓展市场份额，增加销售额和利润。通过营销活动，企业可以将产品推广到更多的国家和地区，满足不同消费者的需求，从而实现业务的快速增长。例如，一些中国的电子产品制造商通过跨境电商平台将产品销售到全球各地，销售额大幅增长。

2. 提升品牌知名度和形象

有效的跨境电商营销可以提高企业品牌在国际市场上的知名度和美誉度。通过品牌推广和传播，企业可以树立良好的品牌形象，增强消费者对品牌的认知和信任。例如，华为通过在全球范围内的营销活动，提升了其在国际市场上的品牌知名度和扩大了影响力，成为全球知名的科技品牌。

3. 增强企业竞争力

在激烈的跨境电商市场竞争中，营销能力是企业核心竞争力的重要组成部分。通过创新的营销手段和策略，企业可以在产品同质化的情况下脱颖而出，吸引更多的消费者。例如，一些跨境电商企业通过提供优质的客户服务、个性化的购物体验和快速的物流配送等差异化营销方式，赢得了消费者的青睐，提高了企业的竞争力。

（二）对消费者的重要性

1. 提供更多选择

跨境电商营销使得消费者能够接触到来自全球各地的商品和服务，扩大了消费者的选择范围。消费者可以根据自己的需求和喜好，选择最适合自己的产品，满足个性化的消费需求。例如，消费者可以通过跨境电商平台购买到国外的特色食品、时尚服装、高端电子产品等。

2. 享受更优惠的价格

跨境电商消除了中间环节，降低了交易成本，使得消费者能够以更优惠的价格购买到商品。同时，企业通过营销活动推出的各种促销和折扣，也进一步降低了消费者的购买成本。例如，在一些跨境电商平台的促销活动中，消费者可以享受到较大幅度的价格优惠。

3. 提升购物体验

跨境电商营销注重消费者体验，通过提供便捷的购物流程、优质的客户服务和快速的物流配送等，提升了消费者的购物满意度。例如，一些跨境电商平台提供了多语言客服支持、实时物流跟踪等服务，让消费者的购物过程更加轻松和愉快。

四、跨境电商营销的发展趋势

(一)社交化营销趋势加强

社交媒体在全球范围内的普及和用户数量的不断增长,使得社交化营销成为跨境电商营销的重要趋势。企业越来越多地利用社交媒体平台开展营销活动,如通过TIKTOK等平台进行品牌推广、产品宣传和客户互动。社交化营销具有传播速度快、覆盖面广、互动性强等特点,能够有效地吸引消费者的关注和参与。例如,一些网红和博主在社交媒体上的推荐和分享,能够带动大量的产品销售。

(二)移动端营销成为主流

随着智能手机和移动互联网的普及,越来越多的消费者通过移动设备进行购物。跨境电商企业需要将营销重点向移动端转移,优化移动端购物界面和用户体验,开发移动应用程序,开展移动广告投放等。移动端营销具有随时随地、便捷高效等优势,能够更好地满足消费者的购物需求。例如,一些跨境电商平台的移动端应用程序提供了更加简洁易用的界面和个性化的推荐功能,吸引了大量的移动端用户。

(三)绿色营销与社会责任营销兴起

随着全球环保意识的提高和消费者对企业社会责任的关注度增加,绿色营销和社会责任营销逐渐成为跨境电商营销的新趋势。企业在营销过程中更加注重产品的环保性能和可持续发展,宣传企业的社会责任和公益活动,以赢得消费者的认可和支持。例如,一些跨境电商企业推出了环保型产品,并通过营销活动宣传产品的环保理念和企业的环保行动,吸引了越来越多注重环保的消费者。

(四)人工智能与自动化营销应用广泛

人工智能和自动化技术在跨境电商营销中的应用越来越广泛。企业可以利用人工智能技术进行客户服务、智能推荐、广告投放优化等,以提高营销效率和效果。例如,聊天机器人可以实时回答消费者的问题,提供24小时不间断的客户服务;智能推荐系统可以根据消费者的行为和偏好,为其提供个性化的商品推荐。同时,自动化营销工具可以实现营销流程的自动化,如自动发送邮件、自动发布社交媒体内容等,节省了企业的时间和人力成本。

任务二　速卖通站内营销技巧

一、速卖通站内营销概述

(一)推广的重要性

1.推广的作用

推广可以帮助商家提高商品在速卖通平台的曝光度,吸引更多访客,进而带来成交量。它对于新品而言，能够快速测试其是否具有成为爆款的潜质；对于具有爆款潜力或已成为爆款的产品，能使其持续出单，扩大销量优势。

2. 营销的效果

通过有效的站内营销，产品可以在较短时间内达到预期效果，获得更高的排名，提高毛利率及销售利润。简单来说，新品可用广告测试，爆品可用广告推广。

（二）营销类型

速卖通的站内营销主要包括联盟营销和直通车系统。

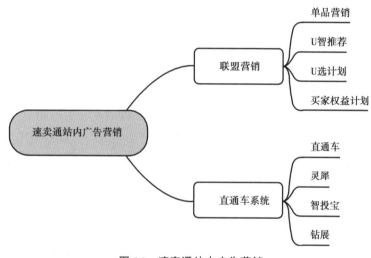

图6.1　速卖通站内广告营销

二、联盟营销

（一）联盟营销概述

速卖通联盟是助力商家进行站外推广引流的营销工具，采用按成交计费模式。只有当买家通过联盟推广链接进入店铺购买商品并交易成功时，商家才需支付佣金。加入速卖通联盟具有诸多优势：如免费曝光、成交付费、费用可控、效果可见，能精准覆盖海量买家。

（二）商品展示方式

加入联盟推广后，商品将在站内和站外两个维度展示。

1. 站内展示

基于联盟阵地展示商品，这是站外引流至站内的流量承接区域。消费者可在此通过关键词、类目搜索商品，系统会依据消费者的历史浏览和采购行为，实现千人千面的商品展示与推荐。该页面仅展示联盟商品。

2. 站外展示

（1）全球性网站

如 Google 等搜索引擎、海外社交网站、TIKTOK 等视频网站。

（2）区域性网盟

类似于区域流量一级代理，以速卖通重点国家为基础辐射全球，如俄罗斯市场。

（3）本地垂直媒体

在流量一级分销商下游，本地垂直媒体又可细分为导购类网站、返现类网站、测评或内容类网站。

（三）商品推荐规则

1. 非首次来访客人

对于非首次来访客人，系统会依据其在网站的历史浏览和采购行为进行商品推荐。

2. 首次来访新用户

对于首次来访的新用户，则会根据流量来源的喜好展示相应商品。

若买家点击联盟推广的商品广告链接，并在 15 天追踪有效期内下单，该订单将被判定为联盟带来的订单，交易成功后将收取联盟佣金。目前，所有商家均可申请加入联盟，申请成功后，店铺所有商品将自动参与联盟推广，商家还可针对部分重点推广商品设置更高佣金。

（四）推广服务类型

联盟营销提供了多种推广服务类型。

1. 单品营销计划

这是联盟推出的聚焦推广重点单品、打造确定性流量的推广方式。由于其确定性强，通常用于推广已稳定出单的产品。

2. U 智推荐

借助大数据智能分析，结合同类型同等级商家佣金计划设置情况及行业整体趋势，为商家提供高效选品和设计佣金建议，是一款智能化产品。

3. U 选计划

联盟推出的与招商活动高频结合的单品推广计划。参与 U 选计划的商品在活动期间将享有专属资源，包括联盟专属阵地曝光、站外全球 TOP 渠道推广和强大的营销资源支持。联盟会不定期与平台各类营销活动结合或举办专属招商活动，可参加的活动列表会实时更新，企业可按需报名。联盟会自动同步已在平台活动报名的商品。参与 U 选计划的产品，其佣金需统一达到营销品佣金门槛，且在活动期内，商家提交报名的商品不得将佣金下调至该门槛以下。

4. 买家权益计划

联盟基于特定条件设置的计划，需配合店铺优惠码使用，适用于站外渠道推广热门产品。

三、直通车系统

（一）速卖通直通车

1. 基本信息

（1）概念与付费模式

速卖通直通车是按点击量付费的推广营销工具，能帮助商家快速提升店铺流量。

（2）推广范围

店铺内所有在线商品都可以任意推广，推广商品会出现在相关关键词搜索页及该网页底部的推荐位置。

（3）关键词添加

系统推荐词、买家热搜词、自创组合词等所有与商品相关的词汇都可以添加用于推广。

（4）推广效果

商品推广后可免费获得更多展示机会，顾客点击后商家才需付费。它能让新产品排位靠前，快速吸引买家关注；让畅销商品占领相关关键词前列。

2. 推广位分布

（1）PC 端

推广位位于主搜页面以及搜索页面底部的智能推荐位。PC 主搜页每 60 个商品为一页，直通车推广位从第 5 位起，每隔 4 个商品有一个推广位，即第 5、10、15、20、25、30、35、40、45、50、55、60 位。

（2）移动端

移动端包括 App 端和手机网页端，每 20 个商品为一页。移动端 App 推广位上线混排功能，固定推广位变为动态推广位，最高可抢到搜索结果页首页第二位。具体直通车展位会随商品更新而调整，以实际展示为准。

图6.2 速卖通搜索页面底部的智能推荐位

3. 排序规则

（1）关键词投放排序

关键词投放的排序与推广评分和关键词出价有关，推广评分越高，关键词出价越高，排名靠前的机会就越大。

（2）推广评分

推广评分是该关键词下推广商品的推广质量，与关键词和商品的相关程度、商品的信息质量、买家喜好程度以及平台处罚情况有关。

（3）搜索流量曝光

提高推广评分，说明商品有机会进入该关键词的搜索结果中，但实际是否进入，还受出价影响。直通车基于搜索流量，根据商家设置的关键词进行曝光。由于顾客是通过搜索相关关键词进入页面，购买目的性更强、自然转化率更高。直通车的控制权完全掌握在卖家手中，便于优化推广数据和效果，成本相对较低。不过，操作时需要熟练掌握关键词调整和出价技巧，前期操作可能较为缓慢，流量增长有限，但进入的流量更为精准，有利于保持良好的转化率数据。

（4）前期操作建议

对于销量不高的产品，前期建议商家自行定义关键词进行直通车推广，避免使用智能化操作导致广告费用浪费。此外，商家还可利用直通车中的选词工具查看各关键词的热度，优化标题 SEO。

（二）灵犀

1. 流量类型

灵犀基于推荐流量，通过精准匹配人群来实现流量转化。

2. 适用产品

特别适合已经成为爆款的产品拓展流量渠道，尤其适用于类目通用的快消品。

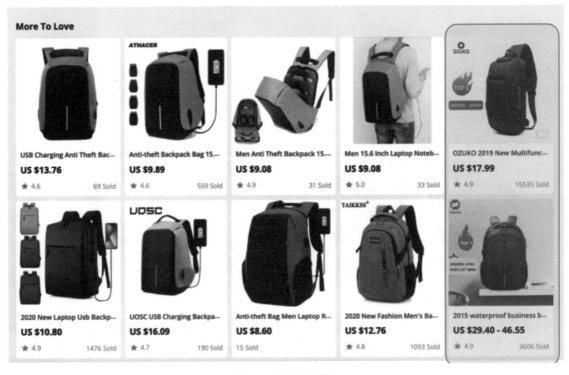

图6.3　速卖通灵犀

（三）智投宝

1. 功能概述

（1）升级版特性

智投宝是直通车智能打爆款的升级版。

（2）精准匹配

系统会在搜索流量下自动为商家推广的商品匹配最精准的关键词，在推荐流量下自动匹配最精准的人群，实现关键词和人群双管齐下，获取海量精准流量，实现智能无忧推广。

（3）操作简便

商家只需负责设置总预算和单次点击出价，关键词设置和出价调整由系统完成。

2. 适用商家

适合不会调词、不会出价、不会测款的商家。

3. 子版块介绍

（1）仓发宝

可以实现只在海外仓所在国展示广告，让商家的预算集中到海外仓商品上。

（2）使用建议

如果商品本身不是爆款，或者转化率不高，不建议使用智投宝，以免造成前期流量浪费，导致转化率继续下降。一般在产品稳定出单时，再使用智投宝放量较为合适。

（四）钻展

1. 适用店铺

适用于大品牌、平台中 SS 级别以上的店铺。

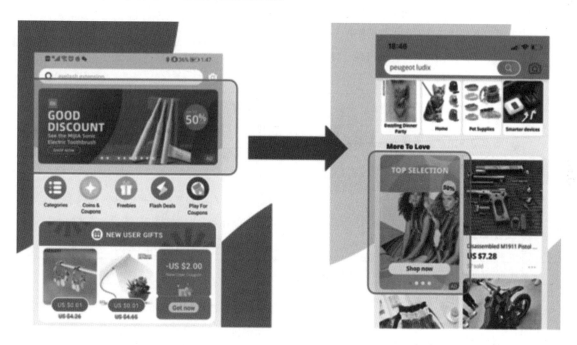

图6.4 速卖通钻展

2. 使用场景

通常在营销活动前用于全站预热。

3. 特点

费用相对较高，是品牌方的专属流量阵地。

（五）托管服务下的营销措施

速卖通托管制度后的营销方案需要根据托管模式的特点以及商家的实际经营情况来制订。

表6.3　商家在速卖通平台托管服务下的营销措施

运营措施	全托管	半托管
商品管理	1. 商家需向全托管服务商提供详细的商品资料，包括但不限于产品图片、描述、规格参数、价格、库存数量、品牌及授权文件等。 2. 确保所有商品信息准确无误，以便全托管团队能够高效地进行产品上架和优化。	1. 商家可以自主选择部分商品加入半托管模式，无需重新开通店铺或重新上架产品链接。利用速卖通平台的Choice计划，将产品纳入精选频道，以提高曝光度和销量。 2. 商家需关注库存情况，确保商品供应充足，避免因缺货导致订单无法履行。
营销推广	1. 商家可以与全托管团队紧密合作，共同策划和执行营销活动，如限时折扣、满减优惠、捆绑销售等。 2. 商家需持续关注市场动态和消费者需求变化，及时调整产品策略和推广方案。 3. 可以利用速卖通平台提供的数据分析工具，了解商品销售情况和市场趋势，为决策提供支持。	1. 积极参与速卖通平台举办的各类促销活动，如Choice Day、满包邮、满件折扣等，提高产品曝光度和销量。 2. 利用平台提供的营销工具，如优惠券、折扣码等，吸引买家关注和购买。 3. 根据产品特性和目标受众，选择合适的广告类型（如搜索广告、类目广告、品牌广告等）进行投放，提高产品点击率和转化率。
客户服务	1. 商家需确保产品描述准确无误，避免买家因误解而产生投诉或退货。 2. 商家需与全托管团队保持密切沟通，及时处理订单异常和售后问题。	1. 商家需确保产品描述准确无误，避免买家因误解而产生投诉或退货。 2. 商家需与托管团队保持密切沟通，及时处理订单异常和售后问题。 3. 商家设置了自动回复功能和24小时在线客服，确保客户咨询能在第一时间得到回复。对于买家的投诉和纠纷，商家积极处理并提供满意的解决方案。
数据分析	1. 商家需认真分析数据报告，了解商品的销售情况和市场趋势，从而进行相应的调整和优化。 2. 根据数据分析结果，商家可以调整产品策略、价格策略和推广方案等，以提高销售效率和盈利能力。	商家定期分析销售数据和市场趋势，根据分析结果调整了产品定价和营销策略。针对热销产品加大推广力度，对滞销产品进行优化或下架处理。

任务三　亚马逊和Wish站内营销技巧

一、亚马逊站内营销技巧

在亚马逊运营中，推广是店铺获得流量最常见的方式，能提高店铺商品的曝光量，吸引到搜索过相似商品的买家，可以拓展客户，提高商品销量。亚马逊的站内推广就是利用亚马逊官方活动或是系统自动推广的活动，获取的是亚马逊平台上的流量。首先，我们要了解亚马逊站内推广主要来自于以下几个方面。

（一）推广渠道

亚马逊网站本身就是一个推广渠道，像是美国、日本、英国等站点都是非常好的推广平台，而且亚马逊也会不定期推广一些活动，这样也是可以帮助卖家获得更多曝光，从而提升转化率。

（二）页面优化

要做好Listing页面优化，要知道这是买家能了解商品最重要的渠道，标题要吸睛并且突出重点，如果是品牌商品可以把品牌名称放在前面。在给产品描述时要有产品的卖点，并且一定要有热搜关键词。在选择产品图片时，图片一定要精美，并且尽量突出更多的产品细节，让顾客更加直观地了解产品，提升顾客购物体验。卖家可以在Listing属性上尽可能的丰富，让自己的商品更多地被搜索，拥有更多的曝光机会。

图6.5　亚马逊Listing页面优化

（三）销售方法

在亚马逊上销售产品最简单的方法之一，就是最大限度地扩展产品Listing的曝光率。针对这种情况，亚马逊推出了一种名叫点击付费广告的广告模式，也称为PPC（Pay-Per-Click）广告。简单来说，亚马逊会在搜索结果和产品页面中放置顾客的广告，并根据他们选择的关键词收费。在这种广告模式下，广告展示是不用收费的，只有用户点击后才会收费。其实，在卖家的营销预估之内，PPC营销活动相对容易实施并且成效显著。在开始PPC活动之前，卖家需要对自己产品所在的市场进行研究，以便建立预算。整个过程相当重要，因为某些产品的点击价格会因市场饱和以及热搜关键字的竞争程度而不同。

（四）物流选择

使用亚马逊官方的FBA物流，许多亚马逊的大卖家都会选择FBA，原因很简单，就是物流快、服务好，并且亚马逊的会员制也积累了一大批消费者，通过会员活动可以增加产品Listing的曝光量。使用亚马逊FBA物流还可以提升产品的权重，如果卖家遇到是因物流而导致的差评，是可以删除的。

（五）邮件营销

欧美地区的买家是比较喜欢通过邮件去进行沟通的，所以卖家还可以合理使用邮件营销，去促进转化。只要注册了亚马逊的买家账号，在亚马逊的买家账号上，就能看到亚马逊各种推送邮件，通过获取买家邮箱，在新产品推广时，给买家发送邮件介绍新品，给出相应的优惠或者促销活动宣传产品。然后再写一套吸引力高的短信营销文案，从而吸引买家点击，并让他们产生购买的意愿。

（六）优惠券

亚马逊优惠券，也就是对商品进行折扣活动。亚马逊上有一个"Amazon Coupon"，设置了Coupon的产品即可在上面得到展示，是可以获得更多曝光和流量的。同时，这个功能也相当于PPC广告和Promotion功能的结合，可以提升推广效果。

图6.6 亚马逊优惠券

（七）促销活动

亚马逊促销活动Promotion分为：免运费、满减及折扣、买赠、买一送一四种类型。这个活动只有Buybox的产品能参与，而且是专业销售计划的卖家才可以做的。

参加亚马逊平台的促销活动，亚马逊会员日是亚马逊平台上的促销日。类似阿里巴巴的"双十一"，卖家能在这天增加平常好几倍的流量与销量，是一个重要的营销机会。黑色星期五是美国圣诞大采购日；网络星期一，亚马逊平台当天会推出相当大力度的促销活动，平台流量比日常多出好几倍。返校季，亚马逊平台特地针对不同的年龄段学生推出特定的商店，由于销售的目标客户群精准，所以促销活动的影响力在短期时间段内是非常大的。

亚马逊未来的营销方式会越来越完善，为品牌卖家提供更多的推广支持。

二、Wish站内营销技巧

作为Wish卖家，如果产品本身具有的优势不大，Wish平台竞争还是比较激烈的，平台产品的同质化严重，产品价格竞争压力大，很难做出爆款。如果要提高Wish店铺的销售额，可以从以下几点着手。

（一）营销逻辑

在Wish平台，营销逻辑是根据平台算法智能推荐，瀑布流展现，引流简单但是用户留存率极低，为了防止用户流失，产品低价，评价显得尤其重要。平台有三条主要的促销规则：一是严格控制促销产品的价格和运费，不要比市场上的一般价格贵，不要随意增加运费；二是货架上有多少促销产品，不要改变货物库存数据；三是Wish卖家必须了解店铺考核的几个重要指标：仿品率、有效跟踪率、延迟发货率、30天平均评分、63~93天的退款率。国外对于诚信经营非常看重，Wish也不例外，因此，应当踏踏实实做好产品，控制好物流和提供较好的服务，尽量保证店铺平均分在4以上。

（二）推送规则

Wish的产品推送是有一定的规则可循的，主要由五大因素影响：图片处理、标题描述、产品描述、标签设置、价格。应当注意视觉上的美感，让用户有耳目一新之感；标题描述应尽量简洁明了，让人一目了然；产品描述应当逻辑清晰，突出亮点功能，体现产品价值；标签建议从大范围到小范围，从广义到精准层层递减，覆盖更多维度；Wish对于价格较为敏感，因此，除非本身产品质量够硬，否则价格尽量合理。

（三）上新优化

商家一直保持稳定的上新频率和滞销品的优化时，Wish平台的系统能有效识别，同时，系统还会认为这是一个活跃度高的卖家，给商家带来更多的推送机会。

（四）库存设置

在Wish平台推送合适的情况下，瞬间爆款是比较容易的，但系统更新需要时间，为了避免推送出去的产品瞬间爆单下架而加强系统的运转能力，系统会有意识地优先考虑推送库存数量足够多的产品，所以，设置一个较多的库存数量，一定会对推送的概率起到一个很好的提升。

（五）关键词优化

不断优化关键词。Wish平台比较特殊的一点是：在其他的平台，关键词认准的是用户主动搜索的行为，但在Wish平台更认准的是系统对这个商品认知的关键词。所以，关键词既可以是一个名词也可以是多属性的叠加词，需要不断调整趋势性关键词。对于小卖家来说，不建议选择竞争大的词。可以去添加一些精准长尾词，相关性比较高，从而提高产品的转化率。

（六）活动推广

活动是可以为产品带来更多的曝光的，而且对于之前销量增长比较缓慢的产品，参加活动之后销量的增速是比较快的，所以，可以积极参加符合要求的平台活动，并总结每次活动，去提升转化。Wish建议商户开展持续5天或更长时间的ProductBoost活动来提高销量。ProductBoost结合了商户端的数据与Wish的后台算法，增加了相关产品的流量。商户需提交相关产品参加为期一周的活动。参加ProductBoost的产品，如果和Wish消费者有着高度的关联性，同时花费更高的ProductBoost竞价，便可获得更高的产品排名。高质量和极具吸引力的产品会在活动期间获得更多的流量。

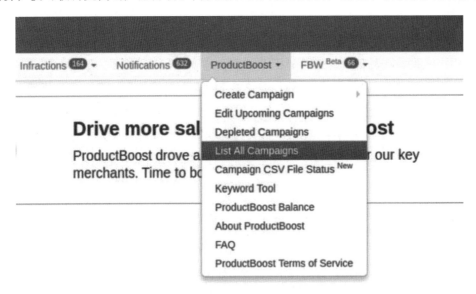

图6.7　Wish平台ProductBoost活动

任务四　跨境电商搜索引擎营销

一、搜索引擎营销概述

（一）搜索引擎营销的概念和原理

从搜索行为来看，用户的搜索需求具有多样性和即时性，他们希望通过搜索引擎快速找到满足自己需求的信息或产品。而搜索引擎营销就是利用这一特点，通过优化网页或者投放广告，让企业的网站在搜索结果中获得更靠前的排名，增加被用户点击访问的机会，进而实现产品销售、品牌推广等商业目标。搜索引擎营销是指在搜索引擎上推广网站，提高网站可见度，从而带来流量的网络营销活动。其核心原理是基于用户在搜索引擎上输入关键词进行信息检索的行为。当用户输入特定关键词后，搜索引擎会根据自身的算法对网页进行排序，将最相关、最优质的网页展示在搜索结果页面上。

（二）搜索引擎营销的类型

1. 搜索引擎优化

搜索引擎优化（Search Engine Optimization，SEO），是一种通过对网站内部和外部进行优化，提高网站在搜索引擎自然搜索结果中排名的技术和策略。它不依赖于付费，而是通过遵循搜索引擎的算法规则，提升网站质量和相关性。例如，优化网站的代码结构，使其更符合搜索引擎的抓取规则；提供高质量、有价值的内容，满足用户的搜索需求；建立良好的外部链接，提高网站的权威性和可信度。SEO的优点是一旦排名提升，流量相对稳定且成本较低，但见效时间较长，需要持续的优化和维护。

2. 按点击付费广告

PPC是一种付费的搜索引擎营销方式，企业需要为用户的每次点击支付一定的费用。常见的PPC广告形式包括搜索结果页面的广告位、展示广告等。当用户在搜索引擎上输入相关的关键词时，广告会根据出价和质量得分等因素展示在搜索结果页面的特定位置。例如，谷歌广告和必应广告就是典型的PPC广告平台。PPC的优点是见效快，可以立即获得流量，并且可以根据预算和效果进行灵活调整，但成本相对较高，一旦停止付费，流量就会减少。

二、搜索引擎优化

（一）关键词研究与选择

1. 关键词挖掘工具的使用

（1）Google Keyword Planner

Google Keyword Planner是谷歌提供的免费关键词研究工具，它可以帮助用户了解关键词的搜索量、竞争程度和出价参考等信息。用户可以输入相关的主题或关键词，工具会给出一系列相关的关键词建议，并展示其每月搜索量、竞争程度等数据。例如，跨境电商卖家可以输入"跨境时尚服装"，工具会列出"跨境女装""跨境男装""跨境时尚配饰"等相关关键词及其搜索数据，帮助卖家选择合适的关键词进行优化。

（2）SEMrush

SEMrush是一款功能强大的关键词研究和竞争分析工具。它不仅可以提供关键词的搜索量、竞争程度等基本信息，还能分析竞争对手的关键词策略。通过SEMrush，卖家可以了解竞争对手在哪些关键词上获得了流量，以及这些关键词的排名情况。例如，卖家可以输入竞争对手的网站URL，工具会分析该网站的关键词分布和排名，为卖家提供参考和借鉴。

（3）Ahrefs

Ahrefs也是一款知名的SEO工具，拥有庞大的关键词数据库和外链分析功能。在关键词挖掘方面，Ahrefs可以提供关键词的搜索量、难度、点击预测等详细信息。同时，它还能分析关键词的相关搜索词和长尾关键词，帮助卖家发现更多潜在的流量机会。

2. 长尾关键词的价值和应用

（1）价值

长尾关键词是指那些搜索量相对较低，但更加具体、精准的关键词。与热门关键词相比，长尾关键词的竞争程度较低，但由于其精准度高，能够吸引到更有针对性的流量，转化率也相对较高。长尾关键词可以帮助跨境电商卖家覆盖更广泛的搜索需求。很多用户在搜索时会使用更具体的描述性词语，例如"适合夏季的女士跨境纯棉连衣裙"，这种长尾关键词虽然搜索量不如"女士连衣裙"高，但它所吸引的用户往往是有明确购买意向的。此外，长尾关键词的竞争相对较小，卖家更容易在这些关键词上获得较好的排名，从而为网站带来流量。

（2）应用

在网站内容创作中，卖家可以围绕长尾关键词撰写文章、产品描述等。例如，在产品页面中，详细描述产品的特点、适用场景、材质等信息，融入相关的长尾关键词。同时，在网站的标签、标题等元素中合理使用长尾关键词，提高网站在这些关键词上的相关性和排名。

（二）网站结构优化

1. 网站架构设计

（1）树形结构

树形结构是一种常见的网站架构，类似于树的分支，首页是树干，各个栏目页是树枝，具体的内容页面是树叶。这种结构层次分明，搜索引擎可以很容易地理解网站的内容组织方式。例如，一个跨境电商网站的首页可以链接到不同的产品类别页面，如服装、电子产品、家居用品等，每个产品类别页面再链接到具体的产品页面。

（2）扁平结构

扁平结构的网站架构相对简单，所有页面之间的链接层次较少，用户可以在较少的点击次数内到达任何页面。这种结构适合内容较少的网站，能够提高用户的访问效率。例如，一些小型的跨境电商网站可能采用扁平结构，将所有产品直接展示在首页或几个主要页面上。

2. 页面布局和导航优化

（1）页面布局

页面布局要简洁明了，突出重点内容。避免页面布局过于复杂，影响用户的阅读体验和搜索引擎的抓取效率。在页面布局中，重要的内容应该放在页面的上部和左侧，因为这是用户和搜索引擎首先关注的区域。例如，产品页面应该清晰地展示产品的图片、标题、价格、描述等信息，让用户一目了然。

（2）导航优化

导航栏是用户在网站中进行浏览的重要工具，要确保导航栏的设计清晰、易用。导航栏应该包含网站的主要栏目和重要页面，方便用户快速找到他们需要的内容。同时，导航栏的链接应该使用描述性的文字，避免使用过于模糊或难以理解的词汇。例如，在跨境电商网站的导航栏中，可以设置"热门产品""新品上市""品牌专区"等栏目，让用户能够快速定位到自己感兴趣的内容。

（三）内容优化

1. 高质量内容的创作

（1）产品评测

撰写详细、客观的产品评测文章，介绍产品的特点、性能、优缺点等，帮助用户做出购买决策。例如，对于一款跨境销售的智能手表，可以从外观设计、功能体验、续航能力等方面进行评测，并附上真实的图片和视频，增加内容的可信度。

（2）使用指南

提供产品的使用指南和教程，帮助用户更好地使用产品。例如，对于一款跨境电商的智能家居设备，可以编写详细的安装步骤、操作方法和常见问题解答，解决用户在使用过程中遇到的问题。

（3）行业资讯

分享跨境电商行业的最新动态、政策法规、市场趋势等信息，树立企业在行业内的专业形象。例如，及时报道某个国家的电商政策变化对跨境销售的影响，为卖家提供参考和建议。

（4）案例分析

通过实际的案例分析，展示企业的成功经验和解决方案。例如，分析某个跨境电商店铺如何通过优化SEO策略提高了销售额，为其他卖家提供借鉴和启示。

2. 内容更新和维护策略

（1）定期更新内容

搜索引擎喜欢更新频繁的网站，定期更新内容可以提高网站的活跃度和排名。制订内容更新计划，例如，每周发布一篇新的文章或产品评测。同时，及时更新产品信息，如价格调整、库存变化等，保证网站内容的准确性和及时性。

（2）维护旧内容

对网站上的旧内容进行定期检查和维护，删除过时、无效的内容，更新有价值的内容。例如，对于一些产品评测文章，如果产品有了新版本或新功能，可以对文章进行更新和完善，提高内容的质量和时效性。

（四）外部链接建设

1. 链接的质量和数量要求

（1）质量要求

外部链接的质量比数量更为重要。高质量的外部链接来自权威、相关的网站，能够提高网站的权威性和可信度。例如，一个跨境电商网站如果能够获得行业知名媒体、专业论坛的链接，会对其SEO排名有很大的帮助。相反，低质量的链接，如来自垃圾网站、作弊网站的链接，不仅对排名没有帮助，还可能会被搜索引擎惩罚。

（2）数量要求

虽然质量是关键，但一定数量的外部链接也是必要的。在建立外部链接时，要注重链接的多样性和自然性。可以通过多种方式获取外部链接，如发布高质量的内容来吸引其他网站主动链接，参与行业论坛和社区互动获得链接，与合作伙伴进行友情链接交换等。

2. 链接建设的方法和技巧

（1）内容营销

通过创作有价值的内容，吸引其他网站的关注和链接。例如，撰写一篇关于跨境电商行业趋势的深度分析文章，发布在自己的网站上，同时在行业论坛、社交媒体等平台上进行推广。如果文章内容有价值，其他网站可能会主动引用并链接到该文章。

（2）社交媒体推广

利用社交媒体平台宣传网站的内容和产品，吸引用户的关注和分享。当用户在社交媒体上分享网站的链接时，也会增加网站的曝光度和外部链接数量。例如，在Facebook、Twitter等平台上发布产品评测文章的链接，鼓励用户分享和评论。

（3）与合作伙伴合作

与相关行业的合作伙伴进行合作，交换友情链接。例如，一个跨境电商服装卖家可以与时尚博主、服装品牌供应商等进行合作，互相在网站上放置对方的链接，实现资源共享和流量互导。

（4）参与行业论坛和社区讨论

积极参与行业论坛和社区的讨论，提供有价值的意见和建议。在论坛签名、个人资料等位置留下网站的链接，当其他用户看到有价值的回复时，可能会点击链接访问网站。

三、搜索引擎广告

（一）谷歌广告

1. 谷歌广告的类型和特点

（1）搜索广告

搜索广告是谷歌广告中最常见的类型，当用户在谷歌搜索引擎上输入相关关键词时，搜索广告会展示在搜索结果页面的顶部或底部。搜索广告的特点是针对性强，能够精准地触达有搜索需求的用户。广告内容通常包括标题、描述和链接，用户点击广告后会直接跳转到相关的网页。

（2）展示广告

展示广告是一种基于展示网络的广告形式，可以在谷歌展示网络的众多网站上展示。展示广告的形式多样，包括图片广告、视频广告等。展示广告的特点是覆盖面广，可以展示品牌形象和产品信息，以提高品牌知名度。

（3）购物广告

购物广告主要用于电商网站，可以展示产品的图片、价格、商家名称等信息。当用户搜索相关产品时，购物广告会在搜索结果页面的特定位置展示。购物广告的优点是直观展示产品信息，方便用户比较和选择，提高购买转化率。

（4）视频广告

视频广告可以在YouTube等视频平台上展示。用户在观看视频时，会出现前贴片广告、中插广告等形式的视频广告。视频广告能够通过生动的画面和声音吸引用户的注意力，适合进行品牌推广和产品宣传。

2. 广告账户的设置和管理

（1）账户注册

在谷歌广告平台上注册账户，填写相关的企业信息和联系方式。注册成功后，需要设置广告预算、目标受众、广告投放时间等基本信息。

（2）广告系列创建

根据广告目标和策略，创建不同的广告系列。例如，如果目标是提高产品的销售额，可以创建搜索广告系列；如果目标是提高品牌知名度，可以创建展示广告系列。在创建广告系列时，需要选择广告类型、设置投放地域、语言、出价方式等参数。

（3）广告组和关键词设置

在广告系列中创建广告组，每个广告组可以包含多个广告和关键词。选择与产品相关的关键词，并为每个关键词设置出价。同时，编写有吸引力的广告文案可以提高广告的点击率。

（4）广告效果监测和优化

定期监测广告的效果，分析关键指标，如点击率、转化率、成本等。根据监测结果，对广告进行优化，如调整关键词出价、修改广告文案、优化目标受众等，提高广告的效果和投资回报率。

3. 关键词出价和广告投放策略

（1）关键词出价

关键词出价是PPC广告中的重要环节，它直接影响广告的展示位置和成本。在出价时，需要考虑关键词的竞争程度、商业价值、目标受众等因素。可以采用手动出价或自动出价的方式。手动出价可以根据自己的策略和预算进行灵活调整，自动出价则由谷歌广告系统根据预设的目标进行出价。

（2）广告投放策略

① 精准匹配。选择与用户搜索词完全匹配的关键词进行投放，这种方式可以确保广告展示给最相关的用户，但可能会限制广告的展示范围。例如，对于"跨境时尚女装"这个关键词，只有当用户输入完全相同的搜索词时，广告才会展示。

② 广泛匹配。广泛匹配会使广告展示在与关键词相关的搜索结果中，展示范围更广，但可能会带来一些不精准的流量。例如，对于"跨境时尚女装"这个关键词，当用户输入"跨境女装时尚款式""时尚跨境女士服装"等相关搜索词时，广告也可能会展示。

③ 短语匹配。短语匹配介于精准匹配和广泛匹配之间，广告会展示在包含关键词短语的搜索结果中。例如，对于"跨境时尚女装"这个关键词，当用户输入"时尚的跨境女装"时，广告会展示。

（二）必应广告

1. 必应广告的优势和适用场景

（1）优势

必应广告拥有庞大的用户群体，特别是在一些特定的市场和用户群体中具有优势。例如，在必应搜索引擎的合作网站上，如雅虎等，也会展示必应广告，扩大了广告的覆盖面。此外，必应广告的竞争相对较小，对于一些预算有限的企业来说，可能更容易获得较好的广告展示位置和较低的出价成本。

（2）适用场景

如果目标受众主要是使用必应搜索引擎或其合作网站的用户，或者在谷歌广告中竞争过于激烈的情况下，可以考虑使用必应广告。例如，一些针对中老年人、企业用户等特定群体的跨境电商产品，在必应广告上可能会有更好的效果。

2. 与谷歌广告的对比和选择

（1）用户群体

谷歌搜索引擎在全球范围内拥有广泛的用户基础，市场份额较高。而必应搜索引擎在一些特定市场和用户群体中具有一定的优势，如美国的企业用户、年龄较大的用户等。如果目标受众是全球范围内的广泛用户，谷歌广告可能更合适；如果目标受众有特定的特征，可以根据情况选择必应广告。

（2）竞争程度

谷歌广告的竞争相对激烈，关键词出价较高。必应广告的竞争相对较小，出价成本可能较低。对于预算有限的企业来说，必应广告可能是一个更经济实惠的选择。

（3）广告功能和平台体验

谷歌广告的功能丰富，平台操作相对复杂，提供了更多的广告类型和优化选项。必应广告的功能相对简洁，平台操作更容易上手。如果企业有专业的广告团队和丰富的广告经验，可以选择谷歌广告；如果是新手卖家或小型企业，必应广告可能更容易管理。

3. 必应广告的投放技巧

（1）关键词研究

虽然必应和谷歌的搜索算法有一定的相似性，但在关键词搜索量和竞争程度上可能会有所不同。因此，在使用必应广告时，需要进行独立的关键词研究，找出在必应上有潜力的关键词。可以使用必应广告自带的关键词研究工具，或者结合其他第三方工具进行分析。

（2）广告文案优化

撰写有吸引力的广告文案，突出产品的特点和优势。在必应广告中，广告文案的长度和格式有一定的要求，要注意合理安排标题和描述的内容，提高广告的点击率。

（3）出价策略

根据关键词的竞争程度和商业价值，制定合理的出价策略。可以先从较低的出价开始，观察广告的展示和点击情况，然后根据效果进行调整。同时，利用必应广告的出价调整功能，根据不同的时间、地域、设备等因素进行出价调整，提高广告的效果和投资回报率。

任务五　跨境电商电子邮件营销

一、电子邮件营销概述

（一）电子邮件营销的概念和优势

1. 概念

电子邮件营销是指企业通过向目标客户群体发送电子邮件的方式，进行产品推广、品牌宣传、客户关系维护等商业活动的营销手段。它借助电子邮件这一沟通渠道，将特定的营销信息精准地传达给潜在客户或现有客户。

2. 优势

（1）成本低廉

相较于传统的广告宣传方式，如电视广告、报纸广告等，电子邮件营销无需花费大量的制作和投放成本，只需要花费少量的网络通信费用和邮件发送平台的使用费用。

（2）精准度高

企业可以根据客户的属性、购买历史、兴趣爱好等信息，对邮件列表进行细分，从而向不同的客户群体发送个性化的邮件内容，提高营销的精准度和效果。

（3）可衡量性强

通过电子邮件营销平台，企业可以实时监测邮件的发送情况，如发送数量、打开率、点击率、转化率等指标，从而准确评估营销活动的效果，并根据数据反馈及时调整营销策略。

（4）传播速度快

电子邮件可以在瞬间发送到全球各地的收件人邮箱中，不受时间和空间的限制，能够迅速将营销信息传递给目标客户。

（二）电子邮件营销的法律法规和道德规范

1. 法律法规

在不同国家和地区，都有相应的法律法规对电子邮件营销进行规范，以保护消费者的合法权益和防止垃圾邮件的泛滥。例如，美国的"CAN-SPAM Act"即《反垃圾邮件法案》规定，商业电子邮件必须包含明确的发件人信息、有效的退订方式，并且不能使用虚假或误导性的主题行和发件人地址。欧盟的《通用数据保护条例》则对企业收集、使用和处理个人数据的行为进行了严格限制，要求企业在获取客户的电子邮件地址时必须获得客户的明确同意，并告知客户数据的使用目的和方式。

2. 道德规范

企业在进行电子邮件营销时，还应遵循一定的道德规范。不能发送大量的垃圾邮件，干扰收件人的正常生活；要尊重收件人的意愿，当收件人选择退订邮件时，应及时处理，停止向其发送邮件；并且要确保邮件内容真实、准确，不进行虚假宣传和误导消费者的行为。

二、邮件列表的建立和管理

（一）获取潜在客户邮件地址的方法

1. 网站订阅表单的设置

（1）设置位置

在企业的网站首页、产品页面、博客文章等显眼位置设置订阅表单，方便访客订阅邮件。例如，在网站首页的侧边栏、底部或弹出窗口中设置订阅表单，吸引访客的注意力。

（2）表单设计

订阅表单的设计应简洁明了，只要求访客提供必要的信息，如姓名、电子邮件地址等。同时，可以提供一些激励措施，如订阅后可获得优惠券、免费电子书等，提高访客的订阅意愿。

2. 线下活动和促销中的收集

（1）活动现场收集

在参加展会、研讨会、讲座等线下活动时，设置邮件地址收集点，通过发放礼品、抽奖等方式，吸引活动参与者留下他们的电子邮件地址。

（2）促销活动收集

在企业的线下门店开展促销活动时，如满减、折扣等，要求顾客在结账时提供电子邮件地址，以便后续发送促销信息和会员专属福利。

（二）邮件列表的分类和细分

1. 根据客户特征进行分类

（1）按购买行为分类

可以将客户分为新客户、老客户、潜在客户等。新客户是指最近首次购买企业产品的客户，老客户是指有多次购买记录的客户，潜在客户是指对企业产品有兴趣但尚未购买的客户。针对不同类型的客户，可以发送不同内容的邮件，如向新客户发送欢迎邮件和产品使用指南，向老客户发送新品推荐和忠诚度奖励信息，向潜在客户发送产品优惠活动和案例分享等。

（2）按兴趣爱好分类

通过分析客户在网站上的浏览行为、参与的互动活动等，了解客户的兴趣爱好，将客户分为不同的兴趣群体。例如，对于一家跨境电商服装企业，可以将客户分为时尚潮流爱好者、休闲风格爱好者、运动风格爱好者等，然后向不同兴趣群体发送符合他们喜好的服装款式和搭配建议。

2. 定期清理和更新邮件列表

（1）清理无效地址

定期检查邮件列表，删除那些无效的电子邮件地址，如退信率高、已注销的邮箱地址等，以提高邮件的发送效率和到达率。

（2）更新客户信息

及时更新客户的相关信息，如姓名、联系方式、购买偏好等，确保邮件列表的准确性和时效性，以便更好地为客户提供个性化的服务。

三、电子邮件内容的设计和创作

（一）邮件主题的撰写技巧

1. 突出关键信息

邮件主题应简洁明了地突出邮件的核心内容，让收件人一眼就能知道邮件的大致主题。例如，"限时折扣：（产品名称）直降（X）%""新品上市：（产品名称）震撼登场"等。

2. 制造紧迫感

在主题中加入一些表示时间限制或数量有限的词汇，如"限时抢购""最后（X）天""数量有限，先到先得"等，激发收件人的好奇心和购买欲望，促使他们尽快打开邮件。

3. 个性化表达

根据收件人的姓名、购买历史、兴趣爱好等信息，在主题中加入个性化元素，如"（姓名），专属您的（产品类别）优惠来啦"，让收件人感受到邮件是专门为他们定制的，提高邮件的打开率。

（二）邮件正文的结构和内容安排

1. 个性化的邮件内容

（1）称呼个性化

在邮件开头使用收件人的姓名进行称呼，避免使用"尊敬的客户"等通用称呼，让收件人感受到亲切和关注。

（2）内容定制化

根据收件人的兴趣爱好、购买历史等信息，为其提供个性化的产品推荐、优惠活动等内容。例如，对于一位经常购买户外运动装备的客户，可以在邮件中推荐最新的户外运动产品和相关的户外活动资讯。

2. 图片和视频的合理运用

（1）图片选择

在邮件中插入与产品或内容相关的高质量图片，如产品图片、使用场景图片等，增强邮件的视觉吸引力。图片的大小要适中，避免因图片过大导致邮件加载缓慢，影响收件人的阅读体验。

（2）视频嵌入

如果有合适的产品宣传视频或品牌介绍视频，可以在邮件中嵌入视频链接或使用支持视频播放的邮件模板。视频能够更生动地展示产品的特点和优势，提高收件人的参与度和购买意愿。

（三）邮件模板的选择和设计

1. 专业模板的使用

可以选择一些专业的电子邮件营销平台提供的模板，这些模板通常具有美观的设计、良好的兼容性和响应式布局，能够适应不同的设备和屏幕尺寸。在选择模板时，要根据邮件的主题和内容风格进行挑选，确保模板与邮件的整体风格相匹配。

2. 自定义模板的设计要点

（1）简洁易用

自定义模板的设计要简洁明了，避免过于复杂的布局和元素，确保收件人能够轻松阅读和操作。

（2）品牌一致性

模板的设计要体现企业的品牌形象，包括使用企业的标志、颜色、字体等元素，保持品牌的一致性和辨识度。

（3）响应式设计

考虑到收件人可能会使用不同的设备打开邮件，模板应采用响应式设计，能够自动适应手机、平板、电脑等不同的屏幕尺寸，以提供良好的阅读体验。

四、电子邮件营销的发送和效果评估

（一）邮件发送的时间和频率策略

1. 发送时间

不同的行业和目标客户群体，其最佳的邮件发送时间可能会有所不同。一般来说，工作日的上午10点至12点和下午3点至5点是比较合适的发送时间，因为这个时间段大多数人处于工作状态，有更多的机会查看邮件。但对于一些针对消费者的邮件，如周末促销邮件，可以选择在周五下午或周末发送。此外，还可以根据目标客户群体的时区差异，调整邮件的发送时间，确保邮件在当地的合适时间送达收件人邮箱。

2. 发送频率

邮件发送的频率要适中，既不能过于频繁导致收件人产生厌烦情绪，也不能间隔时间过长使收件人忘记企业。一般来说，每周发送1~2封邮件是比较合适的频率，但具体还要根据企业的营销目标、产品特点和客户反馈进行调整。

（二）邮件营销效果的评估指标

1. 打开率、点击率和转化率

（1）打开率

打开率是指收件人打开邮件的比例，反映了邮件主题和发件人信息的吸引力。打开率的计算公式为：打开率=打开邮件的收件人数/发送邮件的总人数×100%。

（2）点击率

点击率是指收件人点击邮件中链接的比例，反映了邮件内容的吸引力和相关性。点击率的计算公式为：点击率=点击邮件链接的收件人数/打开邮件的收件人数×100%。

（3）转化率

转化率是指收件人通过点击邮件链接完成购买、注册等目标行为的比例，反映了邮件营销活动的最终效果。转化率的计算公式为：转化率=完成目标行为的收件人数/点击邮件链接的收件人数×100%。

2.基于评估结果的优化策略

（1）打开率低

如果邮件的打开率较低，可能是邮件主题不够吸引人或发件人信息不明确。可以尝试优化邮件主题，采用更有吸引力的表达方式；同时，确保发件人信息真实、可靠且易于识别。

（2）点击率低

若点击率低，说明邮件内容可能缺乏吸引力或相关性。需要重新审视邮件内容，调整产品推荐、优惠活动等信息，使其更符合收件人的需求和兴趣；也可以优化邮件中的链接位置和样式，提高链接的可见性和吸引力。

（3）转化率低

当转化率较低时，可能是邮件引导的页面存在问题，如页面加载速度慢、产品介绍不清晰、购买流程复杂等。要对引导页面进行优化，提高页面的用户体验和购买转化率。

任务六　跨境电商视频营销

一、视频营销概述

（一）视频营销的定义和特点

1.定义

视频营销是指企业通过制作和发布与产品、品牌相关的视频内容，利用各种视频平台进行传播和推广，以达到提高品牌知名度、促进产品销售、增强客户关系等营销目标的手段。

2.特点

（1）视觉冲击力强

视频能够将文字、图像、声音、动画等元素有机结合，以生动、直观的方式展示产品的特点、功能和使用场景，给观众带来强烈的视觉冲击和感官体验，更容易吸引观众的注意力。

（2）传播速度快

在互联网时代，视频内容可以通过社交媒体、视频分享平台等渠道迅速传播，能够在短时间内覆盖大量的目标受众，扩大品牌的影响力和传播范围。

（3）互动性高

观众可以在视频平台上对视频进行评论、点赞、分享等互动操作，企业可以通过与观众的互动，了解他们的需求和反馈，及时调整营销策略，增强与客户的沟通和联系。

（二）视频营销在跨境电商中的应用场景

1.产品展示

通过视频展示产品的外观、结构、功能、使用方法等细节，让消费者更全面地了解产品，解决他们在购买决策过程中的疑虑。例如，对于一款跨境销售的智能手表，可以制作视频展示其各种健康监测功能、操作界面和时尚的外观设计。

2. 品牌宣传

利用视频传达品牌的理念、文化和价值观，塑造品牌形象，提高品牌的知名度和美誉度。例如，制作品牌故事视频，讲述企业的发展历程、创业初衷和社会责任感，让消费者对品牌产生认同感和信任感。

3. 促销活动推广

在视频中宣传企业的促销活动，如打折、满减、赠品等，吸引消费者的关注和购买欲望。可以制作限时抢购视频、节日促销视频等，营造紧迫感和购买氛围。

二、视频内容的策划和制作

（一）视频主题的确定和创意构思

1. 主题确定

视频主题应紧密围绕企业的营销目标和产品特点来确定。例如，如果企业的目标是推广一款新的美容产品，视频主题可以是"全新美容秘籍，让你焕发光彩"；如果是为了庆祝品牌成立周年，主题可以是"（品牌名称）周年盛典，感恩有你"。

2. 创意构思

在确定主题后，需要进行创意构思，使视频内容更具吸引力和独特性。可以从产品的独特卖点、目标受众的需求和兴趣、当前的流行趋势等方面入手，寻找创意灵感。例如，为了突出一款运动产品的轻便性，可以构思一个运动员轻松携带产品完成各种高难度运动的视频场景。

（二）视频脚本的编写和拍摄计划

1. 脚本的结构和要素

（1）结构

视频脚本一般包括开头、中间和结尾三个部分。开头要能够迅速吸引观众的注意力，引起他们的兴趣；中间部分详细展示产品或传达信息；结尾则要对视频内容进行总结和引导，如呼吁观众购买产品、关注品牌等。

（2）要素

脚本中应包含场景、镜头、台词、时长等要素。场景描述视频拍摄的地点和环境；镜头说明拍摄的角度、方式和画面内容；台词是视频中人物的对话或旁白；时长则规定每个镜头和整个视频的播放时间。

2. 拍摄设备和场地的选择

（1）拍摄设备

根据视频的质量要求和预算，可以选择不同的拍摄设备。对于一般的营销视频，可以使用高清摄像机、智能手机等设备进行拍摄；如果需要更高质量的视频效果，可以考虑使用专业的摄像机、无人机等设备。

（2）场地选择

场地要与视频的主题和内容相匹配。例如，拍摄时尚服装视频可以选择时尚的摄影棚或繁华的街头场景；拍摄户外用品视频则可以选择自然风景优美的户外场地。

（三）视频后期制作和剪辑

1. 视频编辑软件的使用

常见的视频编辑软件有剪映、Adobe Premiere Pro、Final Cut Pro、DaVinci Resolve等。这些软件具有强大的视频剪辑、调色、特效添加等功能。在使用视频编辑软件时，要根据视频的风格和需求，合理运用剪辑技巧，如剪辑节奏的把握、镜头的组接等，使视频内容流畅、生动。

2. 字幕、音效和特效的添加

（1）字幕

在视频中添加准确、清晰的字幕，方便观众理解视频内容。字幕的字体、颜色、大小和位置要与视频画面相协调，不影响观众的观看体验。

（2）音效

选择合适的背景音乐和音效来增强视频的氛围和感染力。背景音乐要与视频的主题和风格相匹配，音效要能够准确地表现视频中的动作和场景，如产品的操作声音、环境音效等。

（3）特效

适当运用特效可以提升视频的视觉效果，但不要过度使用，以免影响视频的真实性和观众的观看体验。例如，可以添加一些转场特效、滤镜效果等，使视频更加美观和吸引人。

三、TikTok视频营销

（一）TikTok的用户群体和流行趋势

1. 用户群体

TikTok的用户以年轻人为主，年龄大致在13~35岁，他们具有较强的消费能力和追求时尚、潮流的特点。

2. 流行趋势

TikTok上的视频内容具有短平快、趣味性强、紧跟潮流等特点，常见的流行趋势包括挑战活动、舞蹈视频、搞笑短剧等。企业可以根据这些流行趋势，创作符合TikTok平台风格的视频内容，吸引年轻用户的关注。

（二）适合TikTok的视频内容类型

1. 创意短视频

以独特的创意和表现形式展示产品或品牌，如创意广告、搞笑视频等，能够在短时间内吸引用户的注意力。

2. 挑战活动视频

参与或发起TikTok上的挑战活动，鼓励用户参与和模仿，提高品牌的曝光度和用户的参与度。

例如，发起一个与产品相关的舞蹈挑战、创意拍摄挑战等。

（三）TikTok 广告的投放和合作

1. 广告投放

TikTok 提供了多种广告形式，如开屏广告、信息流广告、挑战赛广告等。企业可以根据自己的营销目标和预算，选择合适的广告形式进行投放。广告投放过程中要注意广告内容与 TikTok 平台风格的契合度，提高广告的效果。

2. 与达人合作

与 TikTok 上的知名达人合作，让他们制作和发布与产品相关的视频，借助达人的影响力和粉丝群体，扩大品牌的传播范围和影响力。在选择达人时，要考虑达人的粉丝数量、粉丝属性、内容风格等因素，确保合作的效果。

四、视频营销效果的评估和优化

（一）视频营销效果的评估指标

1. 播放量、点赞数和评论数

（1）播放量

播放量反映了视频的曝光程度，播放量越高，说明视频被更多的用户观看。

（2）点赞数

点赞数体现了用户对视频内容的认可和喜爱程度，点赞数越多，表明视频的吸引力越强。

（3）评论数

评论数反映了用户对视频的参与度和关注度，用户在评论中可以表达自己的看法、意见和建议，企业可以通过分析评论内容，了解用户的需求和反馈。

2. 视频的转化率和销售业绩

（1）转化率

转化率是指通过视频营销活动引导用户完成目标行为的比例，如点击链接、购买产品、注册会员等。转化率的高低直接反映了视频营销的效果和商业价值。

（2）销售业绩

观察视频发布前后产品的销售数据变化，评估视频营销对销售业绩的影响。如果视频发布后产品的销售量明显增加，说明视频营销活动取得了较好的效果。

（二）基于评估结果的视频优化策略

1. 内容优化和更新

（1）播放量低

如果视频的播放量较低，可能是视频内容不够吸引人或标题、标签等优化不到位。可以重新审视视频内容，调整创意和表现形式，使其更符合目标用户的兴趣和需求；同时，优化标题和标签，提高视频的搜索可见性。

（2）互动率低

若点赞数、评论数较少，说明视频内容可能缺乏互动性和话题性。可以在视频中设置一些互动环节，如提问、抽奖等，鼓励用户参与评论和分享；也可以根据用户的需求和反馈，调整视频内容的方向和重点。

2. 推广渠道和方式的调整

当转化率较低时，可能是推广渠道选择不当或推广方式不够有效。可以分析不同推广渠道的效果，选择转化率较高的渠道进行重点推广；同时，优化推广方式，如调整广告投放策略、改进与达人合作的模式等，提高视频营销的转化率和销售业绩。

五、社交媒体营销

值得一提的是可将视频等内容充分利用海外社交媒体平台进行营销，据数据分析，越来越多的消费者青睐于使用社交平台购物。这时我们可以挖掘产品在市场上的独特卖点，在社交媒体平台上展示推广，让消费者可以直接在平台上完成购买。

同时，也可以选择合适的网红进行合作推广。流量为王的时代，借用KOL的影响力实现引流转化已然成为主流营销方式之一。在海外，KOL红人遍布各大社交媒体，拥有庞大的粉丝群体。红人的选择决定了引流效果。每个红人根据自我定位和内容输出的差异化，受众群体有所差别，商家选择与符合自己产品和品牌特性的KOL红人进行合作，效益会更显著。

头脑风暴

讨论并与同学交换社交媒体营销的途径有哪些，并列出这些途径的优劣势进行分析、归纳。

AI跨境

发展新质生产力　寻找增长新动能
——AI成运营"利器" 跨境电商单量猛涨

"春节期间我们获得了超过45万元的订单！"谈起开年以来的订单情况，广州鑫飞扬数码科技有限公司阿里国际站运营负责人车青梅难掩兴奋，"春节期间，国际站上的海外客户询盘一直不断，白天员工直播，晚上我们利用AI数字人直播，全天候在线直播带货。"

近年来，人工智能技术成为跨境电商的运营利器。专家表示，AI技术将与外贸深度融合，深刻改变传统的外贸方式。伴随着跨境电商的持续快速增长，新技术、新模式与外贸的深度融合发展成为新亮点，外贸"新气象"将不断涌现。

广州鑫飞扬数码科技有限公司是一家为服装企业提供柔性定制印花设备的国际站商家。公司于2018年开始做跨境电商，产品主要销往欧洲和北美，今年逐步扩展到亚洲和非洲。"我们在阿里国际站一共有3个店铺同步做跨境业务，刚开始的时候摸不着门道，2020年开始，跨境电商生意越来越好，销售额也在逐年增加。"车青梅说。

"去年9月开始，我们接触到AI工具，10月正式将AI作为日常工作的辅助工具。"车青梅回忆说，"我们利用第三方公司的AI工具生成数字人，帮我们在非工作时间进行直播带货，并设置关键字进行简单回复，之后我们就能够与人工进行进一步对接。"

让车青梅惊喜的是，通过使用AI直播，下单客户明显增加。

不仅是车青梅，青岛东方世茂进出口有限公司总经理王乃墩也对AI赞不绝口。一个多月前，王乃墩试用了OKKI AI迭代版，在尝试完写开发信、一键跟进、沟通质检等一系列功能后，王乃墩把它列为了"外贸人AI工具的不二之选"。

"有了OKKI AI后，公司的管理效率提升了30%，过去因为不确定性原因而流失的客户，现在也有了转机。"王乃墩说。

在AI等新技术加持下，数字外贸迎来更好的发展机遇。展望未来，AI技术将与外贸深度融合，深刻改变传统的外贸方式。

文化自信

跨文化破圈助力品牌营销

近年来，随着跨境电商的迅猛发展，热点营销成为许多外贸企业获取商机的重要手段。在某一时期，演员张爱钦在雪地里演绎的《一剪梅》视频在国外社交媒体上迅速走红，观看次数高达4 730万次，费玉清老师的歌曲《一剪梅》也因此登上挪威疯传榜榜首。

一名外国网友将费玉清演唱的《一剪梅》加工后运用在了TikTok的视频拍摄里，该视频迅速走红。两周内获赞60多万，相关话题"XueHuaPiaoPiao（雪花飘飘）"的关注量更是一路攀升至4 720万。在国外音乐平台Spotify上，《一剪梅》也获得了极高的排名，如挪威第一、新西兰第一、芬兰第二等，显示出其在欧美地区的广泛传播和受欢迎程度。《一剪梅》不仅在短视频平台走红，还出现在美国卡通动画中，以及被制作成各种版本的remix（混音版）视频，进一步扩大了其影响力。

敏锐的中国外贸企业迅速捕捉到了这一热点，推出了一系列与《一剪梅》相关的周边产品，如印有"xuehuapiaopiao beifengxiaoxiao"的T恤、鸭舌帽等。这些产品因其独特的文化元素和趣味性，受到了国外消费者的喜爱。

借助《一剪梅》的流行，外贸企业还可以进一步丰富品牌故事，将品牌与这首歌曲的文化内涵相结合，提升品牌的知名度和美誉度。例如，可以讲述品牌与《一剪梅》之间的故事或联系，让消费者在感受歌曲魅力的同时，也对品牌产生更深的情感认同。

在利用这一热点进行营销时，外贸企业需要特别注意合规经营。要确保所有的营销活动都符合当地的法律法规和平台规则，避免产生任何法律风险。同时，也要注重创意和差异化竞争，通过独特的产品设计和营销策略吸引消费者的眼球。

《一剪梅》视频在国外的走红为中国外贸企业提供了一个宝贵的营销机会。通过推出周边产品、借助社交媒体营销、增强品牌故事性以及合规经营与创意并重等策略，外贸企业可以充分利用这一热点实现产品的快速传播和销售增长。

学以致用

广州扬晟贸易有限公司是一家专注于电商和线下批发的企业，从事国内和国际电商业务，成立于2021年，位于广东省广州市花都区，主要经营折叠环保袋，款式新颖、品种丰富、质量可靠，拥有国内外稳定客户群，年出货量逾200万只。公司与多家工厂和合作方建立了长期稳定的合作关系，同时与多家国际物流公司建立了稳定快捷的合作关系，能够快速响应国内外市场需求和客户需求，提高效率和降低成本。公司致力于打造一个优质、高效、安全、便捷的电商平台，为客户创造更大的价值，同时注重客户体验，提供全方位的售前、售中、售后服务，以满足客户个性化的需求。

为进一步开拓国际市场，扩大公司在各个销售平台的业绩，公司运营部门决定在各个零售平台优化店铺的营销方案，需要员工以5~6人为一组，组成营销运营团队，根据自己负责店铺所在平台的要求，制订一份营销方案。

实践任务1

在速卖通、亚马逊、Wish平台中挑选一个平台，用广州扬晟贸易有限公司的环保袋产品制订营销方案。

1. 速卖通平台

商品	营销目标	直通车情况	关键词优化情况（根据后台数据，把流量高的关键词罗列出来）	优惠券发放情况	平台活动参加情况	真实营销数据变化	复盘信息

2. 亚马逊平台：认识亚马逊平台店铺营销推广小工具

工具	特点介绍	是否适用于本企业商品
亚马逊平台广告		
A+内容		
秒杀活动		
优惠券		
促销活动		

3. Wish平台站内推广活动介绍

（1）介绍PB活动。

（2）介绍创建PB活动的步骤。

最后，每组分析结果后，撰写实践任务总结，教师点评任务完成情况。

知识巩固

一、单选题

1. 跨境电商营销的主要目的是什么？（　　）

　A. 降低成本　　　　B. 提高产品质量　　　C. 扩大市场份额　　　D. 减少竞争

2. 速卖通店铺成交额排名可以在哪个功能中看到？（　　）

　A. 实时风暴　　　　B. 商品分析　　　　C. 商铺概况　　　　D. 搜索词分析

3. 下列选项中不属于亚马逊展位推广方式的是（　　）。

　A. Tiktok　　　　B. Youtube　　　　C. 微博　　　　D. Facebook

4. 以下哪种不属于速卖通平台的站内营销工具？（　　）

　A. 限时折扣　　　　B. 直通车　　　　C. 联盟营销　　　　D. Facebook广告

5. 在亚马逊平台进行商品推广时，影响关键词广告排名的核心因素是？（　　）

　A. 商品价格　　　　　　　　　　B. 关键词出价和商品质量得分

　C. 店铺粉丝数量　　　　　　　　D. 商品上架时间

6. Wish平台的营销特点是（　　）。

　A. 仅针对欧美高端市场　　　　　B. 依靠大数据算法精准推送商品

　C. 必须使用图文结合的方式推广　　D. 不支持付费广告推广

7. 站外推广中，利用网红带货提升品牌知名度，属于哪种营销方式？（　　）

　A. 搜索引擎营销　　　　　　　　B. 社交媒体营销

　C. 电子邮件营销　　　　　　　　D. 论坛营销

8. 跨境电商营销活动结束后，首要分析的数据指标是（　　）。

　A. 店铺收藏量　　　B. 粉丝增长量　　　C. 投入产出比　　　D. 客服回复率

9. 为避免违反跨境电商平台规则，营销文案中不能出现（　　）。

　A. 产品功能描述　　　　　　　　B. "全网最低价"等绝对化用语

　C. 使用场景展示　　　　　　　　D. 客户好评截图

10. 以下关于联盟营销的说法，正确的是（　　）。

　A. 商家需提前支付固定佣金

　B. 推广效果与联盟营销的流量和转化能力无关

　C. 按推广产生的实际效果（如成交、点击）付费

　D. 只适合大型跨境电商企业

二、多选题

1. 下列推广方式中，属于按点击收费的是（　　　）。

　　A. 全球速卖通直通车　　　　　　　　　B. 全球速卖通单品折扣

　　C. 敦煌网展示计划　　　　　　　　　　D. 亚马逊赞助展示广告

2. 速卖通平台关于优惠券哪些是正确的？（　　　）

　　A. 一旦创建无法更改　　　　　　　　　B. 活动在创建后48小时开始

　　C. 与店铺满立减可以叠加　　　　　　　D. 活动开始后可告知老买家

3. 以下哪些指标常用于衡量跨境电商营销推广的效果？（　　　）

　　A. 点击率　　　　　B. 转化率　　　　　C. 产品销量　　　　　D. 客户满意度

4. 在跨境电商营销推广中，以下哪些平台常用于社交媒体营销？（　　　）

　　A. Facebook　　　　　B. Twitter　　　　　C. TVB（电视台）　　　　　D. Instagram

5. 跨境电商站外推广渠道包括（　　　）。

　　A. 社交媒体平台（Facebook、Instagram 等）　　　B. 搜索引擎广告（Google Ads）

　　C. 行业论坛及博客　　　　　　　　　　D. 亚马逊站内秒杀活动

三、判断题

1. 如果 Wish 商户列出的产品鼓励用户离开 Wish 或联系 Wish 平台以外的店铺，产品将被移除，其账户将被暂停。　　　　　　　　　　　　　　　　　　　　　　　　　　　　（　　　）

2. Wish 平台基于卖家兴趣为买家推送产品。　　　　　　　　　　　　　　　（　　　）

3. 跨境电商营销推广的效果可以通过单一指标来衡量，如点击率或转化率。　（　　　）

4. 在跨境电商营销中，只要营销费用投入足够多，就能保证获得高收益。　　（　　　）

5. 不同跨境电商平台的用户群体和营销规则差异不大，可采用相同的营销方案。　（　　　）

项目七　跨境电商收款与结汇

知识目标：

掌握跨境电商收款的定义、重要性及主要参与方；

熟知常见跨境电商收款方式的原理、流程、优缺点、费用结构和风控措施；

了解跨境电商收款账户的类型、开设流程和安全管理方法；

理解跨境电商结汇的定义、流程和主要方式；

掌握跨境电商结汇的流程和方法，能够合理选择结汇方式，有效防范结汇风险。

能力目标：

能够根据目标市场和业务需求，选择合适的跨境电商收款方式，并熟练完成收款

操作；

能够分析不同收款与结汇方式的成本和风险，为企业制定最优的收款与结汇策略；

能运用所学知识处理跨境电商收款与结汇过程中的实际问题，如交易纠纷、操作失误等。

素养目标：

树立诚信经营和合规操作的意识，在跨境电商收款与结汇过程中如实申报信息，遵守国内外金融监管政策和行业规范；

增强家国情怀和民族担当意识，认识到合规结汇对国家外汇管理和金融稳定的重要性，推动跨境电商行业发展，扩大国家在全球贸易中的影响力。

学思案例

　　为解决跨境电商企业在海外运营上面临的支付、汇率等压力，尤其在B2B外贸收付款环节提高跨境收单的成功率、现金流效率，全球金融机构不断创新服务业态模式，为"买卖全球"的商家们带来丰富的收单支付"秘籍"，不仅提供了支持全产业链交易的支撑型服务，还有融资、税务等衍生型服务。为此，《世界互联网大会跨境电商实践案例集（2024年）》在"金融赋能"板块集纳了多个案例，让我们一起来看看金融行业为"跨境江湖"传授了哪些"新招式"吧！

一套工具：既能"管账"，又能"盘活"？

"当中国卖家出海开始寻求品牌化、多元化、本地化时，更需要一套趁手的跨境金融支付工具帮助'管账'和'盘活'。"在激烈的外部形势和竞争之下，中国出海商家如今一个账户就能实现出海的展业无忧、管理无忧、金融无忧。

蚂蚁集团的万里汇（WorldFirst）提供了"三个一"数字支付和金融服务，即"一站式"跨境金融服务、"一键开户、开店"展业增值服务和"一套账户"跨境经营管理服务，助力中小企业便捷出海。

收付款的币种问题，一直是商家最关心的问题之一。在最近的一次升级中，万里汇把收款币种从原来的14个，增加到超过30个，其中80%支持T+0到账（交易双方在交易当天就能完成资金的划转和到账）；付款币种也从原来的41个，增加到超过100个，其中90%支持T+0到账，且支持人民币结汇到账。截至2023年底，万里汇已为全球100多万跨境商户处理了超2 000亿美元的交易。

目前，万里汇业务已覆盖200多个国家和地区，连接如亚马逊、速卖通等全球近30多个平台和20多家独立站——让中小企业摇身一变，成为全球企业！

人工智能：让跨境交易降本增效

利用AI算法驱动全球资金调拨，作为全球领先的金融科技公司，空中云汇（Airwallex）借助大数据、人工智能等技术为企业赋能。

基于人工智能及大数据技术，空中云汇实现了全球资金智能化调拨，优化资金管理效率，降低客户交易成本。通过自主搭建的全球资金收付网络，空中云汇接入全球主要国家和地区的本地清算系统，API灵活对接并管理全球收付款，并针对跨境支付痛点，自建全球资金流动性管理体系。据空中云汇技术团队统计，由跨境收单改为本地收单，支付成功率可从75%~85%，提升至90%以上。

空中云汇搭建基于机器学习算法的外汇引擎，支持每秒数万次的高频交易，满足客户多样化的业务需求。目前，空中云汇已为全球近150个国家和地区的企业客户群体提供跨境清结算、国际收付款等服务，且涵盖近50个币种。

此外，空中云汇还建立了一套基于大数据分析的交易监控系统，可快速侦测异常行为并拦截风险，确保客户合法权益和资金安全。

问题思考：

结合案例中跨境电商卖家可使用的收款工具，分析跨境电商收款有哪些成本和风险。

任务一　跨境电商收款概述

一、跨境电商收款的定义与重要性

（一）跨境电商收款的定义

跨境电商收款是指在跨境电子商务交易中，卖家通过一定的方式接收来自全球各地买家支付的货款的过程。在这个过程中，涉及不同国家和地区的货币、支付习惯及金融监管政策等方面因素。例如，中国的跨境电商卖家将商品销售给美国的买家，买家使用美元支付，卖家需要通过合适的收款方式将这笔美元货款收取到自己的账户中，这就是一个典型的跨境电商收款场景。

（二）跨境电商收款在电商业务中的重要性

跨境电商收款是跨境电商业务流程中的关键环节，直接关系到卖家的资金回笼和企业的生存发展。首先，及时、安全地收款是卖家实现盈利的基础。只有成功收到买家支付的货款，卖家才能用于采购新的商品、支付运营成本等，以维持企业的正常运转。其次，良好的收款方式能够提升买家的购物体验。如果卖家提供多种便捷、安全的收款方式，买家可以根据自己的支付习惯进行选择，从而增加购买的意愿和满意度。此外，合理的收款策略还可以降低企业的财务风险，例如避免因汇率波动、支付风险等因素导致的资金损失。

二、跨境电商收款的主要参与方

（一）卖家

卖家是跨境电商收款的主体，他们通过各种电商平台或独立网站向全球买家销售商品或服务，并期望能够及时、足额地收到货款。卖家需要选择合适的收款方式，确保收款流程的顺利进行。同时，卖家还需要遵守相关的法律法规和平台规则，保证交易的合法性和合规性。

（二）买家

买家是付款的一方，他们根据自己的购物需求和支付习惯选择合适的支付方式完成交易。不同国家和地区的买家可能有不同的支付偏好，例如，欧美地区的买家更倾向于使用信用卡支付，而亚洲地区的买家可能更习惯使用电子钱包等支付方式。卖家需要了解不同买家的支付需求，提供多样化的付款方式，以满足买家的需求。

（三）支付机构

支付机构是连接卖家和买家的中间桥梁，负责处理支付交易。常见的支付机构包括第三方支付平台（如PayPal、Payoneer等）和银行等金融机构。支付机构提供各种支付解决方案，确保交易的安全、快捷进行。它们需要具备强大的技术实力和风险管理能力，以应对各种支付风险和挑战。

（四）银行

银行在跨境电商收款中扮演着重要的角色。一方面，银行可以为卖家提供账户服务，用于接收和管理货款；另一方面，银行还参与跨境资金的清算和结算过程。银行需要遵守严格的金融监管政策，确保资金的安全和合规流动。例如，在跨境汇款过程中，银行会对交易进行审核，防止洗钱、恐怖主义融资等违法活动。

三、常见跨境电商收款方式

（一）信用卡收款

1.信用卡收款的原理与流程

信用卡收款是指卖家通过与信用卡支付网关合作，接收买家使用信用卡进行支付的方式。其原理是买家在购物时输入信用卡信息，支付网关将这些信息加密后发送给发卡银行进行验证和授权。如果授权成功，发卡银行会将款项暂时冻结，并通知支付网关交易成功。支付网关再将交易结果反馈给卖家，卖家即可发货。在一定时间后，发卡银行会将款项结算给卖家的收款账户。具体流程如下：

（1）买家在电商平台上选择商品并提交订单。

（2）买家选择信用卡支付方式，并输入信用卡卡号、有效期、安全码等信息。

（3）支付网关对买家输入的信息进行加密处理，并发送到发卡银行进行验证。

（4）发卡银行验证买家的信用卡信息和可用额度，若信息无误且额度足够，则给予授权，并返回授权码。

（5）支付网关接收授权码后，将交易结果通知卖家，卖家确认订单并发货。

（6）在交易完成后的一定时间内，发卡银行将款项结算给卖家的收款账户。

2. 主流信用卡品牌

（1）Visa：Visa是全球最大的信用卡组织之一，在全球范围内被广泛接受。它拥有庞大的用户群体和完善的支付网络，几乎覆盖了世界上所有的国家和地区。使用Visa信用卡支付具有便捷、安全的特点，买家可以在全球各地的商户进行消费。

（2）MasterCard：MasterCard也是国际知名的信用卡品牌，与Visa类似，它在全球也有很高的知名度和广泛的接受度。MasterCard提供多种类型的信用卡产品，以满足不同用户的需求。

（3）American Express：美国运通卡以其高端的服务和优质的客户体验而闻名。它在商务旅行、高端消费等领域有较高的市场份额。American Express不仅提供信用卡支付服务，还提供一系列的增值服务，如旅行保险、购物保障等。

（4）Discover：Discover是美国的一家信用卡公司，在北美地区有一定的市场份额。它的特点是提供一些独特的优惠和奖励计划，吸引了一部分消费者。

3. 信用卡收款的优势与风险

（1）优势

① 广泛接受：信用卡是全球最常用的支付方式之一，买家使用信用卡支付非常方便，卖家可以通过接受信用卡收款来吸引更多的买家。

② 支付快捷：信用卡支付过程简单快捷，买家只需输入信用卡信息即可完成支付，无需进行繁琐的转账操作。

③ 信用保障：信用卡公司为买家提供一定的信用保障，如果买家遇到商品质量问题或欺诈行为，可以通过信用卡公司进行退款和申诉。

（2）风险

① 拒付风险：买家可能会因为各种原因发起拒付，例如商品与描述不符、未收到商品等。一旦发生拒付，卖家可能需要承担货款损失和处理拒付的费用。

② 欺诈风险：信用卡欺诈是跨境电商面临的一个重要问题。不法分子可能会使用被盗刷的信用卡进行购物，给卖家带来损失。

③ 手续费较高：信用卡收款通常需要支付一定的手续费，包括支付网关手续费、信用卡公司手续费等，这会增加卖家的成本。

4. 信用卡收款的风控措施

（1）验证买家信息：卖家可以通过支付网关提供的工具，对买家的信用卡信息进行验证，包括验证信用卡的有效性、持卡人身份等。例如，要求买家输入信用卡的安全码、账单地址等信息进行核对。

（2）设置交易限额：卖家可以根据自身的风险承受能力，设置每笔交易的限额。对于超过限额的交易，需要进行额外的审核或要求买家提供更多的身份信息。

（3）监控交易行为：通过分析交易数据，监控异常的交易行为。例如，短时间内同一信用卡进行多次大额交易、来自高风险地区的交易等，都需要重点关注。一旦发现异常，及时采取措施，如暂停交易、要求买家提供更多证明等。

（4）使用风控系统：借助专业的风控系统，对交易进行实时监测和风险评估。这些系统可以根据预设的规则和算法，对交易进行打分，判断交易的风险程度，并自动采取相应的措施。

（二）PayPal收款

1. PayPal基本介绍

PayPal是全球知名的第三方支付平台，成立于1998年。它支持多种货币的交易，在全球200多个国家和地区拥有广泛的用户群体。PayPal提供了安全、便捷的支付解决方案，用户可以通过电子邮件地址进行支付和收款。买家无需透露自己的信用卡信息或银行账户信息给卖家，从而提高了支付的安全性。

2. PayPal收款的操作流程

（1）注册PayPal账户：卖家需要在PayPal官方网站上注册一个商业账户。注册时需要提供个人或企业的相关信息，并进行身份验证。

（2）绑定收款账户：卖家需要将自己的银行账户或信用卡与PayPal账户绑定，以便接收款项和进行提现操作。

（3）设置收款方式：在电商平台或独立网站上设置PayPal作为收款方式。买家在购物时选择PayPal支付，会被引导到PayPal网站进行登录和支付操作。

（4）接收款项：买家完成支付后，PayPal会将款项存入卖家的PayPal账户。卖家可以在账户中查看交易记录和余额。

（5）提现操作：卖家可以根据自己的需求，将PayPal账户中的款项提现到绑定的银行账户中。提现通常需要一定的时间和手续费。

3. PayPal的费用结构

（1）交易手续费：PayPal会根据交易金额收取一定比例的手续费。手续费的比例通常根据交易的地区、货币和业务类型等因素有所不同。一般来说，交易手续费在2.9%~3.9%，另外，还可能会收取固定的小额费用。

（2）提现手续费：将PayPal账户中的款项提现到银行账户时，会收取一定的提现手续费。提现手续费的金额也因银行和地区而异。例如，提现到国内银行账户时，可能会收取35美元的固定手续费。

（3）货币兑换手续费：如果买家支付的货币与卖家提现的货币不同，PayPal会进行货币兑换，并收取一定的货币兑换手续费。货币兑换手续费通常在2.5%~4%。

4. 使用PayPal收款的注意事项

（1）账户安全：保护好自己的PayPal账户信息，设置强密码，并开启两步验证等安全功能。避免在不安全的网络环境下登录账户，防止账户被盗用。

（2）交易纠纷处理：PayPal有一套完善的交易纠纷处理机制。如果买家发起纠纷，卖家需要及时响应，并提供相关的证据来证明自己的交易合法性。如果处理不当，可能会导致账户被限制或冻结。

（3）遵守规则：遵守PayPal的使用规则和政策，不得进行违规交易。例如，不得销售违禁品、进行欺诈活动等。否则，PayPal有权采取相应的措施，包括冻结账户、扣除款项等。

（三）本地支付方式收款

1. 欧洲地区

（1）Skrill：Skrill是欧洲知名的电子钱包服务提供商，在欧洲和其他地区拥有大量用户。它支持多种货币的交易，用户可以通过银行转账、信用卡等方式充值到Skrill账户，然后使用账户余额进行支付。Skrill提供了便捷的支付体验，尤其适合小额支付和跨境交易。卖家可以通过集成Skrill的支付接口，接收来自欧洲地区买家的付款。

（2）Giropay：Giropay是德国流行的在线支付方式，它允许买家直接从自己的银行账户进行支付。买家在支付时只需输入自己的银行账户信息，系统会自动完成转账操作。Giropay具有安全、快捷的特点，深受德国消费者的喜爱。对于面向德国市场的跨境电商卖家来说，接受Giropay支付可以提高交易的成功率。

2. 亚洲地区

AlipayHK：AlipayHK是支付宝在香港地区推出的电子钱包服务。它在香港市场广泛应用，用户可以使用AlipayHK进行线上线下的购物支付、缴费等操作。对于面向香港市场的跨境电商卖家来说，接入AlipayHK支付可以方便香港买家进行购物，提高用户体验。

3. 本地支付方式的特点与适用场景

（1）特点

① 符合本地习惯：本地支付方式更符合当地消费者的支付习惯和文化背景，能够提高消费者的支付意愿和满意度。

② 支付便捷：一些本地支付方式操作简单，无需复杂的注册和认证过程，消费者可以快速完成支付。

③ 安全可靠：本地支付方式通常有完善的安全保障机制，保障消费者的资金安全。

（2）适用场景

① 目标市场特定：如果卖家主要目标市场是某个特定地区，可以选择该地区流行的本地支付方式，以提高市场竞争力。例如，面向德国市场的卖家可以接受Giropay支付；面向墨西哥市场的卖家可以接受OXXO支付。

② 小额支付：一些本地支付方式适合小额支付场景，例如，Skrill等电子钱包服务，对于小额商品的销售具有优势。

（四）银行电汇收款

1. 银行电汇的概念与流程

银行电汇是指通过银行系统将款项从一个账户转移到另一个账户的支付方式。在跨境电商中，买家可以通过自己的银行将货款电汇到卖家指定的银行账户。具体流程如下。

（1）买家与卖家协商好交易细节后，卖家提供自己的银行账户信息给买家，包括银行名称、账户号码、Swift 代码等。

（2）买家到自己的银行办理电汇业务，填写电汇申请表，提供卖家的银行账户信息和汇款金额等。

（3）买家的银行将款项从买家账户扣除，并通过国际银行间的清算系统将款项汇出。

（4）卖家的银行收到款项后，将款项存入卖家的账户，并通知卖家。

2. 银行电汇的优缺点

（1）优点

① 资金安全：银行电汇是一种较为安全的支付方式，款项直接从买家的银行账户转移到卖家的银行账户，减少了中间环节的风险。

② 大额支付优势：对于大额交易，银行电汇是一种常用的支付方式。它没有信用卡支付的额度限制，能够满足大额货款的支付需求。

（2）缺点

① 到账时间长：银行电汇的到账时间通常较长，可能需要几个工作日甚至更长时间，这会影响卖家的资金回笼速度。

② 手续费高：银行电汇需要支付一定的手续费，包括汇款行手续费、中间行手续费和收款行手续费等。手续费的金额根据汇款金额和汇款地区的不同而有所差异。

③ 操作复杂：买家需要到银行办理电汇业务，填写相关的申请表，提供详细的银行账户信息，操作相对复杂。

3. 银行电汇的手续费与到账时间

（1）手续费：银行电汇的手续费通常由三部分组成：汇款行手续费、中间行手续费和收款行手续费。汇款行手续费一般按照汇款金额的一定比例收取，比例通常在 0.1%~1%，另外还可能收取固定的小额费用。中间行手续费是指在汇款过程中，款项经过的中间银行收取的费用，费用金额不固定，可能在几美元到几十美元不等。收款行手续费是卖家银行收取的入账手续费，一般为固定金额。

（2）到账时间：银行电汇的到账时间取决于多个因素，包括汇款银行和收款银行的处理速度、汇款地区、是否需要进行外汇兑换等。一般来说，同行之间的电汇到账时间较快，可能在 1~2 个工作日内到账；不同银行之间的电汇到账时间可能需要 3~5 个工作日，甚至更长时间。如果涉及跨境汇款和外汇兑换，到账时间则会更久。

任务二　管理跨境电商收款账户

一、收款账户的类型

（一）个人收款账户

个人收款账户是指以个人名义开设的用于接收跨境电商货款的账户。个人收款账户通常可以通过国内银行或第三方支付平台开设。个人收款账户的优点是开设流程相对简单，成本较低；缺点是收款额度可能受到一定限制，并且在税务申报等方面可能存在一些不便。

（二）企业收款账户

企业收款账户是指以企业名义开设的收款账户。企业收款账户可以通过国内银行或境外银行开设。企业收款账户的优点是收款额度相对较高，更适合大规模的跨境电商业务；同时，企业收款账户在财务管理和税务申报等方面更加规范。缺点是开设流程相对复杂，需要提供更多的企业资料和证明文件。

二、收款账户的开设流程

（一）国内银行账户开设

1. 选择银行

卖家可以根据自己的需求和银行的服务质量、手续费等因素选择合适的国内银行。常见的国内银行如中国银行、工商银行、招商银行等都提供跨境电商收款账户服务。

2. 准备资料

一般需要提供个人或企业的身份证明文件、营业执照、税务登记证、电商平台开店证明等相关资料。具体资料要求因银行而异。

3. 填写申请表

到银行网点填写开户申请表，详细填写个人或企业信息、账户用途等内容。

4. 审核与开户

银行对提交的资料进行审核，审核通过后为卖家开设收款账户，并提供相关的账户信息和操作指南。

（二）境外银行账户开设

1. 选择境外银行

根据目标市场和业务需求，选择合适的境外银行。例如，如果主要面向美国市场，可以选择美国的银行如美国银行、花旗银行等；如果面向欧洲市场，可以选择英国的巴克莱银行、德国的德意志银行等。

2. 了解开户要求

不同的境外银行开户要求不同，一般需要提供企业注册文件、公司章程、股东身份证明、业务证明等资料。有些银行还可能要求卖家在当地有实际的经营场所或业务往来。

3. 提交申请

将准备好的资料提交给境外银行，并填写开户申请表。银行会对资料进行审核，并可能要求卖家进行面谈或提供更多的证明文件。

4. 开户成功

审核通过后，银行会为卖家开设境外银行账户，并提供账户信息和相关的银行卡或网银工具。

（三）第三方支付平台账户开设

1. 选择第三方支付平台

根据自己的业务需求和目标市场，选择合适的第三方支付平台，如 PayPal、Payoneer、WorldFirst 等。

2. 注册账户

访问第三方支付平台的官方网站，按照注册流程填写个人或企业信息，包括姓名、联系方式、电子邮箱等，并设置账户密码。

3. 身份验证

根据平台的要求，进行身份验证。一般需要上传身份证、营业执照等相关证明文件，平台会对文件进行审核。

4. 绑定收款账户

身份验证通过后，绑定自己的银行账户或信用卡，以便接收款项和进行提现操作。

三、收款账户的安全管理

（一）账户密码与安全设置

1. 设置强密码

为收款账户设置复杂的密码，包括字母、数字和特殊字符的组合，长度不少于8位。定期更换密码，避免使用与其他账户相同的密码。

2. 开启两步验证

许多收款账户平台都提供两步验证功能，如短信验证码、身份验证器等。开启两步验证可以增加账户的安全性，即使密码泄露，他人也无法轻易登录账户。

3. 注意登录环境

避免在公共网络或不安全的设备上登录收款账户。如果需要在公共场所登录，建议使用虚拟专用网络（VPN）来保护网络安全。

（二）防范账户被盗刷与诈骗

1. 警惕钓鱼邮件

不要轻易点击来自不明来源的邮件链接或下载附件，这些邮件可能是钓鱼邮件，用于窃取账户信息。如果收到可疑邮件，及时联系收款账户平台进行核实。

2. 注意交易信息

定期查看收款账户的交易记录，如发现异常交易，及时联系平台客服进行处理。同时，注意保护自己的账户信息，不要随意透露给他人。

3. 安装安全软件

在使用的设备上安装杀毒软件、防火墙等安全软件，及时更新软件版本，以防范病毒和恶意软件的攻击。

（三）定期监控账户资金流向

1. 建立资金监控机制

定期查看收款账户的资金余额和交易记录，了解资金的流入和流出情况。可以设置资金预警，当账户资金发生异常变动时及时收到通知。

2. 分析交易数据

通过分析交易数据，了解业务的运营情况和资金流动规律。如果发现交易数据异常，如交易量突然下降、资金流入异常等，及时进行调查和处理。

任务三　防范跨境电商结汇风险

一、跨境电商结汇概述

（一）跨境电商结汇的定义与流程

1. 跨境电商结汇的定义

跨境电商结汇是指跨境电商卖家将收到的外币货款兑换成本国货币的过程。由于跨境电商交易涉及不同国家和地区的货币，卖家在收到外币货款后，需要将其兑换成本国货币，以便进行国内的资金使用和财务管理。

2. 跨境电商结汇的基本流程

（1）货款到账：卖家通过各种收款方式收到买家支付的外币货款，并将款项存入自己的收款账户。

（2）选择结汇方式：卖家根据自己的需求和实际情况，选择合适的结汇方式，如银行结汇、第三方支付机构结汇等。

（3）提交结汇申请：按照所选结汇方式的要求，卖家向银行或第三方支付机构提交结汇申请，并提供相关的交易资料和证明文件。

（4）汇率确定：银行或第三方支付机构根据市场汇率情况，确定结汇的汇率。汇率是指两种货币之间的兑换比率，会随着市场供求关系和国际经济形势的变化而波动。

（5）结汇操作：银行或第三方支付机构根据确定的汇率，将卖家账户中的外币货款兑换成本国货币，并将款项存入卖家指定的国内银行账户。

（二）结汇的主要方式

1. 银行结汇

银行结汇是指卖家将外币货款存入国内银行账户后，通过银行进行结汇操作。银行结汇的优点是安全可靠，银行具有完善的风险管理体系和合规机制；同时，银行提供的汇率也相对较为稳定。缺点是结汇手续相对繁琐，需要提供较多的交易资料和证明文件；结汇时间可能较长，影响资金的使用效率。

2. 第三方支付机构结汇

第三方支付机构结汇是指卖家通过与第三方支付机构合作，将外币货款兑换成本国货币。第三方支付机构结汇的优点是操作简便、结汇速度快，通常可以实时到账；同时，第三方支付机构提供的服务更加灵活，能够满足卖家的个性化需求。缺点是第三方支付机构的汇率可能相对银行较高，存在一定的汇率风险；并且部分第三方支付机构的信誉和稳定性可能不如银行。

二、结汇风险

（一）汇率风险

1. 汇率波动对结汇的影响

汇率波动是跨境电商结汇面临的主要风险之一。由于汇率是不断变化的，卖家在收到外币货款后，如果不能及时结汇，可能会因为汇率波动而导致结汇金额减少。例如，卖家收到 10 000 美元的货款，当时的汇率是 1 美元=6.5 元人民币，那么理论上可以结汇 65 000 元人民币。但如果在结汇时汇率变为 1 美元=6.3 元人民币，那么卖家只能结汇 63 000 元人民币，相比之前减少了 2 000 元人民币。

2. 汇率风险管理策略

（1）套期保值：套期保值是一种常见的汇率风险管理策略。卖家可以通过与银行或金融机构签订远期外汇合约，锁定未来某一时期的汇率。例如，卖家预计在 3 个月后收到一笔美元货款，为了避免汇率波动的风险，可以与银行签订一份 3 个月期的远期外汇合约，约定在 3 个月后按照固定的汇率将美元兑换成人民币。这样无论未来汇率如何变化，卖家都可以按照约定的汇率进行结汇，保证结汇金额的稳定。

（2）分散结汇：卖家可以将收到的外币货款分批次进行结汇，避免一次性结汇带来的汇率风险。例如，卖家在一个月内收到了多笔美元货款，可以将这些货款分成若干份，在不同的时间点进行结汇，以平均汇率波动的影响。

（3）关注汇率走势：卖家需要密切关注汇率走势，了解国际经济形势和汇率政策的变化。可以通过金融新闻、外汇交易平台等渠道获取汇率信息，根据汇率走势合理安排结汇时间。

（二）政策风险

1. 国内外外汇管理政策变化

国内外外汇管理政策的变化会对跨境电商结汇产生重要影响。不同国家和地区的外汇管理政策不同，并且政策可能会随着时间的推移而发生变化。例如，某些国家可能会加强对外汇流出的管制，限制个人的结汇额度；或者调整外汇交易的手续费和税费等。国内的外汇管理政策也可能会对跨境电商结汇产生影响，如对跨境电商结汇的监管要求、结汇流程的调整等。

2. 应对政策风险的措施

（1）及时了解政策信息：卖家需要及时关注国内外外汇管理政策的变化，通过政府部门的官方网站、行业协会等渠道获取最新的政策信息。了解政策变化的内容和影响，以便及时调整自己的结汇策略。

（2）合规经营：严格遵守国内外的外汇管理政策和相关法律法规，确保结汇操作的合法性和合规性。在结汇过程中，按照政策要求提供真实、准确的交易资料和证明文件，避免因违规操作而受到处罚。

（3）与专业机构合作：可以与银行、外汇经纪商等专业机构合作，借助他们的专业知识和经验，了解政策动态，制订合理的结汇方案。同时，专业机构可以帮助卖家处理复杂的结汇手续，降低政策风险。

（三）操作风险

1. 结汇操作失误带来的风险

结汇操作失误可能会导致卖家遭受损失。例如，在填写结汇申请表时，填写错误的银行账户信息，可能会导致款项无法正常到账；或者在选择结汇汇率时，没有仔细比较不同银行或支付机构的汇率，导致结汇金额减少。此外，操作失误还可能导致结汇手续延误，影响资金的使用效率。

2. 避免操作风险的方法

（1）仔细核对信息：在进行结汇操作时，仔细核对填写的各项信息，包括银行账户信息、交易金额、汇率等。确保信息的准确性和完整性。可以在填写完信息后，再次进行核对，避免出现错误。

（2）了解结汇流程：在进行结汇操作前，充分了解所选结汇方式的流程和要求。可以向银行或第三方支付机构咨询相关问题，获取详细的操作指南。按照流程要求逐步进行操作，避免因不熟悉流程而导致操作失误。

（3）加强培训与学习：卖家可以参加相关的培训课程，了解跨境电商结汇的知识和技能，提高自己的操作水平和风险意识，减少操作失误的发生。

任务四 跨境电商收款与结汇案例分析

（一）成功案例分析

1. 某大型跨境电商企业的收款与结汇策略

某大型跨境电商企业主要面向欧美市场销售电子产品。在收款方面，该企业采用了多种收款方式相结合的策略。对于欧美地区的买家，主要接受信用卡支付和PayPal支付，以满足不同买家的支付习惯。同时，针对一些大额订单，也接受银行电汇支付。在收款账户管理方面，企业开设了国内银行账户和境外银行账户，根据不同的收款方式和业务需求，合理安排资金的存放和使用。

在结汇方面，该企业通过与银行合作，采用了套期保值的汇率风险管理策略。企业根据销售预测和资金需求，提前与银行签订远期外汇合约，锁定未来的结汇汇率。同时，企业还密切关注汇率走势，根据市场情况灵活调整结汇时间。通过这种方式，企业有效地降低了汇率波动对结汇金额的影响，保证了资金的稳定回笼。

2. 从成功案例中汲取的经验

（1）多元化收款方式：提供多种收款方式可以满足不同买家的支付需求，提高交易的成功率。企业应根据目标市场的特点和买家的支付习惯，选择合适的收款方式。

（2）合理管理收款账户：开设国内和境外收款账户，根据业务需求合理安排资金的存放和使用，可以提高资金的使用效率，降低资金风险。

（3）有效管理汇率风险：采用套期保值等汇率风险管理策略，结合对汇率走势的关注和分析，能够降低汇率波动对结汇的影响，保证企业的利润。

（二）失败案例分析

1. 某中小跨境电商企业收款与结汇失败原因

某中小跨境电商企业主要销售服装产品，面向东南亚市场。在收款方面，该企业只接受PayPal支付，没有考虑到东南亚地区一些本地支付方式的需求，导致部分买家因支付不便而放弃购买。在收款账户管理方面，企业没有对账户进行有效的安全管理，导致账户被盗用，部分资金损失。

在结汇方面，该企业没有关注汇率走势，在汇率波动较大的情况下，一次性将收到的外币货款进行结汇，结果结汇金额大幅减少。此外，企业在结汇操作时，没有仔细核对银行账户信息，导致款项无法正常到账，延误了资金的使用。

2. 失败案例的教训与启示

（1）收款方式要多元化：不能只依赖单一的收款方式，应根据目标市场的特点和买家的支付习惯，提供多样化的收款方式，以提高市场竞争力。

（2）加强账户安全管理：重视收款账户的安全管理，采取有效的安全措施，如设置强密码、开启两步验证等，防止账户被盗用。

（3）关注汇率风险：密切关注汇率走势，采用合理的汇率风险管理策略，避免因汇率波动而导致结汇损失。

（4）谨慎操作结汇流程：在结汇操作时，仔细核对各项信息，确保操作的准确性和合规性，避免因操作失误而带来不必要的损失。

头脑风暴

为了激发团队成员创新思维，全面探讨收款与结汇过程中的潜在问题、解决方案及发展机遇，提升大家对跨境电商资金流转环节的认识和应对能力，为实际业务操作提供新思路和新策略。

一、问题提出与小组讨论

（一）收款方式创新

提出问题：当前常见的跨境电商收款方式有信用卡收款、第三方支付平台收款、海外银行账户收款等，如何创新收款方式以提高收款效率、降低成本和风险？

小组讨论：参与者分成若干小组，围绕问题展开讨论，记录下每个成员提出的想法。例如，可以考虑结合新兴技术（如区块链、数字货币）设计新的收款模式；探索与当地金融机构合作推出特色收款服务等。

小组代表发言：每个小组选派一名代表，向全体成员介绍小组讨论的结果。

（二）结汇风险应对

提出问题：汇率波动、政策变化等因素会给跨境电商结汇带来风险，如何有效应对这些风险，保障卖家的资金安全和利润最大化？

小组讨论：各小组针对问题进行深入分析，提出具体的应对策略。比如，如何利用金融工具（如远期外汇合约、外汇期权）进行套期保值；如何及时了解政策动态，调整结汇计划等。

小组分享：小组代表分享本小组的讨论成果，其他小组成员可以进行提问和补充。

（三）收款与结汇流程优化

提出问题：现有的跨境电商收款与结汇流程可能存在繁琐、效率低下等问题，如何优化流程，提高资金流转速度和操作便捷性？

小组讨论：各小组思考并提出优化流程的建议，如简化开户手续、提高支付平台与银行之间的对接效率、实现自动化结汇等。

小组汇报：小组代表汇报讨论结果，共同探讨可行性。

二、综合讨论与总结

全体成员对各小组提出的想法和方案进行综合讨论，对一些有潜力的方案进行深入分析和完善。

主持人对本次头脑风暴进行总结，梳理出有价值的观点和建议，明确后续的跟进和落实计划。

AI跨境

科技赋能收款结汇，推动行业创新与国家科技自立自强

一家新兴的跨境电商企业专注于环保产品的出口，其目标市场主要是东南亚地区。在收款与结汇过程中，传统的金融服务存在手续繁琐、到账时间长等问题，影响了企业的资金周转效率。

企业积极关注金融科技的发展，与国内一家金融科技公司合作，引入了基于区块链技术的跨境收款与结汇解决方案。该方案利用区块链的去中心化、不可篡改和可追溯等特性，实现了跨境资金的快速、安全转移，大大缩短了收款和结汇的时间。同时，企业还通过数据分析和人工智能技术，优化了资金管理策略，提高了资金的使用效率。

商业诚信

一、诚信经营与商业道德

（一）诚信收款与结汇

在跨境电商收款与结汇过程中，诚信是基石。卖家应如实申报交易信息，确保收款和结汇的资金来源合法合规。例如，在提供交易资料给银行或第三方支付机构时，不得虚报商品价格、数量等信息，以获取不当利益。这种诚信经营的行为不仅有助于维护自身的商业信誉，也是对整个跨境电商行业生态的积极贡献。

（二）防范欺诈与维护公平竞争

随着跨境电商的发展，收款与结汇环节也面临着欺诈风险。卖家要时刻保持警惕，防止不法分子利用虚假交易进行诈骗。同时，企业自身也不能参与欺诈行为，如使用虚假身份收款、进行洗钱等活动。这体现了商业道德和公平竞争的原则，只有遵守规则，才能营造健康、有序的市场环境，让跨境电商行业持续发展。

二、家国情怀与民族担当

（一）合规结汇助力国家外汇管理

跨境电商结汇涉及国家的外汇管理政策。卖家应遵守国家的外汇管理规定，如实进行结汇操作，有助于国家准确掌握外汇收支情况，维护国家的金融稳定和经济安全。这是每一个跨境电商从业者应尽的责任和义务，体现了对国家的担当和热爱。

（二）推动跨境电商行业发展，提升国家影响力

跨境电商作为国际贸易的新兴形式，对于国家的经济发展和国际影响力提升具有重要作用。在收款与结汇环节，企业不断优化操作流程，提高效率，降低成本，能够增强自身的竞争力，进而推动整个跨境电商行业的发展。通过优质的产品和服务，让中国的品牌走向世界，提升国家在全球贸易中的地位，展现民族的自豪感和使命感。

三、创新意识与国际视野

（一）积极拥抱新技术，创新收款结汇方式

随着科技的不断进步，区块链、人工智能等新技术在跨境收款与结汇领域展现出巨大的应用潜

力。从业者应具备创新意识，积极探索新技术的应用，提高收款与结汇的效率和安全性。例如，利用区块链技术实现跨境支付的实时清算和结算，降低中间环节成本。这种创新精神不仅有助于企业自身的发展，也能推动整个行业的技术升级。

（二）拓展国际视野，适应全球化发展

跨境电商是全球性的商业活动，收款与结汇涉及不同国家和地区的金融体系、政策法规和文化差异。从业者需要具备国际视野，了解不同国家的支付习惯、外汇政策等信息。通过学习和借鉴国际先进经验，优化自身的收款与结汇策略，更好地适应全球化发展的趋势，在国际市场中占据一席之地。

四、团队协作与社会责任

（一）收款结汇团队的协作

在跨境电商企业中，收款与结汇工作往往涉及多个部门的协作，如财务部门、运营部门、客服部门等。各部门之间需要密切配合，及时沟通信息，共同完成收款与结汇任务。例如，财务部门负责资金的管理和结汇操作，运营部门提供准确的交易数据，客服部门处理买家的支付问题。通过团队协作，能够提高工作效率，降低风险。

（二）关注行业规范，履行社会责任

跨境电商从业者不仅要关注自身的利益，还要关注整个行业的规范和发展。积极参与行业协会的活动，遵守行业自律规范，为行业的健康发展贡献自己的力量。同时，企业还应履行社会责任，如支持环保、促进就业等，树立良好的企业形象，实现经济效益和社会效益的统一。

学以致用

实践任务

某跨境电商企业计划拓展欧洲市场，正在考虑选择合适的收款方式。目前有信用卡收款、PayPal收款和当地支付方式（如Skrill）三种选择。请你分析这三种收款方式的成本（包括手续费、汇率损失等）和风险（如拒付风险、欺诈风险等），并为企业提供选择建议。

知识巩固

一、单选题

1.以下哪种信用卡品牌在全球范围内接受度最高且用户群体庞大？（　　　）

　　A. American Express　　B. Discover　　　　　　　C. Visa　　　　　　　　　D. JCB

2.卖家使用PayPal进行提现到国内银行账户时，通常会收取一定的提现手续费，一般是（　　　）。

　　A. 15美元　　　　　　B. 25美元　　　　　　C. 35美元　　　　　　　D. 45美元

3.对于面向德国市场的跨境电商卖家，以下哪种本地支付方式比较合适？（　　　）

A. AlipayHK   B. OXXO   C. Skrill   D. Giropay

4. 银行电汇的到账时间一般受多个因素影响，同行之间的电汇到账时间可能是（   ）。

  A. 1~2个工作日   B. 3~5个工作日

  C. 5~7个工作日   D. 7~10个工作日

5. 以下关于跨境电商结汇的定义，正确的是（   ）。

  A. 跨境电商结汇是指将本国货币兑换成外币的过程

  B. 跨境电商结汇是指将外币货款兑换成本国货币的过程

  C. 跨境电商结汇是指将外币货款存入境外银行账户的过程

  D. 跨境电商结汇是指将本国货币存入国内银行账户的过程

6. 以下哪种不属于常见的跨境电商收款方式？（   ）

  A. 信用卡收款   B. 现金收款

  C. 第三方支付平台收款   D. 海外银行账户收款

7. 当使用第三方支付平台收款时，卖家通常需要承担一定的手续费，手续费一般根据什么来计算？（   ）

  A. 交易次数   B. 交易金额   C. 交易时间   D. 交易商品数量

8. 若卖家选择在海外开设银行账户收款，以下哪项不是需要考虑的因素？（   ）

  A. 银行所在国家的政治稳定性   B. 银行的开户门槛和手续费用

  C. 卖家的个人喜好   D. 银行的服务质量和转账速度

9. 在跨境电商收款中，汇率波动会对卖家的实际收入产生影响，卖家可以采取以下哪种措施来降低汇率风险？（   ）

  A. 不考虑汇率波动，顺其自然   B. 一次性将所有外汇兑换成本币

  C. 与银行签订远期外汇合约   D. 频繁进行外汇兑换操作

10. 以下关于跨境电商结汇的说法，正确的是？（   ）

  A. 结汇只能在国内银行进行   B. 结汇是将外汇兑换成本币的过程

  C. 结汇不需要遵循任何规定和流程   D. 结汇的汇率是固定不变的

二、多选题

1. 跨境电商收款的主要参与方包括（   ）。

  A. 卖家   B. 买家   C. 支付机构   D. 银行

2. 信用卡收款存在一定的风险，主要包括（   ）。

  A. 拒付风险   B. 欺诈风险   C. 手续费较高   D. 到账时间长

3. 使用PayPal收款时，需要注意的事项有（   ）。

  A. 保护账户安全，设置强密码并开启两步验证

  B. 及时处理交易纠纷，提供相关证据

  C. 遵守PayPal的使用规则和政策

  D. 可以随意将账户信息透露给他人

4. 跨境电商结汇面临的风险主要有（   ）。

    A. 汇率风险　　　　B. 政策风险　　　　　C. 操作风险　　　　　D. 信用风险

5. 以下属于跨境电商收款方式的有（　　　）。

    A. 信用卡收款　　　　　　　　　　　B. PayPal收款

    C. 本地支付方式收款　　　　　　　　D. 银行电汇收款

三、判断题

1. 所有的跨境电商收款方式都没有风险，卖家可以随意选择。（　　　）

2. 卖家使用第三方支付平台收款后，资金可以立即到账且无任何限制地使用。（　　　）

3. 跨境电商结汇时，只要能换到更多的本币，就可以选择任何渠道进行结汇。（　　　）

4. 汇率波动对跨境电商收款和结汇没有任何影响。（　　　）

5. 卖家在海外开设银行账户收款后，可以随意将资金转回国内，无需考虑任何限制。（　　　）

项目八　跨境电商客户服务与客户管理

知识目标：

了解客服工作的重要性；

理解客服的基本职能以及知识技能要求；

掌握与客户沟通的基本原则及常见问题的回复技巧；

掌握常见纠纷处理方式及预防措施；

掌握跨境电商客户分类管理模型的应用及对客户开展二次营销的技巧。

能力目标：

能够熟练执行客服基本职能，如咨询解答、投诉处理、售后支持等；

能够对客户进行分类管理，设计并执行有效的二次营销策略；

能够识别潜在纠纷，采取预防措施，并掌握有效的纠纷解决策略；

能够熟悉客服相关软件和工具的使用，以提高工作效率。

素养目标：

具备以客户为中心的服务理念；

具备跨文化理解能力，尊重并适应不同文化的交流差异。

学思案例

跨越大洋的惊喜：Mia的生日礼物之旅

案例背景：

Mia是一位居住在美国的消费者，她在网上浏览时发现了一家位于中国的跨境电商店铺"GlobalGifts"，这家店铺出售独特手工制作的饰品。Mia被一件精致的手工项链所吸引，决定购买作为送给远在澳大利亚的朋友Lily的生日礼物。

案例发展：

首次接触与咨询： Mia通过店铺的在线聊天功能询问了关于产品材质、尺寸以及国际运输的问题。客服代表Amy迅速响应，提供了详尽的信息，并告知Mia可以追踪包裹的物流状态。

订单处理与物流： Mia下单后，店铺的物流团队确认了库存，打包并安排了国际快递。Amy通过邮件向Mia发送了物流单号，并附上了预计到达时间。

物流延误与客户关怀： 由于国际航线的不确定性，Mia收到通知称她的包裹可能延迟到达。担心Lily无法按时收到礼物，Mia联系了客服。Amy立即介入，解释了延误的原因，并承诺提供额外的补偿（例如折扣券）来弥补不便。

纠纷处理与解决方案： 尽管Amy尽力协调，但包裹还是比预期晚到了几天。Lily虽然理解情况，但Mia对此感到失望。Amy主动提出重新发货一份相同的产品作为补偿，同时免费升级至更快的快递服务，确保Lily能在下一个特殊日子之前收到礼物。

客户关系维护与二次营销： 为了挽回Mia的信任，Amy邀请她加入店铺的VIP会员计划，享受优先购物权和专属优惠。此外，Amy还定期向Mia发送节日祝福和新产品推荐，成功将她转化为忠诚客户。

通过这次经历，Mia不仅对"GlobalGifts"留下了深刻的印象，还成为该品牌的忠实粉丝和口碑传播者。这个案例展示了优秀的客户服务人员如何克服挑战，化危机为转机，最终实现客户满意度的提升和长期的客户关系建立。

问题思考：

结合案例内容分析，跨境电商的客户管理和B2B外贸模式下的客户管理有什么区别呢？

任务一　跨境电商客服概述

一、跨境电商客服

客户服务，简称客服，是指以客户为导向，为其提供服务并使之满意。广义而言，任何能提高客户满意度的内容都属于客户服务的范围，跨境电商客服是指在不同国家和地区之间进行跨境贸易的电子商务平台上，负责与客户进行沟通和交流，解答客户问题，提供良好客户体验的专业人员。

跨境电商平台鼓励交易双方使用站内信或订单留言进行沟通，一方面，这可减少买卖双方沟通渠道的选择，避免错失重要信息；另一方面，订单留言是纠纷判责中参考证据的重要组成部分，可保证订单沟通信息的完整，国外买家习惯使用邮件，卖家客服也可以通过邮件与买家联系，发推广信、营销邮件、节假日祝福或通知邮件，但是，若涉及订单确认事宜，建议卖家在订单留言和站内信中与买家沟通，原因在于，如果订单发生纠纷，平台不认可邮件记录。

跨境电商客服，作为连接卖家与全球消费者的桥梁，承担着提供售前和售后服务，处理客户投诉和纠纷，维护客户关系以及收集市场信息和客户需求等关键职责。在日益激烈的跨境电商市场竞争中，优质的客服服务不仅是提升客户满意度和忠诚度的关键，更是企业树立品牌形象、实现可持续发展的重要保障。

二、跨境电商客服人员需要具备的知识和能力

（一）核心能力和知识

1. 拥有基本的外语读写能力

能够与国外客户进行顺畅的沟通和交流。专业的跨境电商客服人员，必须掌握一到两门外语，并且能够较为流利地使用外语与客户进行沟通与交流。

2. 熟悉主营产品的内涵和外延

跨境电商客服人员必须对自己店铺的产品有全面的认识和了解，能够提供专业且全面的产品信息咨询，无论是商品的用途、材质、尺寸，还是使用注意事项，客服人员都必须了解和熟记于心，当客户针对某一产品提出问题时，能够快速、准确地进行回复。此外，客服人员要对不同地区之间商品规格的不同规定有清晰的认知，在面对境内外服装尺码巨大差异的情况下，能够帮助境外客户推荐合适尺寸的商品；在面对境内外电器类商品电压、电流、插头等各项规格不同的情况下，可以为境外客户推荐能够正常使用的电器商品。

3. 了解相应平台规则

客服人员要充分了解各个跨境电商平台的交易规则，不可违背原则进行操作。只有对各个平台的规则相当熟悉，才能在面对各种情况时镇定自若、按部就班，并妥善地解决问题，使交易有条不紊地进行下去。

此外，客服人员还要在不违背相关交易规则的前提下熟练掌握各种交易操作，包括修改商品价格、付款流程、修改评价、关闭交易、处理退款申请等。

4. 熟悉平台各种付款方式、物流方式及流程

客服人员要对各种跨境支付方式有一定程度的了解，清楚相关的付款流程。一旦客户在付款环节产生问题，要能正确地引导客户解决问题。

在物流方面，客服人员要了解常用的几家物流公司的优缺点，明白什么情况下应该选择哪家物流公司。另外，还要了解不同的物流方式在速度上的区别，以及物流方式的查询方法等基本信息，给客户提供最佳物流线路。为了有效应对可能发生的意外情况，除了以上的准备工作，客服人员还要对各种物流方式包裹的撤回、地址更改、状态查询、保价、问题件退回、索赔的处理等有所了解，以保证意外状况发生时能够第一时间做出反应，将店铺和客户的损失降到最低。

5. 熟悉常规问题的解决方式，流程化解决一般性问题

对于常见的问题，采用模板的形式进行解决。如果是新问题，那么客服人员需要找到最优的解决方案，并总结思路，进而形成模板，为之后的类似问题提供流程化的解决方法。跨境电商客服行业中有个"二八法则"，即80%的客服问题都是常规问题，只有20%是新问题，重点主要放在这20%的问题上。

6. 熟悉国外客户的消费习惯和消费性格

对跨境电商卖家而言，打入海外市场最关键的一点就是要符合国外客户喜好，即不仅要根据市场需求选择合适的产品，所销售的产品还要不违背当地的风土人情，文化习俗，避免文化冒犯，如特定颜色、图案或数字的象征意义等。

（二）拓展知识和能力

跨境电商客服人员的角色至关重要，他们不仅是公司与国际客户之间的桥梁，也是塑造品牌形象、提升客户满意度的关键。除了上述提到的六项核心能力和知识，还可以进一步提升以下知识和能力。

1. 高效的时间管理与多任务处理能力

在快节奏的环境中处理多个客户请求，优先级排序，确保每个客户都能得到及时响应，能够在紧张的时间表下保持专业性和耐心。

2. 数据分析能力

利用 CRM 系统和数据分析工具监控客户行为，比如通过观察分析识别到某客户在咨询时比较关注商品种类的丰富度、商品线的备货供应情况，以及购买数量较大时是否可提供折扣等现象，或者是多频次下单等行为去发现潜在的批发客户。

3. 熟练使用办公软件并及时发现问题

熟练操作各种客服软件和工具，如在线聊天平台、社交媒体、电子邮件管理系统和呼叫中心技术。能够利用自动化工具提高工作效率，如预设回复、工作流自动化和智能搜索等。

客服工作还承担着监控管理运营的职责，在发现问题和反馈问题上不能简单地理解为一事一报，而应有一套完整的"发现—统计—反馈"问题的制度。客服人员通过客户的投诉发现问题，并将各类问题进行分类，明确问题涉及的具体部门，同时统计涉及的损失并定期向上汇报以便问题能够得到及时有效的解决。

4. 心理学知识和情绪智力

具备基本的心理学知识，理解客户情绪背后的动机，提供更加贴心的服务；发展情绪智力，包括自我调节、同理心和人际关系管理，以建立信任和忠诚度。

5. 持续学习和适应性

保持对新技术、市场动态和消费者偏好的敏锐感知，能够灵活适应不断变化的商业环境和客户期望。

三、跨境电商客服沟通技巧

良好的沟通有助于纠纷的解决、关系的改善，无效且恶意的沟通会导致两败俱伤，有效的沟通技巧是跨境电商客服必须具备的基本素质之一。

（一）遵守国际礼仪

跨境电商客服在工作中要遵守国际礼仪，尊重不同民族、国家以及地区间的文化、风俗等方面的差异，以保障沟通的顺利进行，学会使用适当的问候语和礼节，尊重不同的时间观念和节假日。

网络是虚拟的世界，由于通过网络无法切实体会客户的感受，因此在与客户沟通时，客服人员需要积极倾听和理解客户需求，懂得如何用礼貌和专业的语言来建立良好的形象，提供优质的服务。

（二）保持良好情绪，疏导客户不良情绪

在客户服务中，情绪管理至关重要。客服人员除了需要保持积极的态度和微笑，还需要学会疏导客户的不良情绪，以便更好地解决客户的投诉和不满。

1. 及时回复

及时回复会让客户觉得自己的需求"被看见了"，客户心里自然萌生出一种安全感，这会为后续沟通打下良好基础。

2. 表达感激与建立信任

在全球任何角落，感恩都被尊崇为一种高尚的情操。企业的繁荣根基在于客户的信赖与持续的支持，因此，客服人员始终怀揣着一颗感恩的心，珍视每一位客户。这份感恩之情不仅体现在言语之间，更渗透于服务态度之中，致力于营造一个充满友好与尊重的交流氛围。

3. 强化信心与承诺

尽管跨境电商的透明化程度不断提升，买卖双方之间的信息鸿沟仍然难以完全弥合。客户在面对不确定因素时会产生疑虑，乃至放大问题的严重性，这是完全合理的心理反应。作为客服人员，首要任务是安抚客户的情绪，迅速而坚定地传达出我们不推卸责任、决心解决问题的承诺，给予客户十足的信心，确保客户感受到被重视与被照顾，从而建立起稳固的信任基石。

4. 学会换位思考

跨境电商客服在工作中要学会换位思考，切身感受客户所想。在回答客户的问题时尽可能从客户角度出发，在不违反原则和不牺牲自身利益的前提下，让客户感觉到客服的真诚。例如，若收到客户消息却没有及时回复，在回信中首句可写"Sorry for the late reply！"；如果无法立即告知对方确切的信息，需要告知其后续回复的时间。

5. 表达真实、清晰

和客户交流时要清楚地表达意见和建议，用清晰、简洁的语言表达自己的观点，要能体现专业性，避免使用过于复杂或晦涩的词汇，同时还要注意避免语言冲突和误解，以避免不必要的麻烦。回答客户的问题不要非常绝对，如"我们的质量绝对没问题""我们的服务绝对一流"等。一旦客户收到的产品与卖家承诺的差距很大时，客户就会给卖家贴上"liar"的标签。

6. 信息详细准确

在回答问题，特别是关键问题时，应全面地回答，不要有所遗漏。针对客户对于产品、价格、性能等的提问，最好能一次性将客户的问题回答全面，这样既可以让客户感受到客服的专业性，又可以避免因多次询问和回答而导致的时间浪费。

任务二 跨境电商售前客服沟通

一、售前服务内容

售前客服的主要工作内容就是解答客户咨询从而促进销售，如果客户下单没有付款还需要催付款，付款后需要确认订单等。

解答客户咨询包括两部分，一是解答客户关于产品的咨询，二是解答客户关于服务的咨询

（一）产品方面

跨境电商客服面对的产品种类多，专业信息量大，且产品规格存在巨大差异。首先，跨境电商平台的卖家并非只销售一到两个专业品类的产品，而是会涉及多个行业多个品类，这需要客服人员掌握多品类产品的专业信息，包括产品功能、特点及相关细节；其次，跨境电商的产品规格存在巨大差异，例如，服装鞋子尺码存在欧洲尺码、美国尺码之分，美国、欧洲、日本电器的电压都与国内的标准存在很大差异，就连一个普通的电源插头，各国差异都非常大。中国卖家卖出的电器能适用于澳大利亚的电源插座，但是到了英国可能就完全不能用了。面对如此多的不同，跨境客服人员一方面需要掌握产品的信息，另一方面需要掌握不同国家和地区的不同要求，这样才能为客户做出完整的解答，提出可行的解决方案。

（二）服务方面

跨境电商客服需要处理客户对于产品在交易、物流以及费用方面的疑问，如付款方式等交易流程咨询，产品运输方式、海关报关清关、运输时间、退换货政策等，以及关于合并邮费、批发购买、是否有优惠等问题。

二、沟通原则及案例

（一）沟通原则

及时流畅的沟通非常重要，在回复买家询盘时要遵循以下五个原则。

（1）主动出击，及时回复，建议24小时内回复。

（2）格式正确，有称呼有落款，避免客户名字出错。

（3）了解西方文化，回答问题时要言简意赅，重要的信息要放在前面。

（4）减少来回的沟通次数，增加单次沟通信息量，避免冗长的文字，需要进行合理分段分层。

（5）语言简洁准确，避免语法错误。

（二）沟通案例

某经营女装的店铺收到买家询问某款裙子是否有棕色（Hello，Do you have the dress in brown color?），假设该店铺没有棕色款，如果简单的回复很抱歉没有，那么一般情况下买家可能就去别的店铺购买，但是如果客服人员掌握一定的沟通技巧，那么成交的可能性就会增加。

例：

Dear Customer，（Hi，Hi there，Hello）

Thanks for your inquiry. Sorry to tell you that the dress you are interested in only comes in black and white. And the black ones are very popular this year， we have black ones in stock. Could you please consider about it? Hope to hear from you .

Best regards.

实际的站内信，称呼可以不用那么正式，可以用 Hi，Hi there，Hello 等口语化的称呼来代替，拉近距离，更有亲切感。

某店铺收到买家关于袜子数量、邮费以及付款方式的询问，询问是否可以混色混码一次性购买14双，到美国的运费是多少，以及是否接受 Paypal 支付方式。

例：

Hi， how much for 14 pairs （multiple colors） and postage to the US? And would you accept PAYPAL as payment?

实际业务中，有一些产品是以打包的方式出售的，比如说一打一袋等，那我们在回复的时候需要跟顾客解释清楚我们的出售数量，给顾客相应的购买建议。

例：

Dear customer，

Thank you for your inquiry. We are sorry to tell you that we sell this item in lot unit， 10 pieces per lot. You can choose the quantity 2 lots. And you can leave a message about the colors you want in your order. We will make the delivery according to your requirement. And the shipping is free to your country by E-packet. We would like to tell you that we accept Paypal.

Please contact us if you have any further questions.

Best regards .

（Your name）

在跨境电商领域中，客服如果能够充分发挥主观能动性，也能够为企业和团队创造巨大的销售业绩。当客户拍下产品但没有付款时，客服人员要分析客户未付款原因，可能的原因如下：（1）无法及时联系卖家对细节进行确认；（2）拍下后，发现运费过高；（3）对同类商品需要再进行比较；（4）付款过程出现问题；（5）对卖家信誉产生疑虑；（6）下错订单。

以下是一份催付的站内信模板。

Dear Customer，

We appreciate your purchase from us. But it seems that the order is still unpaid. If there's anything I can help with the price， size， etc. Please feel free to contact me. After the payment is confirmed， I will process the order and ship it out as soon as possible.

Thanks again! Looking forward to hearing from you soon.

Best Regards，

（Your name）

在售前客服回复中要尽量耐心细致，体现卖家的专业性，提高买家满意度。

（三）沟通模板

售前沟通主要是为客户解答关于商品信息（如价格、数量、库存、规格型号、用途）、运费、运输等方面的问题，促使其尽快下单，以及下单未付款需要催付款或者确认订单等方面，下面提供一些常用的沟通模板，客服人员可以根据实际情况灵活参考运用。

表8.1　售前沟通模板

交易场景	沟通模板
买家浏览商品	Hello，my dear friend. Thank you for visiting our store，you can find what you want from our store. If we don't have the item，please tell us and we will spare no effort to find it，good luck.
买家议价	Dear X， Thanks for your interest in our products. I'm sorry to tell you that we can't offer that low price you asked for as the price leaves us limited profit already. However，we'd like to send you some samples or offer you 10% off discount over 10 pieces. Please let us know which you prefer. Best regards.
买家未付款	Dear X， We have got your order，but it seems that the order is still unpaid. If there is anything I can help with the details of this item，please feel free to contact us. After the payment is confirmed，we will ship it out as soon as possible. Best regards.
买家咨询付款方式	Dear X， Thanks for your interest in our products. Alipay，Paypal，Payoneer，WordFirst are accepted on AliExpress. These payment methods are monitored by the platform and you can trust them. Hope my reply is helpful to you. If you have any further questions，please let us know. Best regards.
买家咨询物流	Dear X， Thanks for your interest in our products. We'll send the item with free shipping by ePacket. It will take about 15 days to your destination. If you want to get them earlier，you can pay extra 10 dollars shipping fee to choose faster shipping method，like EMS，DHL，FedEx，which usually take 3—4 days. Please let us know which you prefer. Best regards.

续表

交易场景	沟通模板
确认订单	Dear X, Thank you very much for your order， in order to ensure the accuracy of your order. Please confirm the following basic information. （1）Please check your receipt address is correct. （2）Product name or number. Color：... Quantity：... Transportation way：... After you confirm the correct order， we will arrange the shipment at the first time. Best regards.

任务三　跨境电商售后客服沟通

据统计，跨境电商平台买家静默下单居多，卖家每天收到的邮件中有将近七成都是关于产品和服务的投诉，也就是说，客服人员在日常工作中处理的最主要的问题是售后问题，而售后服务也是影响买家满意度的重要方面。

一、售后服务注意事项

客服在进行售后服务时也要注意以下几点。

（一）及时与买家沟通

交易过程中最好多主动联系买家，买家付款后还有发货、物流、收货和评价等诸多过程，卖家需要将发货及物流信息及时告知买家，这些沟通既能让买家及时掌握交易动向，也能够让买家感受到卖家的重视，出现问题也能够及时妥善处理，从而提高买家的购物满意度。

（二）严把产品质量关、货运质量关

发货前要严把产品质量关，注意产品质检，尽可能避免残次物品的寄出，同时确认买家有无备注信息，核对产品规格、数量及配件是否与订单一致；对于数量较多、数额较大的易碎品以及高价值产品，可以将包装发货过程拍照或录像，留作纠纷处理时的证据，在包裹中提供产品清单，提高专业度。

（三）主动化解纠纷

纠纷是大家都不愿遇到的，但也是很难完全避免的，所以提升服务质量预防纠纷是关键，一旦出现纠纷，应主动及时沟通并努力消除误会，争取给出令买家满意的结果。

二、售后服务内容

售后客服工作的主要内容是处理评价。

买家的评价关系到商品和店铺的评分，进而会影响店铺的排名、产品的曝光以及转化。因此，对于买家的评价要积极正确地处理。

处理评价包括三方面的内容：针对好评如何处理、如何邀请买家评价以及如何处理差评。

（一）针对好评的处理

店铺好评率的提升标志着一个店铺的信用度，好评率越高，顾客就会对店铺增加信任感，购买的欲望也会增强。

对于客户的好评，一定要对买家进行答谢，同时可以通过赠送优惠券、承诺下个订单给予折扣、升级为会员等方式，吸引客户再次光顾购买。

例：

Dear customer,

Thank you for your recent positive feedback, you are satisfied with our products and service. You can check out more great products from our store. You will get a good discount on your next order. Welcome to visit our store again.

Best regards,

（Your name）

（二）如何邀请买家评价

对于一些已经显示签收但客户没有给出评价的订单，可以主动跟客户沟通，邀请客户给出好评。

例：

Dear customer,

Thanks for your support to our store, and we received notice of logistics company that the parcel was signed at your address. Is it in a good condition? Is there anything else we can do for you? Any problem, please feel free to contact us. If all well, would you please confirm the order status and leave a positive feedback for us? Expect your 5-star for us if you are satisfied. Thank you so much!

Best regards,

（Your name）

（三）如何处理差评

当买家在没有任何沟通的情况下给了差评，卖家可以通过站内信或者是站外邮箱主动联系买家，要及时跟客户交流，问清楚到底是质量问题，还是物流慢等问题，一般来说，客人期望值过高，产品没有达到他们的期望值是纠纷和差评的根源，物流速度是造成客户满意度下降的元凶，沟通不够会让不满演变成纠纷或差评，如果产品有缺陷就想办法弥补或者在客户下次购买时给点折扣等。向买家说明自己的诚意和解决方案，以此来说服留下差评的买家，最终达到删除差评的目的。

但是现在跨境电商平台卖家服务条款中明确规定此类行为是违规行为，所以卖家在联系买家时要注意自己的语气和措辞，切不可过于直白。

如果无法删除差评，那么卖家应对差评的内容进行解释，以降低差评带来的不利影响，卖家可以适当地为自己的产品增加一些好评，利用好评来降低差评带来的不利影响，同时也要采取逆向思维，从客户反映的问题中找到优化产品的思路。

三、沟通模板

售后沟通主要是解决客户收到商品之后的一系列问题，包括退换货、确认收货以及买卖双方互评等，下面提供一些常用的沟通模板，客服人员可以根据实际情况灵活参考运用。

表8.2 售后沟通模板

交易场景	沟通模板
询问是否收到货	Dear X, According to the status shown on EUB website, your order has been received by you. If you have got the items, please confirm it on AliExpress/Amazon. If not, please let me know. Thanks! Best regards.
客户确认收货，请求好评	Dear X, Thanks for your support. We're very happy that you have received the order. If you are satisfied with this item, please leave us a positive feedback. It will be a great encouragement for us to improve ourselves in quality, service and so on. If there's anything we can help with, don't hesitate to let us know. Best regards.
客户收货后投诉商品有损坏	Dear X, I am very sorry to hear about that. Since I did carefully check the order and the package to make sure everything was in good condition before shipping it out, I suppose that the damage might have happened during the transportation. But I'm still very sorry for the inconvenience this has brought you. I guarantee that I will give you more discounts to make this up next time you buy from us. Thanks for your understanding. Best regards.
感谢好评	Dear X, Thanks for your positive feedback. It's a great encouragement which keeps us moving forward. We sincerely hope that we'll have more chances to serve you. Best regards.

任务四　预防与处理跨境电商纠纷

在跨境电商运营过程中，卖家难免会遇到纠纷，客服人员应该正视纠纷，积极主动地采取有效措施来解决纠纷，以提升客户购物体验，维护店铺的健康运营。

一、纠纷类型

卖家发货并填写发货通知后，买家如果没有收到货物或者对收到的货物不满意，买家在系统允许的时间内提交退款申请时会在系统中生成争议流程，也就是"纠纷"。

常见纠纷类型主要有以下两大类。

（一）买家在卖家承诺时间内未收到货

此类情况包括运单号无效（无查询信息）、货物在途（无更新信息）、海关扣关、货物丢失或退回、发错地址等。

（二）收到货但与买家需求和预期不符

此类情况包括货不对板、质量问题、货物破损、货物短装等。

二、纠纷处理流程及预防措施

（一）未收到货且货物在运输途中

如果货物运输时间已经超过承诺运达时间，买家提起纠纷，卖家首先要积极与买家沟通，告知货物在途的具体信息，缓解买家的焦虑情绪。

根据纠纷规则，如果买家以未到货物为由提起纠纷，平台要求卖家在三日内提供证明文件，如运单副本、快递公司网站物流截图、妥投证明等，同时给双方一定协商期，平台会在协商期满介入处理，系统会在限时达到后自动提交平台进行裁决。

（二）未收到货物且货物被海关扣留

1.具体情形

货物被送抵国的海关扣留是跨境电商经常碰到的事情。

海关扣留货物的原因有：需要买家清关；申报价值与实际不符；关税过高，买家不愿意清关；买家所在国限制进口的产品；产品涉嫌侵权；特定产品缺少进口国海关所需的文件，如 CE、RoHS、发票、产地证等。

卖家一旦通过物流跟踪信息发现货物滞留海关，可以从商业快递公司取得扣关原因的信息，采取相应措施，卖家要积极联系买家，并提供相关材料协助其清关。

如果买家拒不清关，卖家应尽快联系邮局开具查单，或货代开具扣关证明，并实时关注跟踪信息，安抚买家，防止买家在平台修改为未收到货，并以未收到货为由提起纠纷。

2.预防措施

（1）物流引起的纠纷是最常见一种情况。为了降低物流风险，卖家应遵守平台关于物流和物流信息的规定，合理设置承诺运达时间，如速卖通平台规定俄罗斯、巴西和阿根廷3个国家承诺运达上限为90天，对这些国家的买家最好设置成90天。不要私自更改商业物流信息，如需更改应与买家达成一致，并及时跟踪物流信息；若出现延迟，及时与客户沟通并做出安排。

（2）在产品描述中建议注明货运方式、可送达地区、预期所需的运输时间。建议向买家解释海关清关缴税、产品退回责任和承担方等内容。

（3）发货前与买家在线确认订单所涉商品的收货地址、联系电话等，妥善保留记录和凭证，如沟通信息、保存发货底单，物流跟踪记录截图等。

（三）收到货但货不对板

1. 具体情形

如果买家收到货后，认为货与卖家在网站上描述的不符，如颜色、尺寸、品牌、款式、型号等，买家可以提起纠纷。

平台要求买家提供证明文件，如图片，视频，与卖家的沟通记录等来证明收到的货物与描述不符；如果买家提供证据不足，平台将要求买家在规定期限内提供补充资料。

平台将基于合理的证据告知买卖双方一个合理的退款范围，买卖双方据此协商。如果买卖双方无法达成全额退款，平台将执行纠纷部分退款。

2. 预防措施

（1）真实准确地描述产品。真实准确地描述产品是避免货不对板类纠纷的关键。卖家在编辑产品信息时，务必基于事实，全面而细致地描述产品，如电子类产品需将产品功能及使用方法给予全面说明，避免买家收到货后因无法合理使用而提起纠纷。服饰、鞋类产品建议提供尺码表，以便买家选择，避免买家收到货后因尺寸不合适而提起纠纷等。

（2）发货前与买家在线确认订单所涉商品的颜色、型号等，妥善保留记录和凭证，保留与买家的沟通信息，包括站内信和邮件，如与买家就接受色差问题的沟通记录等。

（四）收到货物后但发现货物有破损

1. 具体情形

货物破损是指买家收到的货物本身的包装或货物本身有不同程度的破损，包装限指货物本身的包装，不包括邮局或卖家使用的外箱包装，同时也规定买家有责任在签收包裹时检查货物，如果包裹在买家签收前已破损，买家在收到货物后，在平台规定的时间内，提起纠纷，同时买家需要联系物流公司取得破损证明并提交给平台，如果买家没有在规定时间内提起纠纷，平台将驳回买家索赔，买家负全责，并全额放款给卖家，如果买家在规定的时间内提起纠纷，并提供合理证明，平台会告知买卖双方一个合理的退款范围。

2. 预防措施

发货前检测产品邮寄时的包装是否抗压、抗摔、适合长途运输等，对高价值产品进行拍照或拍摄视频，留作凭证。

（五）收到货但货物数量短缺

1. 具体情形

买家收到货的数量少于订单数量，买家需在收货后，在平台规定的期限内提供收到产品重量的实证，比如在签收文件上有明确的显示数量及重量信息，或者买家称重产品的拍照图片，卖家也需要在规定的期限内提供寄送货物重量的证据，这个主要是指运单上显示的数量和重量，平台将按买卖双方提供的证据，建议双方自行协商，就收到的货物进行部分或全额退款退货。

2. 预防措施

确保产品页面对数量、重量单位的描述清楚，发货前认真核对产品订单以及查看是否有备注。

（六）收到货但货物质量或功能存在问题

1. 具体情形

买家以质量有问题提起纠纷也是平台常见的纠纷类型，尤其是对没有公认质量标准的产品，很容易发生对质量认定的纠纷。

根据平台纠纷规则，如果买家收到货物后，发现货物质量或功能有问题，如电子产品不能正常使用，或者质量低劣，买家都可以提出退款，买家提出纠纷时，平台将建议双方自行协商，是部分退款或者全额退款退货，买卖双方可以通过站内信或者邮件协商，如果无法协商一致，平台要求买家提供照片、视频或者与卖家的沟通记录，来证明收到的货物质量有问题，平台将根据证据事实来决定退款金额。

2. 预防措施

卖家应该遵守平台卖家规则，不销售假冒伪劣产品，做好进货检验，确保进货产品质量；同时做好发货前检查和检测：如检查货物的外观是否完好，产品的功能是否正常可用。

若发现产品质量问题应及时联系厂家或上游供应商进行更换，从而避免因产生纠纷而造成退换货或者退款退货的损失。跨境电子交易中退换货物的运输成本是极高的，一般全部由卖家承担，当出现退款时，尽量引导买家达成部分退款，避免全额退款退货。

（七）纠纷类型及处理措施

纠纷类型不同，处理纠纷的侧重点、后续改进方向等也会有所不同。如果纠纷源头在商品本身，即在卖家内部，故具有较大的可控性和调整空间。该类纠纷处理措施以退货退款为主，改进方向主要体现在生产管理、合规经营、市场分析3个方面；对于成因复杂的纠纷，比如既有可能是卖方责任，也有可能是第三方责任，甚至有可能出现责任难以判定的情形。处理时应本着维护店铺安全、店铺形象、长远发展的原则采取措施处理纠纷，并据此明确改进方向，如表8.3所示。

表8.3　纠纷类型及处理措施参考

纠纷类型	纠纷成因	纠纷处理措施
运单号无效	客户通过运单号查询不到物流信息。	第一时间与物流承运商确认运单号的准确性及状态，如确实无效，则重新生成并及时与客户沟通，可通过建立运单号生成和验证的标准化流程，以及与承运商的物流系统进行数据对接，自动验证运单号的正确性等措施预防。

续表

纠纷类型	纠纷成因	纠纷处理措施
物流无更新	包裹交航后物流信息延迟更新或一直不更新。	主动与承运商联系，了解包裹的真实位置和延误原因，要求承运商尽快更新并及时向客户告知，避免客户不必要的焦虑。可通过选择优质承运商，利用物流监控系统，实时跟踪包裹动态，准备备用物流方案如更换承运商或采用紧急配送服务等措施预防。
海关扣关	清关文件不齐全、货物需补缴关税、不符合目的地进出口有关规定等。	检查所有清关文件是否完整，是否有任何违规行为，寻求专业报关代理或法律顾问的帮助，以解决清关障碍，根据海关要求，尽快补充缺失的文件或缴纳所需关税并向客户解释清关延误的原因，提供预计的解决时间和额外费用预估，可通过定期培训目的国清关流程知识、合规操作及在交易前明确告知客户可能涉及的清关费用和流程等措施预防。
货物丢失	运输途中包裹丢失。	收集与包裹相关的所有证据，如交货证明、承运商确认等，与承运商协商，确定责任方，并要求赔偿，向客户表达歉意，提供解决方案，如退款、重发商品等。可通过实施严格的包裹追踪制度，确保每个环节都有记录，为高价值或易损坏物品投保，减少损失风险等措施预防。
货物退回	货物不符合物流承运商的承运规定、安检不合格、投递失败等。	首先确定货物退回的具体原因，如果是承运规定不符，需调整包装或货物；如果是安检不合格，则需改进产品安全标准；如果是投递失败，要重新安排配送，向客户解释退回原因，如果是因为非客户原因，应承担重新发货的费用，如果无法重新发货，应提供退款或替换商品的选择给客户，可通过在发货前进行包装检查，确保货物包装符合标准，确认收货地址的准确性等措施预防。
发货错误	商品错误：将A商品发成B商品。 地址错误：物流面单上的收货地址与客户实际收货地址不一致，存在客户将收货地址填写错误、卖家提交发货时将客户收货地址填写错误、物流承运商将配送地址填写错误等情况。	立即核对原始订单，确认错误类型，对于商品错误，立即发出正确的商品；对于地址错误，与客户确认正确地址后重新安排配送。向客户致歉并提供适当的补偿，如优惠券或下次购物折扣。可通过在发货前对订单信息复核，包括商品种类和地址，使用订单管理系统，减少人为错误，定期对员工进行订单处理、打包流程以及地址确认流程的培训等方式预防。

续表

纠纷类型	纠纷成因	纠纷处理措施
数量异常	客户实际收到的商品数量与订单数量不一致，多为少发。商品本身短装或配件、赠品少发等。	检查仓库库存记录，确认发货时的数量是否正确。调查物流情况，了解运输过程中是否有可能发生货物丢失。向客户道歉并承诺解决，补发缺失的商品或配件，如果无法补发可给予客户退款或相应补偿退款。可通过精确库存管理、严格出库数量检查、包裹内附带包装清单便于客户核对等措施预防。
货不对板	款式、颜色、材质、尺寸、工艺等与商品描述存在差异。	退货退款，不退货+部分退款可通过更正商品信息，准确描述商品来进行预防。
货物破损	已影响商品正常使用的表面划痕、机体破损等（非物流原因导致）。	退换货，退货退款，在不严重影响使用的前提下部分退款等，可通过强化生产管理，严格品质检查等措施预防。
质量问题	功能异常、粗制滥造、表面裂痕、褪色掉色、气味难闻等。	退换货，退货退款，在不严重影响使用的前提下部分退款等，可通过加强商品研发，强化生产管理，严格管控品质，商品质量匹配价格定位等措施进行预防。
假冒伪劣	侵害或涉嫌侵害他人知识产权的商品。	退货退款，不退货+全额退款（在退货费用高于商品价值时），可通过下架涉嫌侵权商品，加强产品研发和自身品牌建设等措施进行预防。
未发货	卖家由于疏忽漏发货或者虚假发货（卖家在平台上点了发货，但并未真正寄出货物）。	首先核查确认是否真实发生了发货遗漏或虚假发货，立即安排发货，如果已经超出了承诺的发货时间，提供加急服务，向客户解释原因，致歉并提供补偿措施，如果客户不再需要商品，应提供全额退款。可通过使用实时订单跟踪系统，防止发货遗漏。发货后立即通知客户并提供运单号，避免虚假发货，定期审计发货流程，确保每个环节都得到严格执行等措施预防。
晚发货	发货时间晚于承诺发货时间。	调查延迟发货的原因，告知客户将要发货的时间；若客户表示不愿再等待，则立即全额退款并致歉，可通过加强供应链管理和系统订单管理，重点跟进临近系统发货截止日期或承诺发货日期的订单等措施预防。

任务五　跨境电商客户关系管理

客户关系管理在跨境电商领域扮演着至关重要的角色，它不仅有助于提高商品转化率，增加客单价，还能培养忠诚客户群体，有效地实施客户关系管理是企业保持旺盛生命力的内在驱动力。

一、RFM模型的应用

（一）RFM模型概述

RFM模型是客户关系管理中用于客户细分的一种经典方法，它通过三个关键指标：最近一次购买时间（Recency，R）、购买频率（Frequency，F）和购买金额（Monetary，M）来评估客户的价值。这三个指标将客户细分为八个主要类型，每种类型都代表着不同的客户价值和潜在需求，因此，该模型有助于企业识别不同价值的客户群体，以便采取针对性的管理策略。

（二）RFM模型解析

Recency（R）是指客户最近一次购买距离当前时间的天数。天数越短，表示客户越近期有购买行为，其复购的可能性越大，对产品的兴趣或需求也越旺盛。针对R值较小的客户，企业可以发送个性化的促销信息或新品推荐，以激发其再次购买的欲望。

Frequency（F）指客户在一定时间内的购买次数。购买频率高的客户通常对品牌或产品有较高的忠诚度和满意度，是企业的重要利润来源。企业可以为高频次购买客户提供专属优惠、会员特权或积分奖励，以增强其黏性。同时，通过分析购买频率的变化，企业可以洞察市场趋势，调整产品策略。

Monetary（M）指客户在一定时间内的购买金额。购买金额大的客户往往具有较高的消费能力和对品牌的贡献度，是企业需要重点关注和维护的客户群体。企业可以根据客户的购买金额进行分级管理，为不同层级的客户提供差异化的服务和营销方案。例如，为高消费客户提供定制化产品、优先发货等增值服务。

（三）客户分类规则与管理策略

1. 重要价值客户

（高Recency、高Frequency、高Monetary）。提供定制化服务与专属优惠，如会员积分、优惠券、免运费特权。

2. 重要发展客户

（高Recency、低Frequency、高Monetary）。设计忠诚度计划，挖掘客户深层次需求，提升客户黏性。

3. 重要保持客户

（低Recency、高Frequency、高Monetary）。增强情感联结，如VIP福利、生日折扣、赠品等。

4. 重要挽留客户

（低 Recency、低 Frequency、高 Monetary）。执行召回策略，分析客户流失原因，制订挽回方案。

5. 一般价值客户

（高 Recency、低 Frequency、中 Monetary）。刺激消费，提供折扣、包邮等激励。

6. 一般发展客户

（高 Recency、低 Frequency、低 Monetary）。分析消费偏好，推送个性化商品建议。

7. 一般保持客户

（低 Recency、高 Frequency、低 Monetary）。采取召回措施，深化客户关系。

8. 一般挽留客户

（低 Recency、低 Frequency、低 Monetary）。审慎分配资源，必要时考虑客户剥离。

二、跨境电商客户二次营销

老客户在大卖家的交易额中占有显著比重，因此，实施有效的二次营销策略对于保持交易额稳定增长至关重要。

（一）识别潜力客户

通过 CRM 系统或数据分析工具，构建客户画像，分析客户行为。

1. 客户评价分析

深入解读客户反馈，理解其对产品质量、服务体验的感知，从中筛选出对细节高度关注、追求卓越品质的客户群体。这类客户往往具有较高的客户生命周期价值，是品牌忠诚度建设的核心对象。

2. 购买记录评估

利用 RFM 模型分析客户交易数据，识别那些具有高复购潜力、高消费频率和高消费金额的客户。这些重要价值客户是二次营销的重点目标，通过定制化服务和专属优惠，可以进一步提升其忠诚度和贡献度。

3. 个性化需求挖掘

结合客户历史购买行为和偏好，预测未来需求，提前准备相关商品和服务，创造无缝连接的购物体验。

（二）个性化营销策略

1. 定制化推荐

根据客户的购买历史和偏好，提供个性化的产品推荐或搭配建议。

2. 专属优惠

为潜力客户提供专属的优惠券、折扣码或积分奖励，以增加其购买动力。

3. 会员特权

为高频次购买或高消费客户提供会员特权，如免费配送、优先发货、专属客服等。

（三）重要节点促销

1. 节假日与促销期

利用感恩节、圣诞节等重大节日和年度促销活动，如黑色星期五、网络星期一，推出限时优惠和礼品赠送，激发客户的购买欲望，同时营造品牌节日氛围。

2. 新品首发

新产品上市是吸引老客户回归的最佳时机。通过邮件营销、社交媒体和短信通知等方式，让客户第一时间了解新品信息，优先体验，增强其品牌参与感。

3. 精准推送

对于转向型客户，关注其上一次购买后的周期，预计其再次采购的时间节点，通过社交媒体、电子邮件等渠道提前向目标客户群体精准推送相关商品信息和优惠券等，促成复购。

（四）优化客户沟通

1. 主动沟通

主动了解客户的反馈和需求，及时解决客户问题，提升客户满意度。

2. 个性化沟通

根据客户性格和偏好调整沟通方式，如通过短信、邮件或社交媒体等渠道与客户保持联系。

3. 精准时间沟通

了解主要市场的营业时间，避免在非工作时间发送营销邮件或消息，以免打扰客户。并利用营销自动化工具，根据目标市场的本地时间设置发送时间，确保营销信息在客户最可能查看的时候送达，提高响应率。

二次营销是跨境电商卖家维护客户关系、促进重复购买的关键策略。通过精细化的客户识别、精准的营销时机把握和良好的沟通，卖家可以与客户建立更紧密的联系，从而在激烈的市场竞争中脱颖而出，实现业务的稳健增长。这不仅需要对市场趋势的敏锐洞察，更依赖于数据驱动的决策能力和创新的营销手段。

三、相关数据分析

在跨境电商的运营体系中，客服人员的角色不仅是处理客户咨询与投诉那么简单，而是集客户关系管理、数据分析、营销支持于一体的综合性岗位。为了提供更优质的服务并助力业务增长，客服人员需要具备数据分析能力，通过理解各类关键指标，为决策提供依据，优化客户体验，提升店铺绩效。

（一）客服视角下的数据类型

客服人员应当关注以下几类数据，以全面了解店铺运营状况。

1. 客户交互数据

客户交互数据包括客户咨询量、平均响应时间、问题解决效率、客户满意度评分等，反映客服团队的工作质量和效率。

2. 客户行为数据

客户行为数据分析客户浏览记录、搜索关键词、购物车添加、订单历史等，帮助理解客户偏好和购买模式。

3. 销售数据

销售数据关注销量、销售额、转化率、退换货比率等，洞察产品表现和市场需求变化。

4. 物流数据

物流数据监控发货率、上网率、签收率、平均到货时长、物流 DSR 评分，确保物流顺畅，提升客户满意度。

5. 评价与反馈数据

评价与反馈数据分析客户评价内容，识别产品和服务的优点与不足，为改进提供方向。

（二）数据分析在客服工作中的应用

1. 客户体验优化

（1）响应时间分析：缩短平均响应时间，提升即时解决问题的能力，增强客户满意度。

（2）客户偏好洞察：通过行为数据分析，提供个性化服务和商品推荐，增加客户黏性。

2. 销售促进

（1）库存与需求匹配：分析销售数据，预测热门商品，优化库存管理，减少滞销。

（2）营销活动效果评估：监测活动前后销售数据的变化，评估营销策略的效果，调整后续计划。

3. 问题预防与解决

（1）退货率分析：识别高频退货的产品，分析原因，改进商品质量或描述，降低退货率。

（2）物流效率提升：分析物流数据，优化配送路线，选择更可靠的承运商，减少物流纠纷。

4. 决策支持

（1）市场趋势预测：结合行业报告与竞品分析，为产品开发和市场拓展提供建议。

（2）预算规划：基于销售和成本数据，协助财务部门制订合理的预算分配方案。

（三）数据分析工具与技能

客服人员应当熟悉以下工具和技术。

1. CRM 系统

客户关系管理软件，用于客户信息管理、沟通记录、工单处理等。

2. BI 工具

商业智能工具，如 Tableau、Power BI，用于数据可视化和深入分析。

3. 数据分析软件

如 Excel、SPSS，进行数据清洗、统计分析。

数据分析能力已成为现代跨境电商客服人员不可或缺的技能。通过深入理解各项数据指标，客服团队不仅可以提升工作效率，解决客户问题，还能为店铺的策略制定、产品优化、市场定位等方面提供有力的支持，最终推动业务的持续增长。

头脑风暴

在数字化转型的时代背景下，许多企业开始采用人工智能客服（AI客服）来协助或替代部分传统人工客服的工作。请思考传统客服应该在哪些方面发挥优势，以便构建一个高效的人机协作环境，使AI客服与传统客服能够互补优势，共同提升客户服务质量？

AI跨境

利用AI工具定制节日贺卡送给客户

在国际商业活动中，利用AI工具能高效且精准地完成客户维护任务。接下来以应用AI工具如使用豆包等工具定制节日贺卡来举例说明。

一、明确指令与需求沟通

假设自己是一名外贸业务员，要给客户发送定制化贺卡。当使用豆包工具时，首先面临的问题是如何让它理解我们的要求。此时，我们可以这样发出指令："你是一个专业的外贸业务员，现在要给客户发一个定制化贺卡，请问你需要什么样的内容？"

豆包会给出一系列所需内容，比如客户信息、文化考虑、设计要求、个人信息、祝福语、公司信息等。我们可以根据自身实际需求确定贺卡的信息，例如写一些类似"希望你在新的一年里开心愉快、阖家欢乐。愿你在新的一年事业更上一层楼。感谢你在过去一年对我的支持，期待在新的一年与你共同应对新挑战。我们的团队会始终在背后支持你，随时随地全心协助你，因为你的成功就是我们的荣耀。"这样的贺卡祝福语。

二、生成贺卡内容与图片

在向豆包提供必要信息后，它会根据我们提供的内容生成贺卡图片。此时，我们可以进一步对图片进行编辑完善。同时，豆包还会根据我们提供的文化等信息生成相应图片。比如针对俄罗斯客户，图片中可能会出现红场、俄罗斯套娃等元素，体现地域文化特色。

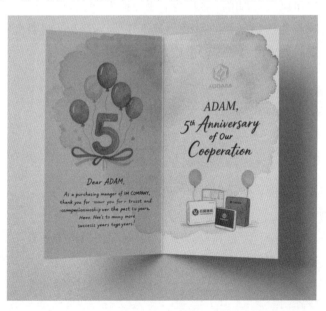

服务思维

服务意识，以客为尊：在客服工作中，强调"以客户为中心"的服务理念，不仅是一种职业素养，也是社会主义核心价值观中"友善"精神的具体体现。通过优质服务赢得客户信任，维护企业良好形象，促进社会和谐。

沟通艺术，和谐共处：沟通技巧的培养，尤其是在跨文化交流中的尊重与理解，体现了"平等"和"包容"的价值观念。在全球化的背景下，客服人员需要学会倾听不同文化背景下的客户需求，展现中国文化的开放性和包容性。

解决问题，创新思维：面对客户问题时，客服人员应展现出分析问题、寻找解决方案的能力，这背后是对"敬业"和"创新"精神的追求。同学们应在实践中不断探索，勇于面对挑战，提升个人综合素质。

诚实守信，构建信任：在处理客户纠纷时，坚持诚实守信的原则，不仅有助于维护企业信誉，也是对社会主义核心价值观中"诚信"理念的践行。通过有效沟通和公正处理，增强客户对品牌的信任感。

团队协作，共同成长：客服工作往往需要团队协作完成，这要求员工具备良好的团队精神和协作能力。在团队中相互支持、共同进步，体现了社会主义核心价值观中的"团结"精神，有利于构建和谐的工作氛围。

终身学习，与时俱进：鼓励客服人员保持好奇心和求知欲，不断更新知识，适应快速变化的工作环境，体现了"求实"和"进取"的价值取向。持续学习不仅是个人职业发展的需要，也是推动社会进步的动力。

学以致用

实践任务

任务目标：根据所学知识，妥善解决客户售后常见问题：差评、退货退款等。

任务描述：分析客户产生售后问题的原因，调研并予以解决。例如卖家收到亚马逊客服邮件，买家收到货后发现发错货，要求针对该邮件进行处理。

知识巩固

一、单选题

1. 跨境电商客服的基本职能不包括以下哪一项？（ ）

A. 解答客户咨询　　　　　　　　　　B. 处理客户投诉

C. 提供售后服务　　　　　　　　　　D. 制定公司财务预算

2. 在售前沟通中，客服应当优先考虑什么？（ ）

A. 推销最贵的产品　　　　　　　　　B. 强调产品的稀缺性

C. 了解并满足客户需求　　　　　　　　　D. 快速结束对话

3. 售后服务中，处理退货流程的第一步是什么？（　　　）

A. 确认商品状态　　　　　　　　　　　　B. 发送退货地址

C. 同意退款请求　　　　　　　　　　　　D. 要求客户提供购买证明

4. 当客户提出纠纷时，客服首先应该做什么？（　　　）

A. 直接给予补偿　　　　　　　　　　　　B. 记录客户信息并转交上级

C. 安抚客户情绪并理解客户诉求　　　　　D. 告知客户这是常见问题

5. 在跨境电商中，如何有效预防纠纷发生？（　　　）

A. 减少产品种类　　　　　　　　　　　　B. 提高产品价格

C. 限制退货政策　　　　　　　　　　　　D. 加强订单跟踪和透明度

6. CRM系统在跨境电商中的主要作用是什么？（　　　）

A. 自动化生产流程　　　　　　　　　　　B. 客户关系管理和数据分析

C. 设计新产品　　　　　　　　　　　　　D. 网站建设

7. 二次营销的核心目标是什么？（　　　）

A. 清理库存　　　　　　　　　　　　　　B. 提升老客户的复购率

C. 减少广告支出　　　　　　　　　　　　D. 扩大产品线

8. 在处理跨文化沟通时，客服应避免哪种行为？（　　　）

A. 使用通用英语　　　　　　　　　　　　B. 尊重客户的文化习俗

C. 做出假设而不询问　　　　　　　　　　D. 提供本地化服务

9. 跨境电商客服处理纠纷时，最重要的是什么？（　　　）

A. 速度　　　　　　　　　　　　　　　　B. 公正

C. 成本控制　　　　　　　　　　　　　　D. 避免责任

10. 以下哪个不是有效的纠纷预防策略？（　　　）

A. 提供清晰的产品描述　　　　　　　　　B. 忽略客户反馈

C. 建立高效的物流体系　　　　　　　　　D. 加强客户服务培训

二、多选题

1. 售前沟通中，客服应关注哪些方面来提升客户体验？（　　　）

A. 快速响应　　　　　　　　　　　　　　B. 产品价格谈判

C. 提供个性化建议　　　　　　　　　　　D. 仅回答客户提问

2. 在纠纷处理过程中，客服可以采用哪些策略来达到双赢的结果？（　　　）

A. 忽视客户的情绪　　　　　　　　　　　B. 提供补偿方案

C. 转移责任给第三方　　　　　　　　　　D. 主动道歉并解决问题

3. 跨境电商中，哪些因素可能影响客户满意度？（　　　）

A. 商品质量　　　　　　　　　　　　　　B. 物流速度

C. 客户个人偏好　　　　　　　　　　　　D. 网站页面颜色

4. CRM系统能帮助跨境电商企业实现哪些目标？（　　　）

A. 分析客户购买行为   B. 自动发送营销邮件

C. 控制员工考勤   D. 监控竞争对手活动

5. 二次营销中，有效的客户细分依据可能包括哪些？（ ）

A. 地理位置   B. 年龄性别   C. 购买频率   D. 员工推荐

三、判断题

1. 跨境电商客服在沟通中，只要语言准确表达意思即可，无需考虑文化差异。 （ ）

2. 客户管理只需要关注新客户的开发，老客户已经购买过产品，不需要过多关注。 （ ）

3. 当客户提出不合理的要求时，跨境电商客服可以直接强硬拒绝。 （ ）

4. 跨境电商客服只需要在客户购买产品后提供售后服务就可以，售前不需要过多介入。（ ）

5. 客户投诉一定是客户自身过于挑剔导致的，与产品和服务质量无关。 （ ）

项目九　跨境电商风险及其管理

知识目标：

了解跨境电商风险的基本概念、主要类型，并深入理解各类风险的形成原因和特点；

了解不同国家和地区针对跨境电商的法律法规、政策导向和监管要求，熟知相关国际条约和行业规范；

掌握跨境电商风险管理的基本流程，以及每个环节所涉及的方法和工具。

能力目标：

具备敏锐的风险识别能力，能够运用所学知识和方法，对跨境电商业务中潜在的风险进行系统、全面的分析和判断；

熟练运用各类风险评估工具和技术，准确评估跨境电商风险的发生概率和影响程度，为制定合理的风险管理策略提供科学依据；

根据不同的风险状况和业务需求，灵活制订并实施有效的风险管理方案，具备应对突发风险事件的应急处理能力。

素养目标：

树立正确的风险意识和风险管理观念，认识到跨境电商风险的客观性和复杂性，具备在面对风险时的冷静、理性和果断的态度；

增强法律意识和合规意识，自觉遵守国内外相关法律法规和行业规范，确保跨境电商业务的合法合规运营。

学思案例

跨境电商虚开增值税专用发票骗取出口退税

案情简介：金某要求包某经营的针织公司虚开增值税发票给金某指定的某跨境电子商务公司，并给予包某一定的好处费。包某明知其经营的针织公司与金某指定的上述公司不存在真实货物交易，仍按照金某的要求由针织公司向上述公司虚开增值税专用发票91份，价税合计金额为人民币6 722 525元，税款数额为人民币976 777.07元。金某利用包某虚开的其中56份增值税专用发票向税务部门申报退税，骗取出口退税款共计人民币863 690.1元。

裁判要点：被告人违反国家税收管理法规，分别为他人虚开或让他人为自己虚开增值税专用发票，虚开税款数额巨大，其行为已构成虚开增值税专用发票罪。

案例分析：根据《关于跨境电子商务零售出口税收政策的通知》（财税〔2013〕96号）的有关规定，跨境电商出口企业享受出口退税的前提是取得增值税专用发票等进货凭证，其中最常见的税务风险点在于虚开增值税专用发票用于骗取出口退税的重大税务违法行为，不少跨境电商企业受到行政甚至是刑事处罚。目前，税务局核查跨境电商业务真实性的重点就是看业务下的货物、资金、物流、发票等是否能相互印证，如果存在不一致的情况就可能认定是虚开。

问题思考：

金某让包某虚开增值税专用发票骗取出口退税，反映出其怎样的行为动机？

任务一 跨境电商风险概述

一、跨境电商风险的定义与内涵

跨境电商风险是指在跨境电子商务活动中，由于各种不确定因素的影响，导致企业或个人的实际收益与预期收益发生偏离，从而遭受损失的可能性。它涵盖了从商品采购、销售、物流运输到资金结算等跨境电商运营的各个环节。

与传统国内电商相比，跨境电商涉及不同国家和地区的政治、经济、文化、法律等多方面的差异，这使得其面临的风险更加复杂和多样化。例如，不同国家的税收政策、贸易法规、消费者偏好等都可能对跨境电商业务产生重大影响。

二、跨境电商风险的特点

（一）复杂性

跨境电商涉及多个国家和地区的市场、不同的贸易规则、多样的文化背景以及复杂的供应链体系。在交易过程中，要面对不同国家的海关政策、税收制度、知识产权保护等问题。例如，在欧洲市场，不同国家对于商品的质量标准和认证要求各不相同，企业需要花费大量的时间和精力去了解和满足这些要求，否则可能面临产品无法进入市场或被召回的风险。

（二）多样性

跨境电商风险的类型丰富多样，包括市场风险、信用风险、物流风险、法律合规风险和运营风险等。市场风险如汇率波动等可能导致企业利润受损；信用风险可能使企业面临货款无法收回的情况；物流风险可能造成货物延误或丢失；法律合规风险可能引发知识产权纠纷或行政处罚；运营风险可能来自技术故障或人才短缺等方面。

（三）跨国性

跨境电商业务跨越国界，涉及不同国家的政治、经济、法律和文化环境。这使得风险的影响范围更广，处理难度更大。例如，当企业遭遇海外客户的信用风险时，由于跨国追讨债务的法律程序复杂、成本高昂，企业可能难以有效维护自己的权益。

三、跨境电商风险研究的意义

研究跨境电商风险具有重要的现实意义。对于企业而言，有助于企业识别和评估潜在的风险，提前制定相应的风险管理策略，降低风险发生的可能性和损失程度，保障企业的稳健运营和可持续发展。例如，通过对汇率风险的研究和管理，企业可以避免因汇率大幅波动而导致的巨额损失。

对于行业来说，深入研究跨境电商风险可以促进整个行业的健康发展。了解风险的特点和规律，有助于行业制定规范和标准，加强自律管理，提高行业的整体竞争力。

对于国家而言，跨境电商是对外贸易的重要组成部分，研究其风险有助于国家制定合理的政策和法规，加强监管，维护国家的经济安全和贸易秩序。

四、跨境电商风险的类型

（一）市场风险

1. 汇率波动风险

在跨境电商交易中，通常涉及不同货币之间的兑换。汇率的波动会直接影响企业的成本和利润。当本国货币升值时，以本国货币计价的商品在国际市场上的价格相对上升，可能导致产品竞争力下降，销量减少；而当本国货币贬值时，虽然产品在国际市场上的价格相对降低，销量可能增加，但企业在结算外币货款时，兑换成本国货币的金额会减少，从而影响企业的实际收益。例如，一家中国跨境电商企业向美国出口商品，若人民币对美元升值，该企业收到的美元货款兑换成人民币后就会减少。

2. 市场需求变化风险

不同国家和地区的消费者需求具有很大的差异，而且市场需求是不断变化的。消费者的偏好、消费习惯、经济状况等因素都会影响市场需求。如果企业不能及时了解和适应市场需求的变化，生产或销售的商品不符合消费者的需求，就会导致库存积压、销售不畅，给企业带来损失。例如，随着环保意识的增强，消费者对环保产品的需求日益增加，如果企业没有及时调整产品结构，仍然大量生产传统的非环保产品，就可能面临市场份额下降的风险。

3. 价格竞争风险

跨境电商市场竞争激烈，价格是影响消费者购买决策的重要因素之一。竞争对手可能会通过降低价格来吸引客户，从而抢占市场份额。如果企业不能有效控制成本，在价格竞争中处于劣势，就会导致销售额下降和利润减少。例如，在一些热门的跨境电商品类中，如电子产品、服装等，经常会出现价格战，企业需要不断优化供应链、降低生产成本，才能在价格竞争中生存和发展。

（二）信用风险

1. 供应商信用风险

企业在采购商品时，可能会遇到供应商不按时交货、提供的商品质量不符合要求、以次充好等问题。这些问题会影响企业的正常运营和声誉。例如，如果供应商未能按时交货，可能导致企业无法及时满足客户的订单需求，从而失去客户；如果商品质量存在问题，企业可能需要承担退货、换货、赔偿等费用，增加企业的成本。

2. 客户信用风险

在跨境电商交易中，客户可能会出现拖欠货款、恶意退货、虚假下单等情况。由于跨境交易的特殊性，企业在追讨货款和处理纠纷时面临较大的困难。例如，一些海外客户可能会以各种理由拒绝支付货款，而企业由于距离远、法律差异等原因，难以通过有效的法律手段维护自己的权益。

3. 平台信用风险

跨境电商平台在交易中起着重要的作用。平台可能会出现系统故障、数据泄露、违规操作等问题，影响企业的正常运营和交易安全。例如，平台系统故障可能导致企业无法正常上传商品、处理订单；数据泄露可能会使企业的客户信息和商业机密被泄露，给企业带来损失。

（三）物流风险

1. 运输延误风险

跨境物流运输距离长、环节多，容易受到天气、政治、交通等多种因素的影响，导致运输延误。运输延误会影响客户的收货时间，降低客户的满意度，甚至可能导致客户取消订单。例如，在一些节假日或特殊时期，物流运输量大幅增加，可能会导致货物积压，运输时间延长。

2. 货物损坏或丢失风险

在运输过程中，货物可能会受到碰撞、挤压、潮湿等因素的影响而损坏，或者由于人为原因导致丢失。货物损坏或丢失会给企业带来直接的经济损失，同时也会影响企业的声誉。例如，一些易碎品在运输过程中容易损坏，如果没有采取有效的包装和保护措施，就会增加货物损坏的风险。

3. 海关通关风险

不同国家和地区的海关政策和监管要求各不相同，货物在通关过程中可能会遇到各种问题，如海关查验、征税、禁止进口等。海关通关不顺畅会导致货物滞留，增加物流成本和时间成本。例如，一些国家对某些商品的进口有严格的限制和监管要求，如果企业不了解这些要求，可能会导致货物无法顺利通关。

（四）法律合规风险

1. 知识产权风险

在跨境电商中，知识产权问题是一个重要的风险点。企业可能会面临侵犯他人知识产权的风险，如商标侵权、专利侵权、著作权侵权等。一旦被指控侵权，企业可能会面临法律诉讼、高额赔偿、产品下架等后果。例如，一些企业在未经授权的情况下使用了他人的商标或专利技术，就可能会引发知识产权纠纷。

2. 数据隐私风险

随着数字化的发展，跨境电商企业在运营过程中会收集和处理大量的客户数据。不同国家和地区对数据隐私保护的法律法规不同，如果企业违反相关规定，可能会面临法律处罚和声誉损失。例如，欧盟的《通用数据保护条例》对企业的数据收集、使用和保护提出了严格的要求，如果企业在处理欧盟客户数据时违反该条例，可能会面临巨额罚款。

3. 贸易政策风险

各国的贸易政策会随着经济形势和政治环境的变化而调整。贸易政策的变化可能会对跨境电商企业产生重大影响，如关税调整、贸易壁垒增加、进出口限制等。例如，一些国家为了保护本国产业，可能会提高进口商品的关税，这会增加企业的成本，降低产品的竞争力。

（五）运营风险

1. 技术故障风险

跨境电商企业依赖于信息技术系统进行运营，如网站平台、交易系统、物流管理系统等。技术故障可能会导致系统瘫痪、数据丢失、交易中断等问题，影响企业的正常运营。例如，网站服务器故障可能会导致客户无法访问企业的网站，无法进行购物交易。

2. 人才短缺风险

跨境电商业务涉及多个领域的知识和技能，如国际贸易、电子商务、市场营销、外语等。企业需要具备相应专业知识和技能的人才来开展业务。然而，目前市场上跨境电商专业人才短缺，企业可能难以招聘到合适的人才，或者人才流失严重，这会影响企业的发展和竞争力。

3. 财务风险

跨境电商企业在运营过程中面临着各种财务风险，如资金周转困难、成本控制不当、利润下滑等。资金周转困难可能会导致企业无法按时支付货款、工资等，影响企业的正常运营；成本控制不当会导致企业利润减少，甚至亏损。例如，企业在库存管理方面出现问题，导致库存积压，占用大量资金，就可能会引发资金周转困难的风险。

任务二　跨境电商风险评估方法

一、定性评估方法

（一）专家评估法

专家评估法是指邀请相关领域的专家，根据他们的经验和专业知识，对跨境电商风险进行评估。专家可以通过分析企业的业务模式、市场环境、竞争对手等因素，对风险的可能性和影响程度进行主观判断。例如，邀请国际贸易专家、电商运营专家、法律专家等对企业面临的市场风险、法律合规风险等进行评估。这种方法的优点是能够充分利用专家的经验和知识，但缺点是主观性较强，不同专家的意见可能存在差异。

（二）德尔菲法

德尔菲法是一种通过多轮匿名问卷调查来征求专家意见的方法。首先，组织者向专家提供相关的风险信息和问题，专家在匿名的情况下对风险进行评估和预测，并提出自己的意见和建议。然后，组织者对专家的意见进行汇总和整理，将结果反馈给专家，让专家再次进行评估和调整。经过多轮反复，直到专家的意见趋于一致。德尔菲法的优点是可以避免专家之间的相互影响，充分发挥专家的独立思考能力，但缺点是调查周期较长，成本较高。

（三）头脑风暴法

头脑风暴法是一种通过组织专家或相关人员进行集体讨论，激发创新思维，产生新的想法和观点的方法。在讨论过程中，鼓励参与者自由发言，提出各种可能的风险因素和应对措施。这种方法的优点是能够快速收集大量的信息和创意，但缺点是讨论结果可能比较分散，需要进行进一步的整理和分析。

二、定量评估方法

（一）概率统计法

概率统计法是通过收集和分析历史数据，运用概率论和统计学的方法，计算风险发生的概率和损失程度。例如，通过分析过去几年的汇率波动数据，计算汇率波动的概率分布，从而评估汇率波动风险。这种方法的优点是具有较强的科学性和客观性，但缺点是需要大量的历史数据，而且对于一些新出现的风险因素可能无法准确评估。

（二）敏感性分析法

敏感性分析法是通过分析某个风险因素的变化对企业收益或其他指标的影响程度，来评估风险的大小。例如，分析汇率波动、市场需求变化等因素对企业利润的影响。通过敏感性分析，可以找出对企业影响较大的风险因素，从而有针对性地进行风险管理。这种方法的优点是简单易行，但缺点是只能分析单个风险因素的影响，不能考虑多个风险因素之间的相互作用。

（三）蒙特卡洛模拟法

蒙特卡洛模拟法是一种通过随机抽样和模拟实验来评估风险的方法。它通过建立风险模型，对各种风险因素进行随机抽样，模拟不同情况下企业的收益或损失情况，从而得到风险的概率分布。例如，通过蒙特卡罗模拟法可以模拟汇率波动、市场需求变化等因素对企业利润的综合影响。这种方法的优点是能够考虑多个风险因素之间的相互作用，比较准确地评估风险，但缺点是计算复杂，需要借助计算机软件进行模拟。

三、综合评估方法

（一）层次分析法

层次分析法是一种将复杂问题分解为多个层次，通过比较不同层次之间的因素，确定各因素的相对重要性，从而进行综合评估的方法。在跨境风险评估中，可以将风险因素分为不同的层次，如市场风险、信用风险、物流风险等，然后通过两两比较的方法确定各层次因素的权重，最后综合计算风险的评估结果。这种方法的优点是能够将定性和定量分析相结合，比较全面地评估风险，但缺点是在确定因素权重时可能存在一定的主观性。

（二）模糊综合评价法

模糊综合评价法是一种基于模糊数学的综合评价方法。它通过建立模糊评价矩阵，将定性的评价信息转化为定量的评价结果。在跨境电商风险评估中，可以邀请专家对风险因素进行模糊评价，然后通过计算得出综合的风险评价结果。这种方法的优点是能够处理模糊的、不确定的信息，比较适合用于跨境电商风险这种复杂的评估问题，但缺点是评价结果的解释和应用需要一定的专业知识。

任务三　跨境电商风险管理策略

一、风险规避

（一）放弃高风险业务

企业在进行跨境电商业务时，要对不同业务的风险进行评估。对于那些风险过高、超出企业承受能力的业务，可以选择放弃。例如，某些新兴市场虽然具有较大的发展潜力，但因政治不稳定、法律法规不健全、市场秩序混乱等因素导致风险较高。如果企业没有足够的能力和资源来应对这些风险，可以选择暂时不进入这些市场。

（二）选择低风险市场和平台

在选择跨境电商市场和平台时，要优先考虑那些政治稳定、经济发展良好、法律法规健全、市场秩序规范的市场和平台。例如，美国、欧盟等发达国家和地区的市场相对成熟，消费者购买力强，法律体系完善，风险相对较低。同时，要选择信誉良好、运营规范的跨境电商平台，如亚马逊、eBay等，降低平台信用风险。

二、风险降低

（一）多元化经营

企业可以通过多元化经营来降低跨境电商风险。多元化经营包括产品多元化、市场多元化和客户多元化等。产品多元化是指企业经营多种不同类型的产品，避免过度依赖某一种产品。例如，一家跨境电商企业既经营电子产品，又经营服装、家居用品等。市场多元化是指企业开拓多个不同的市场，降低对单一市场的依赖。例如，企业不仅开拓欧美市场，还开拓亚洲、非洲等新兴市场。客户多元化是指企业拥有多个不同类型的客户群体，降低对某一客户群体的依赖。

（二）优化供应链管理

优化供应链管理可以降低物流风险和供应商信用风险。企业可以与优质的供应商建立长期稳定的合作关系，加强对供应商的管理和监督，确保供应商按时交货、提供符合质量要求的商品。同时，要优化物流配送方案，选择可靠的物流服务商，加强对物流配送过程的监控和管理，降低运输延误、货物损坏或丢失等风险。

（三）加强内部控制

企业要加强内部控制，建立健全风险管理体系。加强内部控制包括完善财务管理制度、加强信息安全管理、规范业务流程等。完善财务管理制度可以有效控制财务风险，如合理安排资金、控制成本、加强预算管理等。加强信息安全管理可以保护企业的客户信息和商业机密，降低数据隐私风险。规范业务流程可以提高企业的运营效率和管理水平，降低运营风险。

三、风险转移

（一）购买保险

企业可以通过购买保险来转移跨境电商风险。常见的保险类型包括货物运输保险、信用保险等。货物运输保险可以在货物运输过程中因自然灾害、意外事故等原因导致货物损坏或丢失时，给予企业赔偿。信用保险可以在客户拖欠货款或破产时，给予企业一定的经济补偿。

（二）签订外包合同

企业可以将一些非核心业务外包给专业的服务提供商，如物流外包、客服外包等。通过签订外包合同，将部分风险转移给外包商。例如，企业将物流业务外包给专业的物流公司，物流公司承担货物运输过程中的风险。

（三）利用金融衍生品

企业可以利用金融衍生品来对冲汇率波动风险和利率风险等。常见的金融衍生品包括远期合约、期货合约、期权合约等。例如，企业可以通过签订远期外汇合约，锁定未来的汇率，避免汇率波动带来的损失。

四、风险接受

（一）建立风险准备金

企业可以建立风险准备金，用于应对可能发生的风险损失。风险准备金可以从企业的利润中提取一定的比例，存入专门的账户。当风险发生时，用风险准备金来弥补损失。例如，企业可以按照一定的比例从每年的利润中提取风险准备金，用于应对客户信用风险、货物损坏或丢失风险等。

（二）提高自身风险承受能力

企业可以通过增强自身的实力和竞争力，提高自身的风险承受能力。例如，企业可以通过优化产品结构、提高产品质量、降低成本等方式，提高企业的盈利能力和抗风险能力。同时，企业要加强人才培养和团队建设，提高员工的专业素质和应对风险的能力。

任务四　跨境电商风险管理未来趋势

一、科技应用趋势

（一）人工智能在风险监测中的应用

人工智能技术可以通过对大量数据的分析和挖掘，实时监测跨境电商风险。例如，利用人工智能算法对市场数据、客户数据、物流数据等进行分析，及时发现市场趋势的变化、客户信用风险的预警和物流异常情况等。通过人工智能的应用，可以提高风险监测的效率和准确性，为企业的风险管理提供及时的决策支持。

（二）区块链在信用管理中的应用

区块链技术具有去中心化、不可篡改、可追溯等特点，可以应用于跨境电商的信用管理。通过区块链技术，可以建立一个可信的信用体系，记录供应商、客户和平台的信用信息。在交易过程中，各方可以通过区块链查询对方的信用记录，降低信用风险。同时，区块链技术还可以实现智能合约，自动执行交易条款，提高交易的安全性和效率。

（三）大数据在风险评估中的应用

大数据技术可以收集和整合跨境电商运营过程中的各种数据，如市场数据、销售数据、客户数据等。通过对这些数据的分析和挖掘，可以更准确地评估风险的可能性和影响程度。例如，通过分析客户的购买行为和信用记录，评估客户的信用风险；通过分析市场数据，预测市场需求的变化和价格波动的趋势。

二、政策环境趋势

（一）国际合作加强对风险管理的影响

随着跨境电商的快速发展，国际合作将不断加强。各国政府和国际组织将加强在跨境电商监管、税收政策、知识产权保护等方面的合作，制定统一的规则和标准。这将有助于降低跨境电商企业面临的政策风险和法律合规风险，提高企业的运营效率和竞争力。例如，通过国际合作，可以建立跨境电商争端解决机制，及时解决企业之间的纠纷。

（二）各国监管政策变化对风险管理的挑战

各国政府为了保护本国产业和消费者权益，可能会不断调整跨境电商监管政策。这些政策变化可能会给企业带来新的风险和挑战。例如，一些国家可能会加强对跨境电商商品的质量监管，提高进口商品的标准和要求；一些国家可能会调整税收政策，增加企业的税收负担。企业需要密切关注各国监管政策的变化，及时调整经营策略，以应对政策风险。

三、行业发展趋势

（一）新兴模式带来的新风险与新管理需求

随着跨境电商行业的发展，新兴模式不断涌现，如社交电商、直播电商等。这些新兴模式带来了新的商业机会，同时也带来了新的风险和新的管理需求。例如，社交电商和直播电商更加依赖于社交媒体平台和主播的影响力，存在虚假宣传、产品质量问题等风险。企业需要针对这些新兴模式的特点，制定相应的风险管理策略。

（二）绿色可持续发展对风险管理的要求

随着社会对环境保护和可持续发展的关注度不断提高，跨境电商企业也面临着绿色可持续发展的要求。企业需要在采购、生产、物流等环节采取环保措施，降低对环境的影响。同时，消费者对绿色环保产品的需求也在增加，企业需要满足消费者的需求，否则可能会面临市场份额下降的风险。因此，企业需要将绿色可持续发展纳入风险管理体系，制定相应的风险应对措施。

头脑风暴

在跨境电商蓬勃发展的当下，风险与机遇并存。我们深入学习了跨境电商风险的类型、评估方法、管理策略等内容，但行业环境瞬息万变，新的风险不断涌现，有效的管理手段也需持续创新。接下来，让我们一同开启头脑风暴，突破思维局限，探索跨境电商风险管理的更多可能性。

（1）随着跨境电商业务模式的创新，如社交电商、直播电商等，可能会产生哪些新的信用风险？如何构建适应这些新模式的信用评估体系？

提示：分析新模式下交易主体、交易流程和信息传递的特点，找出可能存在的信用风险点。例如，在社交电商中，个人卖家的信用状况难以评估；在直播电商中，虚假宣传可能导致消费者对商品质量产生误解。

（2）除了常见的运输延误、货物损坏或丢失和海关通关风险，跨境物流还可能面临哪些隐性风险？如何识别和管理这些隐性风险？

提示：关注物流供应链中的各个环节，如仓储管理、配送服务、信息传递等。例如，仓储环境不佳可能导致货物受潮、发霉；配送人员的操作不当可能导致货物损坏；信息传递不及时可能导致货物运输延误。

（3）不同国家和地区的法律体系和监管政策不断变化，企业如何及时了解和适应这些变化，避免法律合规风险？

提示：探讨获取法律信息的渠道和方法，以及建立合规管理机制的重要性。例如，企业可以定期关注政府部门的官方网站、行业协会的通知公告，与专业的律师事务所合作，建立内部的合规审查制度。

（4）在跨境电商知识产权保护方面，除了常见的商标侵权、专利侵权和著作权侵权，还有哪些容易被忽视的知识产权风险？企业应如何增强知识产权保护意识和能力？

提示：关注新兴领域的知识产权保护问题，如数据知识产权、算法知识产权等。例如，企业在收集和使用客户数据时，可能涉及数据知识产权的保护问题；在开发和应用算法时，可能涉及算法知识产权的侵权问题。

（5）在跨境电商人才短缺的情况下，企业如何吸引、培养和留住优秀的人才，降低人才风险对企业运营的影响？

提示：探讨企业的人才战略和人力资源管理措施。例如，企业可以提供具有竞争力的薪酬待遇、良好的职业发展空间、丰富的培训机会，营造积极向上的企业文化，以吸引和留住优秀的人才。

AI跨境

睿观 AI助手

睿观AI助手是睿观发布的对话式跨境侵权违规检测AI工具。依托先进的自然语言处理技术，采用对话式交互设计，操作简便。用户输入产品链接或详细描述，能迅速完成专利、商标、版权等多维度侵权风险扫描。借助DeepSeek等大模型，集成机器学习能力，可深度分析用户行为，提供个性化的检测方案，检测精准度达95%。例如选品时输入产品信息，能快速匹配相似专利并判断侵权风险，还可对亚马逊等常用电商平台链接进行一键查询，全面排查侵权问题。

一、功能特点

（一）多维度侵权检测

（1）外观专利检测：智能匹配相似专利，生成可视化侵权风险报告。

（2）文本商标检测：通过智能语义识别，检测文本描述中的商标侵权风险，并提供合规替换词。

（3）图形商标检测：支持图片和文本查询，自动化雷达检测。

（4）版权侵权检测：匹配千万级版权库，覆盖主流及小众艺术家。

（5）平台政策合规检测：快速识别商品在亚马逊等平台的禁售或限售风险。

（二）对话式交互设计

（1）用户只需输入产品链接或详细描述，即可与AI进行自然流畅的对话交流，无需复杂操作。

（2）即使没有专业知识产权背景的用户也能轻松使用。

（三）个性化服务

借助DeepSeek等大模型技术，睿观AI助手能够对用户行为进行深度分析和学习，根据不同用户的需求提供个性化检测方案。

（四）高检测精准度

精准度高达95%，通过全新升级的侵权比对模型，确保检测结果真实可靠。

二、应用场景

（一）跨境电商卖家

帮助卖家在选品、上架、销售等环节快速识别潜在侵权风险，提前规避，避免店铺处罚和产品下架。

（二）运营人员

简化侵权排查流程，提高工作效率。

（三）产品开发者

在产品开发初期进行侵权风险评估，确保产品合规。

成长密码

跨境电商中的"成长密码"

嘿，同学们！在学习完跨境电商风险及其管理后，其实里面藏着好多宝贵的"成长密码"，这些可不仅仅是应对商业风险的技巧，还能帮助咱们在人生道路上走得更稳、更漂亮。

一、"诚信护照"：闯荡全球市场的必备法宝

大家想想，在跨境电商里，信用风险就像隐藏在大海里的暗礁，一不小心就可能让我们的"商业巨轮"触礁沉没。供应商不按时交货、客户拖欠货款、平台数据泄露，这些信用问题可太让人头疼了。但这也告诉我们，诚信就像是一本走遍全球都通用的"护照"。

在现实生活中也是一样，诚信是我们做人的根本。假如你答应了同学一起完成一个小组作业，那就得按时、高质量地完成自己那部分，这就是对同学的诚信。就像那些在跨境电商中始终坚守诚信的企业，它们赢得了客户的信任，生意越做越大。我们也要把诚信融入到自己的言行中，用诚信为自己打造一个良好的口碑，这样无论走到哪里，都会有人愿意和我们合作、交朋友。

二、"创新翅膀"：突破困境的神奇力量

跨境电商的世界变化就像坐过山车一样快，市场需求、技术发展、政策法规都在不断变化，风险也层出不穷。但那些成功的企业总是能在困境中找到出路，靠的就是创新。

比如，有的企业利用人工智能来实时监测市场风险，有的企业利用区块链技术加强信用管理。创新就像是一双神奇的翅膀，能让我们在风险的天空中自由翱翔。在我们的学习和生活中，也会遇到各种各样的难题。这时候，我们可不能老是用老办法去解决，要敢于打破常规，发挥自己的想象力和创造力。说不定，你就能想出一个独特的解决方案，让问题迎刃而解。

三、"合作拼图"：汇聚力量的智慧之道

跨境电商是一个全球性的大舞台，涉及不同国家和地区的供应商、客户、物流商等，就像一幅巨大的拼图，每一块都很重要。一个环节出了问题，整个交易就可能会受到影响。所以，合作在跨境电商中至关重要。

我们在生活中也是如此，每个人都有自己的长处和短处。就像一场接力赛，只有大家齐心协力，把自己的优势发挥出来，才能跑得更快、更远。在小组学习中，我们要学会倾听别人的意见，尊重每个人的想法，和小组成员紧密合作，这样才能共同完成学习任务，取得好成绩。合作就像是把我们每个人的力量汇聚在一起，变成一股强大的洪流，推动我们不断前进。

四、"责任担当"：守护梦想的坚实盾牌

在跨境电商中，法律合规风险时刻提醒着我们要遵守规则、承担责任。企业要遵守国内外的法律法规，保护知识产权、尊重数据隐私，这是对客户、对社会的一种责任。

同样，在我们的生活中，责任担当也是我们必须具备的品质。作为学生，我们要对自己的学习负责，按时完成作业，努力提高自己的成绩；作为家庭成员，我们要关心家人，分担一些力所能及的家务；作为社会的一员，我们要遵守社会公德，爱护环境。责任就像是一面坚实的盾牌，能让我们在面对各种诱惑和挑战时，坚守自己的原则和底线，守护好自己的梦想。

同学们，跨境电商的世界充满了风险和挑战，但也蕴含着无限的机遇和可能。让我们把诚信、创新、合作和责任担当这些"成长密码"牢记在心，勇敢地去闯荡这个充满未知的世界，在未来的人生道路上创造属于我们自己的精彩！

学以致用

实践任务1

完成跨境电商风险实地调研与分析报告撰写。

任务目标：通过实地调研当地的跨境电商企业，了解企业实际面临的风险和采取的风险管理措施，培养较好的调研能力、数据分析能力和报告撰写能力，增强对跨境电商风险管理的实际应用能力。

任务步骤：

1. 调研准备

各小组根据调研对象和任务要求，进一步细化调研问卷和访谈提纲。

明确小组成员的分工，包括调研访谈、数据收集、资料整理等工作。

2. 实地调研

各小组按照预定的时间和安排，前往跨境电商企业进行实地调研。通过问卷调查、访谈、实地观察等方式，收集企业的相关信息和数据。

3. 数据分析与整理

对调研收集到的数据和信息进行整理和分析。运用统计学方法和数据分析工具，找出企业面临的主要风险和风险管理的关键问题。

4. 报告撰写

根据调研和分析结果，各小组撰写跨境电商风险实地调研报告。报告应包括调研背景、调研目的、调研方法、调研结果、数据分析、结论与建议等内容。报告要求内容详实、结构清晰、分析深入、建议可行。

5. 报告提交与答辩

各小组将撰写好的调研报告提交给教师。

组织小组进行报告答辩,各小组代表向全班汇报调研成果,回答教师和其他同学的提问。

实践任务2

完成一个案例分析。请分享一个你所了解的跨境电商风险管理成功案例或失败案例,并分析其成功或失败的原因。从该案例中,我们可以得到哪些启示和借鉴?

知识巩固

一、单选题

1. 以下哪种情况不属于跨境电商市场风险?(   )
   A. 汇率波动风险　　　　　　　　　　B. 供应商信用风险
   C. 市场需求变化风险　　　　　　　　D. 价格竞争风险

2. 当本国货币升值时,对于跨境电商出口企业来说,会面临(   )。
   A. 产品竞争力上升　　　　　　　　　B. 产品竞争力下降
   C. 利润增加　　　　　　　　　　　　D. 成本降低

3. 以下哪种是定性评估跨境电商风险的方法?(   )
   A. 概率统计法　　　　　　　　　　　B. 敏感性分析法
   C. 专家评估法　　　　　　　　　　　D. 蒙特卡洛模拟法

4. 跨境电商物流中,货物在运输过程中因碰撞导致损坏,这属于(   )。
   A. 运输延误风险　　　　　　　　　　B. 货物损坏或丢失风险
   C. 海关通关风险　　　　　　　　　　D. 市场风险

5. 企业通过签订外包合同将部分业务风险转移给外包商,这属于风险管理策略中的(   )。
   A. 风险规避　　　B. 风险降低　　　C. 风险转移　　　D. 风险接受

6. 不同国家和地区对数据隐私保护的法律法规不同,跨境电商企业可能面临的风险是(   )。
   A. 知识产权风险　　　　　　　　　　B. 数据隐私风险
   C. 贸易政策风险　　　　　　　　　　D. 信用风险

7. 以下哪种风险不属于跨境电商运营风险?(   )
   A. 技术故障风险　　　　　　　　　　B. 人才短缺风险
   C. 汇率波动风险　　　　　　　　　　D. 财务风险

8. 企业建立风险准备金来应对可能发生的风险损失,这属于风险管理策略中的(   )。
   A. 风险规避　　　B. 风险降低　　　C. 风险转移　　　D. 风险接受

9. 利用金融衍生品来对冲汇率波动风险,这属于(   )。
   A. 风险规避　　　B. 风险降低　　　C. 风险转移　　　D. 风险接受

10. 以下哪种风险评估方法能够考虑多个风险因素之间的相互作用?(   )
    A. 敏感性分析法　　　　　　　　　　B. 概率统计法
    C. 蒙特卡洛模拟法　　　　　　　　　D. 专家评估法

二、多选题

1.跨境电商风险的特点包括（　　　）。

　A.复杂性　　　　　　B.多样性　　　　　　C.跨国性　　　　　　D.单一性

2.跨境电商信用风险包括（　　　）。

　A.供应商信用风险　　　　　　　　　B.客户信用风险

　C.平台信用风险　　　　　　　　　　D.物流商信用风险

3.常见的跨境电商风险管理策略有（　　　）。

　A.风险规避　　　　B.风险降低　　　　　C.风险转移　　　　D.风险接受

4.以下属于跨境电商法律合规风险的有（　　　）。

　A.知识产权风险　　　　　　　　　　B.数据隐私风险

　C.贸易政策风险　　　　　　　　　　D.市场需求变化风险

5.定量评估跨境电商风险的方法有（　　　）。

　A.概率统计法　　　　　　　　　　　B.敏感性分析法

　C.蒙特卡洛模拟法　　　　　　　　　D.德尔菲法

三、判断题

1.跨境电商风险只存在于交易环节，其他环节不存在风险。　　　　　　　　（　　　）

2.企业放弃高风险业务属于风险降低策略。　　　　　　　　　　　　　　（　　　）

3.模糊综合评价法是一种定量评估跨境电商风险的方法。　　　　　　　　（　　　）

4.只要企业购买了保险，就可以完全避免跨境电商风险。　　　　　　　　（　　　）

5.跨境电商运营风险只与企业内部管理有关，与外部环境无关。　　　　　（　　　）

参考文献

［1］ 陈璇，韩雪．跨境电商物流［M］．北京：机械工业出版社，2022．

［2］ 祖旭，陈佳莹，王冲．跨境电子商务海外营销实践［M］．北京：清华大学出版社，2023．

［3］ 蒋彩娜，舒亚琴．跨境电商支付与结算［M］．北京：电子工业出版社，2021．

［4］ 秦良娟．跨境电子商务［M］．北京：中国人民大学出版社，2022．

［5］ 王晴岚．高校跨境电子商务人才培养研究［M］．北京：九州出版社，2025．

［6］ 肖旭．跨境电商实务［M］．4版．北京：中国人民大学出版社，2024．

［7］ 易传识网络科技．跨境电商多平台运营实战基础［M］．4版．北京：电子工业出版社，2024．